KB129951

경제학자의 생각법

Das kleine Wirtschafts-Heureka:
Ökonomische Geistesblitze für zwiscendurch
by Hanno Beck

경제학자의 생각법

피가 되고 살이 되는 돈 버는 생각 습관

하노 벡 지음 · 배명자 옮김

 ALFRED

당신이 경제학자의 생각법을 알아야 하는 진짜 이유

고대 그리스의 천재 수학자 아르키메데스(기원전 287~212)는 깊은 고민에 빠졌다. 히에로 2세 왕에게 해결 불가능해 보이는 과제를 받았기 때문이다. 히에로 2세는 얼마 전 왕관 제작자에게 순금을 주고 왕관 제작을 명령했다. 왕관이 완성되자 왕은 자신이 준 순금이 전부 들어갔는지 확인하고 싶었다. 그래서 당대 최고의 기술자이기도 했던 아르키메데스에게 왕관을 망가뜨리지 않으면서 순금으로 만들어졌는지 확인할 방법을 찾으라고 했다. 왕관은 겉으로 보기에는 완벽한 순금 같았다. 게다가 무게 역시 히에로 2세가 장인에게 준 순금 무게와 정확하게 같았다.

알아낼 방법이 도저히 떠오르지 않아 고민하던 어느 날, 목욕을 하려고 욕조에 들어간 아르키메데스는 가득 담겨 있던 물이 흘러넘치는 것을 보고 머릿속에 반짝 불이 켜졌다. 기가 막힌 방법이 떠오른 것이다. 바로 물질마다 밀도가 다르기 때문에 무게가 같아도 부피는 다르다는 사실이었다. 아르키메데스는 너무 흥분한 나머지 옷도 입지 않은 채 '유레카(eureka, 알아냈다)!'를 외치며 거리로 뛰쳐나왔다. 그리고 왕관과 같은 무게의 순금을 구해 왕관과 비교하는 실험을 했다. 왕관이 순금이라면 금덩이와 똑같은 양의 물이 흘러넘쳐야 했지만 그렇지 않았다. 왕관은 순금이 아니었던 것이다.

풀기 어려운 문제의 해답이 떠올랐을 때 우리는 아르키메데스처럼 '유레카'를 외친다. 옷을 벗고 거리를 뛰어다니지는 않겠지만 유레카의 희열은 그만큼 강하다. 어려운 문제를 해결했을 때뿐만 아니라 친구들을 감동시킬 기막힌 레서피를 개발했을 때, 기막힌 사업 아이디어가 떠올랐을 때, 프레젠테이션이 좋은 반응을 얻었을 때처럼 유레카를 외칠 만한 순간이 많다면 삶이 훨씬 나아지지 않을까? 《경제학자의 생각법》은 바로 그런 목적에서 탄생했다. 경제학이야말로 인생에서 가장 많은 '유레카'를 만들어 낼 수 있는 학문이기 때문이다.

경제학은 한마디로 '유한한 자원을 가장 효율적으로 쓰는 방법'을 연구하는 학문이다. 자원이 인간의 끝없는 욕심을 채우고도 남을 만큼 존재했다면 경제학은 탄생하지도 않았다. 슈퍼카, 세계 여행, 안락하고 넓은 집 등 갖고 싶지만 아직은 꿈으로만 남겨 둔 것이 있는가? 지금 당장 갖지 못하는 이유가 무엇인가? 당연히 그럴 돈과 시간이 없기 때문이다.

우리는 원하는 것을 모두 가질 수 없기 때문에 무엇인가를 선택해야 한다. 그런 이유로 경제학은 최고의 선택이 무엇인지를 연구하는 학문이다. 삶은 선택의 연속이다 보니 경제학 역시 삶의 넓은 영역에 걸쳐 있다. 지금 이 글을 읽고 있다는 것 역시 다른 무엇인가를 포기하고 이 책을 집어 든 선택의 결과다(그런 점에서 매우 감사하다는 말씀을 전한다). 노벨상과 아카데미상을 모두 수상한 유일한 인물이자 세계적인 명문인 런던 정경대학교의 공동 설립자이기도 한 조지 버나드 쇼는 경제를 '삶이라는 재료로 최고의 것을 만들어 내는 것'이라고 정의했다. 넓게 보면 경제학은 매 순간 선택을 해야 하는 우리의 삶 전체를 다루는 학문일 수도 있다. 현대 경제학의 체계를 세운 경제학자 알프레드 마셜도 '경제학은 인간의 일상생활을 연구하는 학문'이라고 밝혔을 만큼 경제학은 일상생활과 밀접하다.

그렇다면 최고의 선택이란 무엇일까? 경제학에서 말하는 최고의 선택은 가장 적은 비용으로 가장 큰 만족을 얻을 수 있는 선택이다. 무엇이 가장 좋은 선택이고 무엇이 가장 나쁜 선택인지를 객관적이고 엄정한 잣대로 판단하고, 눈앞에 보이는 현상 뒤에 숨어 있는 진짜 이유를 찾기 위해 무던히 애쓴다. 경제학을 통해 우리는 최고의 선택이 무엇인지를 파악할 수 있다. 아르키메데스가 어려운 문제를 풀고서 유레카를 외쳤던 것처럼 우리 역시 경제학이라는 욕조에서 유레카를 외칠 수 있다. 우리 앞에 놓인 어려운 문제를 스스로 해결하고 올바른 선택을 하는 데 전문적인 경제학 지식은 필요 없다. 다만 경제학자가 세상을 바라보고 문제를 풀어 가는 방식을 익히는 것만으로 충분하다. 내 앞에 놓인 문제를 경제학자의 시선으로 보는 순간 경제학은 학문이 아니라 삶의 기술로 바뀐다.

이 책에서는 다섯 가지 주제로 경제학자의 생각법을 들여다볼 것이다. 중고차 시장, 불법 주차, 지갑 사용법, 회사 비용 처리 등의 일상적인 문제부터 인플레이션, 최저 임금, 경제 정책 등 신경 쓰고 싶지 않지만 신경 써야만 하는 중요한 문제까지 다루고 있다. 경제학을 전혀 모른다고 해도 걱정하지 마시길. 글만 읽을 수 있다면 이해할 수 있게 쓰려고 노력했다. 복잡한 그래프와 수식에 익숙한 경제학 전문가들에게도 경제학이 풀어야 할 중요한 문제가 무엇인지 다시 한 번 생각해 볼 기회가 될 것이다.

《경제학자의 생각법》은 최고의 선택이 무엇인지 판단하는 도구가 되어 줄 것이다. 하루하루 최고의 선택을 이어 갈 수 있다면 언젠가 우리의 삶도 반짝반짝 빛나지 않을까. 자, 이제 경제학자의 머릿속을 들여다볼 시간이다.

하노 벡

차 • 례

프롤로그 | 당신이 경제학자의 생각법을 알아야 하는 진짜 이유 · 5

제1장 일상 : 피가 되고 살이 되는 경제학 사용법

1. **증권 히스테리** 남들을 따라 해야 할 때와 따라 하지 말아야 할 때 · 18

    경제학자의 메모 **뱅크런** bank run

2. **확률 계산** 로또 당첨 번호를 제대로 고르는 법 · 24

    경제학자의 메모 **확률과 기댓값**

3. **편중 리스크** 경제학자는 지갑을 어떻게 사용하는가 · 31

    경제학자의 메모 **다각화** diversification

4. **역선택** 중고차 시장에서 좋은 차를 구하기가 어려운 이유 · 37

    경제학자의 메모 **레몬 시장 이론** the market for lemons

5. **손익 분기점** 경제학으로 불법 주차의 손익 판단하기 · 44

    경제학자의 메모 **손익분기점** break even point(BEP)

6. **매몰 비용** 왜 손해 볼 걸 알면서도 포기하지 못하는 걸까? · 51

    경제학자의 메모 **매몰 비용의 오류** sunk cost fallacy

7. **정보 비대칭** 돈을 벌고 싶으면 평판부터 관리하라 · 57

    경제학자의 메모 **정보 비대칭** asymmetric information

8. **직원 참여** 회사 경비를 줄이면서도 직원들의 만족도를 유지하는 법 · 64

제2장 경쟁 : 피할 수 없다면 이겨라

9. **효율성** 독일 최고의 축구팀은 바이에른 뮌헨이 아니다 · 72

10. **특허** F1 자동차 경주는 왜 혁신적인 기술을 금지하는 걸까? · 81

    경제학자의 메모 **특허 괴물** patent troll

11. **불로 소득** 부자들에게 세금을 더 걷기 전에 살펴봐야 할 것들 · 90

    경제학자의 메모 **래퍼 곡선** laffer curve

12. **현시 선호 이론** 모두가 안타까워 하는데 전통 시장은 왜 점점 어려워질까? · 98

    경제학자의 메모 **현시 선호 이론** theory of revealed preference

13. **브랜딩** 슈퍼모델과 스포츠 스타들은 왜 그렇게 많은 돈을 받을까? · 103

    경제학자의 메모 **브랜드** brand**와 브랜딩** branding

14. **의식적 병행 행위** 어느 가게나 비슷한 물건 값의 비밀 · 112

    경제학자의 메모 **리니언시 제도** leniency policy

15. **시장 권력** 치열한 가격 경쟁에서 살아남으려면 · 122

    경제학자의 메모 **독과점** monopoly and oligopoly

16. **사후 판단** 앞으로 일어날 일을 미리 알아내는 법 · 127

    경제학자의 메모 **하인리히 법칙** Heinrich's law

17. **틈새 전략** 왜 성공한 사람 중에는 괴짜가 많을까? · 132

    경제학자의 메모 **바겐 헌팅** bargain hunting

18. **죄수의 딜레마** '멀리 가려면 함께 가라'의 경제학적 의미 · 137

    경제학자의 메모 **공유지의 비극** tragedy of the commons

19. **이탈과 항의** 불만을 표시하는 가장 강력한 수단 · 144

20. 가중치 못사는 사람도 잘사는 사람처럼 보이게 만드는 평균의 함정 · 148

경제학자의 메모 **지니계수** Gini's coefficient

21. 바닥을 향한 경주 때로는 살아남기 위해 손해를 감수해야 할 때가 있다 · 155

경제학자의 메모 **궁핍화 이론** theory of absolute impoverishment

제3장 경제 : 경제는 도대체 언제 좋아지는 걸까?

22. 지불 수단 세상에 돈이 사라지면 어떤 일들이 일어날까? · 166

경제학자의 메모 **인플레이션** inflation과 **스태그플레이션** stagflation

23. 경기 회복 정책 모두가 노력하는데 불황이 끝나지 않는 이유 · 170

경제학자의 메모 **유동성 함정** liquidity trap

24. 세의 법칙 돈은 무조건 돌아야 한다 · 174

경제학자의 메모 **세의 법칙** Say's law

25. 경제 정책의 지속성 다이어트와 경제의 공통점 · 178

경제학자의 메모 **샤워실의 바보** a fool in the shower room

26. 통화량 조절 경제는 무슨 조작을 하든 30분 뒤에야 반응하는 자동차다 · 181

경제학자의 메모 **내생 화폐 이론** endogenous money theory

27. 자산 가치 인플레이션 유럽중앙은행에서 나온 그 많은 돈은 다 어디로 간 걸까? · 185

경제학자의 메모 **거품 경제** bubble economy

28. 경제 위기 경제 위기는 언제나 도둑처럼 찾아온다 · 189

경제학자의 메모 **거시 경제학** macroeconomics과 **미시 경제학** microeconomics

제4장 오류: 우리가 경제학에 대해 오해하고 있는 것들

29. 카오스 이론 경제학에서 나비 효과는 없다 · 196

   경제학자의 메모 **나비 효과** butterfly effect

30. 완전 고용 일자리를 늘리는 법은 따로 있다 · 200

   경제학자의 메모 **완전 고용** full employment

31. 인구 함정 인구 증가나 인구 감소가 정말 심각한 일일까? · 204

   경제학자의 메모 **맬서스의 재앙** Malthusian catastrophe

32. 생산성 모든 것을 기계가 대신해도 우리가 할 일은 남아 있다 · 208

   경제학자의 메모 **트리클다운 효과(낙수 효과)** trickle-down effect

33. 데이터 마이닝 원숭이 100만 마리에게 타자기를 주면 명문장이 탄생한다 · 212

34. 노동의 유한성 왜 실업자가 생기는 걸까? · 215

35. 불확정성 원리 베스트셀러는 어떻게 탄생하는가? · 219

   경제학자의 메모 **불확정성 원리** uncertainty principle**와 굿하트의 법칙** Goodhart's law

제5장 경제와 정치: 경제학자의 눈으로 세상을 읽는 법

36. 인플레이션 제거 세계적으로 슈퍼 리치들이 점점 늘어나는 이유 · 226

37. 빈곤 척도 빈곤층 문제를 풀기 위해 먼저 알아야 할 사실 · 230

38. 인적 자본 대학교 등록금 지원 vs 유치원·초등학교 지원,
      무엇이 더 나은 선택인가? · 234

경제학자의 메모 **인적 자본** human capital

39. 국가 보조금 국가의 지원이 독이 되는 경우 · 238

40. 지대 추구 소수의 이익을 위해 다수를 희생시키는 정치인의 속사정 · 242

경제학자의 메모 **지대 추구** rent seeking

41. 이념 아직도 좌우 이념 논쟁이 사라지지 않는 이유 · 246

42. 생산성에 맞춘 임금 체계 가장 합리적으로 연봉을 책정하는 방법 · 249

43. 혁신 정책 축음기와 영사기를 발명하고도 대박을 놓친 에디슨의 실수 · 252

경제학자의 메모 **파괴적 혁신** disruptive innovation**과 존속적 혁신** sustaining innovation

44. 정부 예산 남의 돈을 가져다 남을 위해 쓰는 사람들 · 256

경제학자의 메모 **부패 인식 지수** corruption perceptions index(CPI)

45. 가치 평가 정부 발표에서 허점을 발견하는 법 · 260

46. 최저 임금제 어쩌면 손해가 될 수도 있는 최저 임금 인상의 비밀 · 263

47. 외부 효과 우리 동네에 혐오 시설이 들어설 때 따져 봐야 할 것들 · 267

경제학자의 메모 **외부 효과** external effect

에필로그 | 경제학이 세상을 설명하는 방법 · 271

부록 | 하노 벡 인터뷰 주식 시장에서 돈 버는 다섯 가지 방법 · 277

제 1 장

(일상)

피가 되고 살이 되는 경제학 사용법

경제를 뜻하는 영어 이코노미economy의 어원은 살림살이를 뜻하는 그리스어 오이코노미아oikonomia다. 독일어로는 경제를 비르트샤프트Wirtschaft라고 하는데 이 말 역시 살림살이라는 뜻이다. 결국 경제학은 살림살이를 잘 꾸려 갈 방법을 찾는 학문이라는 것이다.

만약 돈이나 시간을 원하는 만큼 가질 수 있다면 경제학은 세상에서 가장 쓸모없는 학문일 것이다. 하지만 자원은 늘 부족하다. 집도 사고 싶고, 차도 바꾸고 싶고, 세계 여행도 가고 싶다고 해서 전부 다 할 수는 없다. 그중에 무엇인가를 선택해야 하고 그 선택을 위해 많은 것을 포기해야 한다. 경제학은 한정된 자원 가운데 무엇을 선택하고, 또 그것을 어떻게 관리하고 사용해야 하는지를 연구한다. 그리고 가장 좋은 선택이 무엇인지 판단할 수 있게 해 준다.

그렇기 때문에 경제학은 일상의 소소한 고민과 문제들을 처리하는 데도 유용하다. 로또를 살지 말지, 주차 금지 구역에 차를 댈지 말지, 오지 않는 버스를 언제까지 기다려야 할지 등등 선택의 갈림길에 섰을 때 큰 힘을 발휘한다.

경제와 정치의 넓은 세계로 넘어가기 전에 먼저 경제학이 실생활에서 어떤 활약을 펼치는지 살펴보자.

남들을 따라 해야 할 때와
따라 하지 말아야 할 때

1. 증권 히스테리

경제학에서 다수의 의견은 항상 틀린다.
– 존 메이너드 케인스

한 번도 가 본 적 없는 낯선 곳. 배터리가 나간 스마트폰 전원은 꺼져 있고 약속 시간은 얼마 남지 않았다. 얼마 전에 내가 처했던 상황이다.

한 번도 가 보지 않은 도시에 있는 어느 대학교로부터 강연을 부탁받았다. 기차를 타고 가면서 스마트폰으로 급한 이메일 몇 통에 답장을 하고 강연 자료를 검토하고 참고 자료 몇 개를 확인하다 보니 배터리가 금세 바닥을 보였다. 전원을 많이 잡아먹는 옵션들을 모두 껐지만 내리기 직전 전원이 나가 버렸다. 내가 아는 것이라곤 내려야 할 역 이름과 대학교가 역에서 그리 멀지 않다는 것뿐. 약속 시간까지 얼마 남지 않았는데 몇 번 출구로 나가야 하는지, 어느 방향으로 가야 하는지 몰라 머릿속이 복잡했다.

기차역 대합실에 있는 지도를 보거나 역무원에게 물어보면 금방 길을 찾을 수 있겠지만 급한 마음에 무작정 걸음을 옮겼다. 사실 나는 모르는 곳에 가도 길을 잘 묻지 않는다. 왠지 혼자서도 잘 찾을 수 있을 것 같아서다. 그렇게 길을 찾으면 게임에서 이긴 것처럼 뿌듯하다. 나뿐만 아니라 많은 남자가 이런 식으로 행동한다.

느낌대로 행동하는 남자들의 방식이 무식해 보이긴 하지만 조금만 손보면 의외로 괜찮은 전략이다. 내가 기차역에서 길을 묻지 않은 이유는 확실해 보이는 단서가 있었기 때문이다. 야구 모자를 쓰고 배낭 가방을 멘 젊은이들이 우르르 몰려가는 걸 봤던 것이다. 이런 차림을 한 사람들이 회사원이나 신부님일 확률은 작다. 역 근처에 학교가 있는 것이 분명하다. 그들이 그 학교 학생이라고 생각하고 따라가는 건 합리적이다. 전혀 모르는 곳에서 열리는 대규모 학회에 참석한다고 해 보자. 이때도 이런 방식이 통한다. 짙은 색 슈트에 서류 가방을 든 넥타이 부대를 따라가면 굳이 지도를 검색하지 않아도 회의장에 도착할 수 있다.

사실 모든 인간은 다수의 선택과 행동을 따르려는 성향이 있다. 심리학에서는 이런 성향을 '사회적 검증social proof'이라고 한다. 비슷한 현상으로 '밴드웨건(악단 마차) 효과'라는 것도 있다. 사람들이 모여 있는 곳에 더 많은 사람이 쏠리는 것을 가리키는 말이다. 시끌벅적한 악단 마차가 지나갈 때 사람들이 하나둘 모이면 그것을 보고 더 많은 사람이 우르르 몰려드는 것을 생각하면 된다. 사람들은 왜 이렇게 행동할까? 그것은 수백만 년 동안 이어져 온 인간의 본능 때문이다. 부족 사람들과 사냥을 나갔는데 무리와 떨어져 홀로 남게 되었다면 그것은 곧 죽음을 의미한다. 사냥을 하다 말고 갑자기 사람들이 우르르 뛰기 시작했다면 일단 나도 따라서 뛰어야 한다. 그 이유를 알아야겠다며 홀로 반대편으로 갔다가는 무슨 일을 당할지 모른다. 남들을 따라 한다는 것은 생존과 연결되어 있는 본능인 만큼 강력하다. 긴 시간이 지났어도 여전히 우리를 조종하는 본능이다.

돈과 시간이라는 자원을 효율적으로 관리해야 하는 경제학자의 눈으로 보면 집단의 행동을 따르는 것은 괜찮은 선택이다. 돈과 시간을 아낄 수 있고 성공률도 꽤 높다. 스마트폰 하나를 사기 위해 일일이 모든 스마트폰을 써 볼 수 없는 노릇이고, 맛있는 집을 찾기 위해 모든 식당을 다녀 볼 수도 없다. 사람들이 많이 사는 상품, 식사 시간에 바글거리는 식당에는 그럴 만한 이유가 있다고 믿는 게 여러모로 낫다.

그런데 문제는 집단의 선택이 틀릴 때가 많다는 점이다. 만약 처음 가는 대학교를 찾아갈 때 근처에 또 다른 대학교가 있었다면 엉뚱한 곳에서 헤맸을 수도 있다. 아침이 아니라 저녁이었으면 모자에 헤드폰을 쓴 젊은이들을 따라갔다가 테크노 클럽으로 직행했을지도 모른다. 대규모 학회에 갈 때도 마찬가지다. 당연히 학회 참석자들인 줄 알고 넥타이 부대를 쫓아갔는데 알고 보니 출근하는 대기업 직원들일 수도 있고, 아니면 길을 잃고 헤매는 맨 앞사람을 사람들이 아무 생각 없이 따라가는 것일 수도 있다.

급하게 기차역에 도착했는데 사람들이 우르르 기차에 올라타는 걸 보면 일단 올라타고 본다. 막연히 사람들이 더 잘 알 거라고 믿기 때문이다. 하지만 전혀 다른 방향으로 가는 기차일 수도 있다. 이런 일이 흔하게 벌어지기 때문에 대중을 따르는 전략이 위험한 것이다. 이런 현상의 대표적 사례가 증권 히스테리다. 증시 호황기에 소수의 투자자들이 주식 투자로 떼돈을 번다. 그 소식이 알려지면 몇몇 사람이 뒤따르고 점점 많은 사람이 주식 시장에 모여든다. 그리고 이들도 어느 정도 돈을 번다. 그 소문이 퍼지면 평소에 주식을 모르던 사람들도 주식을 한다며 나선다. '옆집에 누구도 돈을 벌고, 친구 누구도 돈을 벌었는데 나만 바보가 되는 게 아닐까?', '가장 큰 회사 주식을 사 놓으면 설마 망하기야 하겠어?', '저 회사 주식이 크게 올랐는데 분명히 내가 모르는 뭔가가 있을 거야!' 이렇게 생각하며 밑도 끝도 없는 소문과 전망에 의지하여 주식 시장에 돈을 담근다. 이른바 '묻지 마' 투자 행진에 참여하는 거다.

문제는 주가가 떨어질 때다. 극장에서 누군가가 '불이야!' 라고 외쳤을 때 일어날 법한 일이 벌어진다. 증시가 급락하는 와중에 한 푼이라도 더 건지려는 사람들이 너도나도 헐값에 주식을 처분한다. 주식 시장은 곧 아수라장으로 변한다. 이런 히스테리를 일컬어 '집단행동' 이라고 한다.

'뱅크런bank run'도 이와 비슷하게 진행된다. 뱅크런은 대공황 같은 큰 경제 위기가 오거나 은행이 부실하다는 소식이 전해졌을 때 예금주들이 은행으로 달려가 돈을 몽땅 인출해 가는 사태를 의미한다. 모든 예금주들이 은행이 망할 것으로 믿고 행동하면 실제로 은행은 망한다. 뱅크런이나 증시 폭락은 나라 전체의 금융 시스템을 뿌리째 흔들 만큼 무서운 집단 행동이다. 자본주의 초기에는 이런 집단 행동에 아무런 대비도 하지 않아 막대한 타격을 입었다. 그런 피해를 막기 위해 주식 시장의 서킷브레이커(주가가 급등하거나 급락할 때 전기 회로를 차단하듯 주식 거래를 일시적으로 중단하는 조치), 선물 시장의 사이드카(일시적인 매매 금지 조치), 예금자 보호 제도(은행이 파산하더라도 일정 금액에 대해 정부나 공공 기관에서 지급을 보증해 주는 제도) 같은 보호 장치가 만들어졌다.

집단의 선택이 언제나 지혜로운 건 아니다. 대중의 선택에 귀를 기울이지 않는 편이 낫다는 걸 보여 주는 이야기는 이외에도 많다. 가족들과 놀이공원에 갈 때는 어지간하면 날씨 좋은 주말은 피하는 게

뱅크런 bank run

은행의 대규모 예금 인출 사태. 금융 시장이 불안하고 거래 은행의 재무 상태가 의심되어 은행에 맡긴 돈을 찾으려는 사람이 일시에 몰리면서 은행에서 돌려줄 돈이 바닥나는 사태를 말한다. 금융 역사에서 가장 유명한 뱅크런 사태는 1907년 니커보커 투자신탁(Knickerbocker Trust)의 뱅크런이다.

당시 뉴욕에서 세 번째로 큰 신탁 회사였던 니커보커의 소유주가 구리 투기에 나섰다가 실패하자 불안함을 느낀 예금자들이 돈을 찾기 위해 한꺼번에 몰려들면서 뱅크런이 발생했다. 이 사건은 25개 은행과 17개 대기업의 파산을 초래하였다. 뱅크런이 벌어지면 금융계를 넘어 경제 전반에 미치는 피해가 너무 크기 때문에 각국 정부는 뱅크런을 막기 위해 여러 장치를 마련해 두었다.

낫다. 사람 구경만 하다가 올 가능성이 크기 때문이다. 겨울옷은 여름에 사야 가장 싸고, 비행기 표는 비수기에 사야 가장 싸다. 집단과 반대로 움직이는 전략은 여러 면에서 생활을 편하게 해 준다.

대중의 움직임은 지혜가 아니라 다른 사람의 습관이나 사회적 분위기에서 비롯된다. 이런 분위기에 휩쓸리지 않으려면 비이성적인 움직임을 간파할 수 있어야 한다. 대중의 선택은 대체로 현명하기 때문에 대중의 흐름에 주의를 기울일 필요가 있다. 하지만 무엇보다 자신의 지혜를 믿는 사람이 가장 잘 산다.

로또 당첨 번호를
제대로 고르는 법

내가 복권 당첨 확률을 꼼꼼하게 계산해 봤더니
당신이 1등에 당첨될 확률은
복권을 사나, 안 사나 똑같다.
– 프랜 레보위츠

1955년부터 발행한 독일 로또 복권은 매주 수요일과 토요일에 당첨 번호를 추첨한다. 1등에 당첨되려면 1부터 49까지 숫자 중에서 6개를 맞혀야 하고, 그와 함께 '슈퍼 넘버'라고 하는 1부터 10까지의 숫자 중 하나도 맞혀야 한다. 당첨 번호를 맞힌 사람이 나오지 않으면 당첨자가 나올 때까지 당첨금이 누적되는데 그해 마지막 추첨일에도 당첨자가 나오지 않으면 마지막 회 2등 당첨자들이 그때까지 모인 돈을 나눠 갖는다. 일반적인 당첨금은 500만 유로(61억 원) 정도인데, 2007년에는 10회 이상 당첨자가 나오지 않아 4340만 유로(530억 원)까지 쌓인 적도 있다.

그 당시 교사, 변호사, 치과 의사, 건설 노동자, 대학생, 주부들이 너나 할 것 없이 로또 판매점으로 달려갔다. 그들은 돈 걱정 없는 인생을 꿈꾸며 조심스럽게 숫자를 골랐다. 숫자 몇 개만 맞히면 누구나 가져갈 수 있는 어마어마한 당첨금을 앞에 두고 나라 전체가 들썩이는 건 당연해 보인다. 독일에서는 로또 당첨금에 세금을 물지 않고(대신에 재산세를 내야 한다), 외국인들도 구매할 수 있기 때문에 이웃 나라에까지 로또 열풍이 번졌다. 그 회차에만 평소보다 4배나 많은 2500만 장의 로또가 팔렸고 결국 3명의 당첨자가 나와 당첨금을 나눠 가졌다. 2006년 10월에는 3768만 유로(460억 원)의 당첨금을 단 한 사람의 당첨자가 가져가 역대 최고 수령액 기록을 세우기도 했다.

비판적인 사람들은 이런 열풍을 어리석게 여긴다. 계산기를 두드려 보면 1등에 당첨될 확률이 얼마나 희박한지 금방 확인할 수 있다. 독일 로또의 1등 당첨 확률은 1억 4000만분의 1이다. 이탈리아 로또의 당첨 확률은 더 심하다. 90개 숫자 중에서 6개를 맞히는 방식인데 당첨 확률이 무려 6억 2000만분의 1이다. 전 세계 로또 중에서 당첨 확률이 가장 낮다. 비판적인 사람들은 1등 당첨은 사실상 불가능하다고 본다. 당첨금이 아무리 많아져도 상관없다. 당첨 확률에는 변함이 없으니까.

그들의 말이 맞다. 그런데 경제학자들은 조금 다르게 생각한다. 어마어마한 당첨금에 이끌려 로또를 사는 것은 경제적으로 합리적인 면이 있다. 로또를 진짜 합리적으로 즐기려면 당첨 확률과 당첨금이라는 두 가지 요소를 함께 봐야 한다. 두 요소 사이에는 간단한 반비례 관계가 성립된다. 당첨 확률이 낮을수록 예상 당첨금은 높다. 이것이 바로 로또의 매력이다.

온 나라가 들썩이는 로또 열풍에 눈길을 주지 않았던 사람들은 당첨금과 당첨 확률의 관계가 아직 그들의 기대에 미치지 못했기 때문이다. 그러나 당첨금이 어마어마하게 늘어나면 그들도 추첨 결과에 신경을 쓰지 않을 수 없다. 몇 푼 투자하고 받을 수 있는 보상이 어마어마하기 때문이다. 그들은 통계학 책은 잠시 덮어 두고 로또 판매점으로 달려가 신중하게 숫자를 고른다. 당첨금으로 살 수 있는 엄청난 양의 통계학 책들을 상상하면서.

로또에서 숫자를 모두 맞힐 확률과 그 결과 얻게 될 당첨금의 반비례 관계가 바로 이해된다. 1등 확률이 낮을수록 당첨자가 적게 나오고 당첨금은 커진다. 이탈리아 로또는 일주일에 세 번 추첨하는데 당첨자가 잘 나오지 않아 이월이 자주 된다. 평균 1등 당첨금은 5000만 유로(약 610억 원)에 이른다. 2009년에는 무려 87회 만에 당첨자가 나와 1억 4800만 유로(1807억 원)의 당첨금을 단 한 사람이 차지한 일도 있었고, 1년 뒤인 2010년에는 110여 회 동안 당첨자가 나오지 않으면서 1억 7770만 유로(2170억 원)의 당첨금이 쌓여 온 이탈리아가 들썩인 적도 있다. 어쨌든 확률이 낮을수록 당첨금은 커진다. 이런 반비례의 매력 덕분에 로또 판매점에 매주 사람이 몰린다.

그런데 비슷한 반비례 관계에 놓인 일들 가운데 우리가 정반대로 행동하는 것이 있다. 안전과 관련된 일에서 그런 경우가 많다. 예를 들어 벼락에 맞는 경우를 생각해 보자. 주위에서 벼락에 맞은 사람은 로또 1등 당첨자만큼이나 만나기 어렵다. 미국 국립번개안전연구원에 따르면 미국인 약 30만 명 가운데 1명이 벼락에 맞아 사망한다고 한다. 아주 드문 확률이긴 하지만 로또 1등에 비하면 500배나 높은 확률이다. 로또 1등에 당첨되기보다 벼락에 맞기가 500배나 더 있을 법하다는 말이다. 그런데 벼락에 맞을 것을 대비해서 보험에 들거나 유언을 미리 써 놓는 사람은 거의 없다.

1억 4000만분의 1 확률의 로또는 매주 사면서도 30만분의 1 확률의 벼락 보험은 들지 않는다. 로또 1등 당첨보다 내게 일어날 확률이 더 크고, 한 번 일어나면 생명이 위태로워지는데도 말이다. 로또를 사는 것보다 생명 보험을 드는 편이 확률적으로는 더 합리적인 선택이다.

더 자주 있을 법한 일을 생각해 볼까? 자동차 보험에 가입할 때 차량 사고 보장 범위를 아주 큰 금액으로 해 놓는 사람은 많지 않다. 길거리에서 잘 보이지도 않는 초고가 슈퍼카와 사고가 날 확률은 아주 낮기 때문이다. 그런데 내가 설정해 놓은 보장 금액을 훌쩍 넘어서는 비싼 차와 단 한 번이라도 사고가 나면 손해가 너무 크다. 낮은 확률보다 손해에 민감한 사람들은 돈을 조금 더 주고서라도 보장 금액이 큰 특약을 선택한다.

암 보험이나 생명 보험에 가입할 생각이 없는 사람, 자동차 안전띠를 하지 않는 사람, 안전모 없이 자전거나 바이크를 타는 사람, 가스 밸브를 잠그지 않는 사람 등도 의식적이든 무의식적이든 자신에게 불행한 일이 닥칠 확률이 매우 낮다고 믿는 사람들이다.

국가나 대규모 조직에서는 확률이 아주 낮더라도 사고가 발생했을 때 예상되는 피해가 크다면 그에 대한 대비를 한다. 예를 들어 독일 원자력 발전소는 비행기가 추락해도 끄떡없을 정도로 안전하게 짓는다. 실제로 그런 일이 벌어질 가능성은 매우 낮지만 원자력 발전소가 붕괴되는 것은 그야말로 대재앙이기 때문이다.

이제 로또에서 다룰 얘기는 가장 중요한 것 하나가 남았다. 당첨 번호를 고르려면 어떻게 해야 할까? 로또 광풍에도 흔들리지 않는 비판주의자들은 이미 답을 알고 있을 것이다. 정답은 바로 아무 숫자나 고르는 것이다. 사실 어떤 숫자를 적든 확률에는 변함이 없다. 패턴에 익숙한 우리의 뇌는 이 사실을 인정하려 하지 않는다. 그런데 1, 2, 3, 4, 5, 6이 나올 확률이나 4, 6, 7, 15, 26, 30이 나올 확률은 똑같다. 연속하는 숫자 조합이 특별해 보이지만 우리에게만 그럴 뿐 로또 기계는 공에 어떤 숫자가 적혀 있는지 상관하지 않는다. 그리고 더 믿기 어렵겠지만 지난주에 나왔던 숫자 조합이 이번 주에 다시 나올 확률도 같다.

이유는 단순하다. 로또 공은 기억력이 없다. 우리는 지난주에 어떤 공이 진행자의 손에 들려 있었는지 기억하지만 로또 공은 기억할 수도 없고 기억하려고 하지도 않는다. 기억을 하든 못하든 그것 역시 아무 상관없다. 공들은 아무 생각 없이 그냥 우연의 법칙에 따라 구멍으로 튀어나온다. 전에도 그랬고 앞으로도 그럴 것이다.

꿈에서 뭘 보았든, 아주 용한 예언가를 만났든, 당첨 번호를 수십 년 동안 연구했든 확실한 전략은 없다. 어떤 전략도 우연을 이길 수 없다. 그런 전략의 유일한 승자는 그런 전략을 그럴듯한 말로 포장해 돈을 받고 파는 사람과 로또 시행사, 그리고 1~2명의 당첨자뿐이다. 나머지 수백만 명은 늘 그렇듯이 다음번 추첨일을 기다려야 한다.

경제학자가 로또에 대해 조언할 수 있는 게 고작 이건가? 아직 실망하기엔 이르다. 거액의 당첨금을 탈 수 있는 확률을 높이는 방법이 있다. 거액의 당첨금을 타려면 선택하지 말아야 할 숫자들이 있다. 어떤 숫자들일까? 31보다 낮은 수들은 되도록 피해야 한다. 그 까닭은 통계가 아니라 달력 때문이다. 자신이나 가족들의 생일, 사랑하는 사람과의 기념일로 로또 번호를 고르는 사람이 많다. 달력 숫자가 나오면, 그러니까 31보다 낮은 숫자가 나오면, 생일이나 기념일을 고른 수많은 사람과 당첨금을 나눠야 한다. 극단적인 예를 하나 들어 보자. 어떤 나라의 국민 99퍼센트가 1일에 태어났고 단 1퍼센트가 2일에 태어났는데, 숫자 2개를 맞히는 복권이 있다고 상상해 보라. 당신은 어떤 숫자를 선택하겠는가?

달력 숫자 못지않게 구입 용지로 패턴을 그리는 사람도 많다. 특히 유럽에서 행운을 상징하는 말발굽 모양이나, 행운의 숫자라는 '7' 모양이 인기가 많다. 이런 번호들이 선택되면 당첨자가 무더기로 쏟아져 나온다. 1997년에는 투표 용지에 'U' 모양으로 배열된 번호가 선택되면서 124명의 1등 당첨자가 나왔고, 2003년 '7' 모양으로 배열된 번호가 뽑혔을 때는 141명의 1등 당첨자가 나왔다. 최다 당첨자 기록을 세운 번호는 연속된 번호다. 1988년에 24, 25, 26, 30, 31, 32번이 당첨 번호였는데 1등이 무려 222명이나 되었다.

마지막으로 당신이 이번 주 로또 번호로 어떤 숫자를 고르든 적어도 100퍼센트 손해는 아니라는 것을 말해 주고 싶다. 로또에 투자한 대가는 분명히 있다. 1등 당첨금을 받고 무엇을 할까 상상하고 꿈꾸는 몇 시간의 행복. 그 정도 대가에 맞는 금액만 투자하라. 내가 고른 번호가 추첨기로 튀어나올 때까지.

[경제학자의 메모]

확률과 기댓값

기댓값이란 일정한 확률이 주어진 상황에서 특정 경제 활동을 통해 평균적으로 얻을 수 있는 이익을 말한다. 6개의 숫자를 순서와 상관없이 모두 맞히는 방식의 로또에 1등으로 당첨될 확률은 814만 5060분의 1이다. 기댓값은 당첨 확률에 상금액을 곱한 값이다. 1등 당첨금이 대략 10억 원이라고 할 때 기댓값은 122.7원에 불과하다. 이처럼 낮은 기댓값에도 불구하고 사람들이 복권을 사는 이유는 무엇일까? 당첨 확률이 아주 낮다는 것을 알지만 심리적 만족감을 위해 1000원 정도는 기꺼이 지불할 수 있다고 생각해서다. 이는 고전 경제학에서 말하는 '기대 효용의 원리'와 관련이 있다. 미래가 불확실한 상황에서 합리적인 경제 주체는 미래의 결과에 대한 기대치에 입각하여 판단한다고 설명한다.

경제학자는
지갑을 어떻게
사용하는가

3. 편중 리스크

주식 투자에 성공하는 사람들은 수십 개의 종목에서
약간씩 수익을 내기보다는 한두 종목에서 큰 수익을 거둔다.
여러 종목에서 작은 손실을 내고 몇 종목에서 큰 이익을 얻는 게 훨씬 낫다.
너무 광범위한 분산 투자는 주식에 대해 공부하지 않는다는 증거다.
—윌리엄 오닐

이 책을 읽는 사람들 중에 지갑이 없는 사람은 아마 거의 없을 것
이다. 가방이나 파우치라고 하는 작은 주머니는 그리스 신화에도 등
장할 만큼 오래전에 발명되었지만 지갑은 역사가 비교적 짧다. 지갑
은 지폐를 넣기 위해 만든 것인데 지폐가 등장한 지가 오래되지 않았
기 때문이다.

종이로 된 화폐는 10세기 말 중국 상인들이 처음 사용한 것으로 알
려져 있다. 서양에서는 17세기 중반 스웨덴에서 발행한 것이 최초다.
그런데 초창기 지폐는 일종의 지급 보증서로 지금의 지폐와는 성격
이 달랐다. 지폐가 널리 쓰이게 된 건 19세기 중반 미국에서부터다.
미국 재무부가 남북 전쟁에 필요한 자금을 조달하기 위해 이자 없는

국채를 발행했는데 이것이 오늘날에 쓰이는 지폐의 시작이다.

지갑이 처음 만들어졌을 당시에는 신분증을 넣는 용도로 주로 쓰였고, 지폐가 널리 쓰이면서부터 종이돈을 넣을 수 있는 형태로 발전했다. 1950년대 플라스틱으로 된 신용 카드가 세상에 등장하면서 현재의 모습을 띠게 되었다.

많은 사람이 그렇겠지만 나 역시 지갑에 돈만 넣고 다니지는 않는다. 신용 카드, 신분증, 운전 면허증, 각종 멤버십 카드, 명함, 가족사진, 영수증, 공연 티켓, 열쇠 등 지갑에 넣을 수 있는 물건은 죄다 넣고 다닌다. 필요한 것들을 모두 넣고 다니니 여러모로 편하기는 한데 분실했을 때 타격이 너무 크다는 단점이 있다.

지갑을 잃어 본 사람은 알겠지만 돈을 잃은 것은 문제가 아니다. 신용 카드 회사에 일일이 전화를 걸어 분실 신고를 하고 새 카드를 받을 때까지 기다려야 한다. 운전 면허증, 신분증도 다시 발급 받아야 한다. 사이즈가 맞지 않는 옷을 환불하려고 챙겨 둔 영수증은 영영 찾을 길이 없다. 지갑을 잃어버린 탓에 맞지도 않는 옷을 옷장에 넣어 두어야 한다. 그뿐인가. 더 중요한 것들도 사라진다. 한 장밖에 없던 부모님 젊었을 때 사진하며, 명함 뒤에 적어 둔 중요한 관계자 전화번호 같은, 다시 구할 수 없는 것들도 한꺼번에 사라진다.

이런 위험 부담을 줄일 수는 없을까? 늘 지갑을 잘 챙겨야 한다는 충고는 답이 아니다. 그걸 몰라서 지갑을 잃어버리는 사람은 없다. 가장 단순한 방법은 저런 것들을 전부 지갑에 넣어 다니지 말고 여러 곳에 분산하여 보관하는 것이다. 돈은 지갑에, 신용 카드는 카드 지갑에, 부모님 사진은 책상 위에, 여자 친구 사진은 자동차에, 쪽지나 영수증은 서랍 속 보관함에 골고루 나누어 넣는다. 이렇게 하면 지갑을 잃어버렸을 때의 위험 부담을 상당히 낮출 수 있다.

이 방법에도 단점이 있다. 중요한 소지품을 몽땅 잃어버릴 위험은 줄지만 너무 불편하다. 지갑은 가져왔는데 신용 카드 지갑은 집에 두고 나온다거나, 중요한 영수증을 재킷 안주머니에 잘 넣어 두고는 세탁소에 맡긴다거나, 거래처 계좌 번호가 적힌 쪽지를 바지 뒷주머니에 넣어 두고 다른 바지를 입고 출근하는 일이 자주 일어날 것이다. 전부 잃어버리는 일은 없어도 챙겨야 할 것이 많아지면서 사소한 것들을 잃어버리는 일은 자주 일어날 것이다.

경제학자의 언어로 표현하면 지갑에는 '편중 리스크concentration risk'라는 것이 있다. '계란을 한바구니에 담지 말라'는 표현을 자주 쓰는데 이것이 편중 리스크에 대한 비유다. 계란을 여러 바구니에 나누어 담으면 편중 리스크는 줄어든다. 바구니 여러 개를 들고 관리해야 하는 번거로움이 있지만 어쩌다가 바구니 하나가 떨어지거나 도둑맞아도 계란을 몽땅 잃지는 않는다.

앞서 지갑 예를 들었지만 편중 리스크 관리가 정말 중요한 영역은 투자다. 소액일 때는 문제가 안 되지만 액수가 커지면 한 곳에만 투자하는 것은 너무 위험하다. 부동산에만 투자했는데 부동산 경기가 바닥을 헤맨다거나, 주식에 전 재산을 투자했는데 주가가 급락하면 손해를 복구하는 게 너무 어렵다. 게다가 심리적으로 불안해지면서 하는 일마저 손에 잡히지 않는다.

위험하다는 걸 알면서도 이렇게 하는 이유는 대박의 유혹 때문이다. 부동산, 주식, 채권, 예금에 골고루 나누어 투자하면 안전하지만 큰 수익을 기대하기는 어렵다. 만약 그중 어느 하나가 매우 높은 수익률을 기록한다면 '여기에 전부 투자했으면 어땠을까' 하는 생각이 든다. 쪽집게처럼 대박을 안겨 줄 투자처만 쏙쏙 고를 수 있다면 당연히 이런 전략이 좋다. 그런데 그런 능력을 가진 사람은 지금까지도 없었고 앞으로도 없을 것이다.

대부분의 투자 전문가들은 편중 리스크를 줄이기 위해 '다각화 diversification'라는 전략을 사용한다. 돈을 여러 유형의 투자처에 나누어 투자하는 방법이다. 큰 수익을 기대할 수는 없지만 자산 가치 하락을 크게 겁내지 않아도 된다.

개인뿐만 아니라 기업들도 편중 리스크와 다각화 사이에서 고민한다. 한 가지 핵심 상품이나 서비스에 집중하는 기업이 있는 반면 여러 분야의 사업을 동시에 진행하는 기업도 있다. 무엇이 정답이라고 말할 수는 없다. 각각 장점과 단점이 있기 때문이다. 한 가지 분야에 집중하는 기업은 확장할 때도 자신의 핵심 사업과 시너지를 낼 수 있거나 그들의 역량이 공통적으로 적용될 수 있는 분야에만 뛰어든다. 그만큼 해당 분야에서 시장을 주도하고 높은 고객 충성도를 유지하기가 쉽다. 잘 모르는 시장에서 무리한 경쟁을 하지 않기 때문에 자원 낭비도 적다.

마냥 장점만 있는 것은 아니다. 회사가 주력으로 하는 시장이 포화 상태에 이르거나, 시대 변화에 잘 대처하지 못하면 위기를 맞는다.

사업을 다각화한 기업은 어느 사업이 망해도 한 번에 쓰러지지는 않는다. 다만 핵심 역량에 집중하기 어려워 한 가지에 집중하는 기업과의 경쟁이 쉽지 않고, 시장을 지배하는 위치에 오르기가 어렵다. 코닥과 후지필름은 필름, 카메라, 현상, 인화 등 이미지 관련 제품과 서비스를 주력으로 했던 기업이다. 1887년 설립된 코닥은 100여 년간 이미지 관련 분야에 주력하여 세계 최고의 기업으로 군림했으나 디지털, 모바일 시대에 적응하지 못해 몰락하고 말았다. 후지필름은 오랫동안 코닥의 그늘에 가려 있었지만 필름 수요가 줄자 발 빠르게 필름 기술을 응용할 수 있는 화장품, 제약 분야에 진출하여 주목할 만한 성과를 거두었다.

[경제학자의 메모]

다각화 diversification

개인이나 기업이 한 곳에 집중 투자하기보다는 다양한 분야에 분산 투자하여 위험 부담을 최소화하는 것을 다각화라고 한다. 다각화 전략의 대표적인 기업으로는 세계적인 온라인 유통 공룡 '아마존'이다. 아마존은 초기 책 판매를 시작으로 음반, 비디오, 의약품, 식료품 등 다양한 제품군으로 확대하였을 뿐만 아니라 전자책 디바이스 '킨들' 출시, 최근에는 금융업과 드론 제조 사업에도 진출하여 사업을 확장하고 있다. 반면 한 우물만 파서 성공하는 기업들도 있다. 스웨덴의 '테트라팩'은 1950년 설립 이래 포장 기술 분야에만 집중했다. 삼각뿔 모양, 벽돌 모양 등의 혁신적인 디자인의 우유 용기를 개발했고, 이를 토대로 현재 연 매출 16조 원에 달하는 포장 용기 시장에서 1위 기업으로 성장했다. 사업 영역을 확장하는 것이 좋은지, 한 가지 분야에 집중하는 것이 좋은지를 단순하게 판단할 수는 없다. 다만, 다각화에 성공하려면 현재 보유한 핵심 역량을 신규 사업에 얼마나 잘 적용할 수 있는지, 한 가지 영역에 집중하려면 해당 시장이 얼마나 지속 가능한지, 경쟁력을 꾸준히 향상시킬 수 있는지를 각각 염두에 두어야 한다.

어느 쪽이 옳다고 말할 수 없다. 경영자의 기질, 위험 준비 상태, 처한 상황, 시장 환경에 따라 어떤 쪽을 택하든 성공할 수도 있고 실패할 수도 있다. 분명한 것은 기업의 형태에도 유행과 흐름이라는 게 있다는 사실이다. 어려운 시기에는 덩치를 줄여 핵심 상품에 집중하고, 경기가 좋아지면 관련 기업을 사들여 사업을 확장하는 혼합형 다각화 기업도 있다.

지갑을 잃어버려 낭패를 봤던 사람은 꼭 필요한 것만 넣어 다니고, 대박을 노리다가 한 번에 거액을 날려 본 사람은 투자에 신중해지는 것처럼 어느 쪽을 선택하느냐는 경영자 각자의 성향과 경험에 달려 있다.

중고차 시장에서
좋은 차를 구하기가
어려운 이유

4. 역선택

> 형편없는 상품들 가운데에서 좋은 상품을 골라내는 문제는
> 비즈니스의 핵심이다. 중고차 시장에서 수많은 자동차 가운데
> 성능 좋은 자동차를 고르는 일처럼 늘 어렵다.
> 이는 경제의 불확실성을 이해하고 극복하는 데
> 가장 중요한 요소이기도 하다.
> – 조지 애컬로프

뷔페는 다양한 음식을 한 번에 즐길 수 있어 인기가 많다. 돈을 내고 입장을 하면 배가 터지기 직전까지 마음껏 먹을 수 있다. 뷔페는 16세기 스웨덴에서 본격적인 만찬이 시작되기 전에 손님들이 자유롭게 먹을 수 있도록 작은 테이블 위에 몇 가지 전채 요리와 음료를 놓아두는 전통에서 유래되었다. 스웨덴에서는 이를 스메르가스보르드smörgåsbord라고 하는데 빵과 버터, 고기를 올려 두는 식탁이라는 뜻이다. 이 스웨덴식 식사법은 19세기 유럽에 철도가 깔리면서 널리 퍼져 큰 인기를 끌었다. '뷔페buffet'는 원래 주방에서 나온 요리를 올려 두는 작은 탁자를 가리키는 말이었다.

제대로 된 요리를 중요시하는 식도락가들은 뷔페를 좋아하지 않

는다. 싸구려 음식을 셀프로 가져다가 번잡스럽게 먹어야 하는 게 싫다는 것이다. 혀가 까다롭지 않은 우리 같은 일반인들은 오로지 본전을 뽑겠다는 일념으로 테이블과 요리 코너를 왕복한다. 나는 경제학자답게 평소에 비싸서 먹지 못했던 요리를 집중 공략한다. 더 이상 아무것도 먹을 수 없을 만큼 배가 부르면 그제야 마지막 접시는 먹지 말걸 하는 후회가 밀려온다.

뷔페에서 인기가 많은 스테이크나 해산물 코너에 줄을 서 있다 보면 이런 생각이 든다. 사람들이 이렇게 막 가져다 먹는데도 이익이 나는 걸까? 일반 레스토랑에서 스테이크나 랍스터, 생선회를 먹을 때는 먹는 만큼 돈을 내야 한다. 그런데 뷔페에서는 한 점을 먹든 열 점을 먹든 가격이 같아서 평상시보다 훨씬 많이 먹게 된다. 이론적으로만 보면 뷔페는 존재할 수 없는 사업이다. 우리가 뷔페 주인이라면 뷔페 가격을 어떻게 정해야 할까?

식당에 손님이 딱 두 사람만 있다고 생각해 보자. 한 사람은 핫도그 빨리 먹기 세계 기록 보유자고, 한 사람은 채식주의 소식가다. 겉모습으로는 누가 챔피언이고 누가 채식주의자인지 분간하기 어렵다. 음식을 많이 먹는다고 몸집이 큰 것은 아니기 때문이다. 핫도그 빨리 먹기 챔피언은 호리호리하지만 핫도그 60개를 12분 안에 먹어 치우는 괴물 같은 식성을 가지고 있다.

손님에 대한 정보가 없을 때는 저들이 먹을 음식 가격의 평균을 내는 것이 가장 좋은 방법이다. 예를 들어 챔피언이 40유로(5만 원)어치를 먹고 채식주의자가 20유로(2만 5000원)어치를 먹는다고 하면 뷔페 가격을 30유로(3만 6000원)로 정하면 된다. 그러면 최소한 손해는 보지 않는다. 챔피언처럼 많이 먹는 대식가와 채식주의자처럼 조금만 먹는 소식가의 수가 비슷하다는 전제 하에 이런 가격 책정법은 합리적이다.

그런데 다른 문제가 발생한다. 채식주의자들은 바보가 아니다. 자신들이 먹는 양에 비해 뷔페 이용료가 너무 비싸다고 생각한다. 이용료에 자신들보다 더 많이 먹는 사람들의 밥값이 포함되어 있다는 걸 눈치 챈 것이다. 많이 먹지도 않는데 남의 밥값까지 대신 내 줘야 한다면 누가 뷔페에 오겠는가. 우리 뷔페에 이익을 안겨 주던 채식주의자들이 발길을 끊었으니 어쩔 수 없이 가격을 올려야 한다. 뷔페의 가격 경쟁력이 떨어지면서 많이 먹지도, 적게 먹지도 않는 보통 사람들도 하나둘 떠난다. 인건비와 임대료, 식자재비, 전기세, 수도세 등의 비용을 감당하려면 음식 종류를 줄이거나 저급 재료를 쓰거나 가격을 올릴 수밖에 없다. 이제 우리 뷔페에는 12분에 60개의 핫도그를 먹어 치우는 챔피언들만 득실거린다.

경제학자는 이런 현상을 '역선택adverse selection'이라고 한다. 역선택은 정보의 비대칭 때문에 불리한 선택을 하는 현상을 의미한다. 정보를 많이 가진 사람과 정보가 거의 없는 사람이 거래를 한다면 정보가 적은 쪽이 불리할 수밖에 없다. 그래서 정보가 적은 쪽의 선택은 의도와 다르게 흘러간다. 뷔페 식당 주인은 많이 먹는 사람과 적게 먹는 사람에 대한 정보가 없었다. 그래서 평균적인 가격을 선택했으나 그것이 오히려 장사를 망치는 선택이 되었다.

이런 역선택 때문에 이론적으로만 보면 누구나 마음껏 먹을 수 있는 뷔페는 사업을 유지하기가 매우 어렵다. 그럼에도 수많은 뷔페 식당이 존재하는 것은 역선택을 넘어서는 뭔가가 있기 때문이다. 다양한 음식을 한곳에서 먹을 수 있어서 편리하다고 느끼는 사람도 많고, 자신보다 많이 먹는 사람의 밥값을 대신 계산해 주고 있다는 사실을 전혀 의식하지 못하는 사람도 있을 것이다.

역선택은 중고차 시장에서 흔하게 일어난다. 겉은 멀쩡한데 문제가 많은 중고차를 영어로 '레몬'이라고 한다. 달콤하게 생겼지만 강한 신맛을 내는 레몬에 빗댄 말이다. 중고차 판매자는 판매하려는 차가 좋은 차인지 레몬인지 알고 있다. 구매자는 아무리 꼼꼼히 살펴봐도 차의 상태를 정확히 알기 어렵다. 문제가 없는 차를 구입할 확률은 50퍼센트다. 운이 나쁘게도 문제가 많은 차를 구입했다면 수리비가 구입 가격보다 더 나올 수도 있다. 그래서 되도록 싼 가격에 구입하고 싶다. 멀쩡한 차의 시세가 5000유로(600만 원)이고, 나쁜 차의 시세가 3000유로(360만 원)라면 구매자는 이 둘의 평균인 4000유로(480만 원)에 차를 구매하고 싶어 한다. 그런데 정말 관리가 잘 된 새것과 다름없는 중고차라면 판매자가 4000유로에 판매할 리가 없는 반면, 문제가 있는 차를 가진 판매자는 4000유로 선에서 합의를 볼 것이다. 좋은 차인지 나쁜 차인지 불확실한 상황에서 선뜻 제값을 주고 싶은 사람은 없다. 또 좋은 차를 시세보다 싸게 넘기려는 사람도 없다. 그래서 결국 시장에는 레몬만 남게 된다.

이런 역선택의 문제를 가장 먼저 깨달은 곳은 보험 회사다. 보험은 질병, 재해, 사고 등의 손해에 대비해 일정 금액을 적립했다가 해당 사고가 발생했을 때 계약에 따라 보상금을 받는 제도다. 기본적으로 다수의 보험 가입자들이 낸 돈을 모아 손해를 입은 소수의 가입자를 보상해 주는 방식으로 운영된다. 보험이 가장 필요한 사람은 누굴까? 당연히 그런 불행을 당할 확률이 큰 사람이다. 매일 장거리 운전을 하는 사람은 주말에 잠깐 이용하는 사람보다 자동차 보험이 더 필요하고 잔병치레가 많은 사람은 그렇지 않은 사람보다 건강 보험이 절실하다. 보험 회사는 가입자들에 대한 정보를 대략적으로 파악할수 있는 장치를 마련해 두고 있지만 정확하게 파악하기는 어렵다. 그래서 이들 부류의 평균치로 보험료를 정하다 보니 가입자 사이에 불평등이 생긴다. 자동차를 매일 운전하는 사람들은 보험료를 아까워하지 않겠지만, 어쩌다 한 번씩 운전하는 사람들은 그 돈으로 차라리 주식을 사는 게 낫다고 느낄 것이다. 늘 잔병을 달고 사는 사람들은 건강 보험료가 싸다고 느끼겠지만 병원 한 번 가지 않는 사람들은 그 돈으로 적금을 드는 게 낫다고 생각할 것이다. 만약 자동차 보험이든 건강 보험이든 법으로 강제하지 않는다면 보험이 꼭 필요한 사람들만 남게 된다. 뷔페 식당에서 챔피언들만 남았던 것처럼.

이런 이유로 미국 보험 회사들 중에는 재산 보험이나 화재 보험을 설계할 때 수해로 인한 피해는 보장 범위에서 제외하는 경우가 많았다. 수해 보험이 필요한 사람들은 주로 홍수로 피해를 입은 경험이 있거나 홍수가 자주 일어나는 지역에 사는 사람들이다. 그런 지역에 홍수 피해가 나면 거의 대다수 가입자들이 손해를 입게 된다. 다수의 가입자가 낸 돈으로 소수의 손해를 보상하는 것이 보험의 기본 시스템인데, 가입자 대다수가 손해를 입고 보험금을 청구하면 보험 회사가 이를 감당할 수가 없다.

이런 문제를 어떻게 해결해야 할까? 여러 방법 중 하나는 보험 가입을 의무화하는 것이다. 선진국 대부분은 국민들이 건강 보험에 의무적으로 가입하게 해 놓았다. 이러한 정책은 국민 대부분에게 건강보험의 혜택을 주기 위한 목적도 있지만 보험 회사의 역선택을 방지하기 위한 목적도 있다. 보험 회사가 과거 병력이나 현재의 질병 등 까다로운 가입 조건을 내세워 정작 보험이 필요한 사람들의 가입을 막을 수도 있기 때문이다. 건강 보험 외에도 산업 재해 보험, 연금 보험처럼 사회 보장 제도와 관련된 보험 중에는 의무 보험이 많다. 그리고 다수의 피해자가 발생할 수 있는 시설이나 건물, 회계사나 주식 중개인 등 사업 운영의 특성상 다수의 고객에게 큰 금전적 손해를 끼칠 가능성이 높은 직종에 대해서도 보험 가입을 법으로 강제하고 있다.

또 다른 방법으로는 보험과 관련한 사고가 발생했을 때 가입자에게 일정 금액을 부담하게 하는 자기 부담금 제도가 있다. 자기 부담금을 낮게 설정하면 보험료가 비싸지고, 높게 설정하면 보험료가 저렴해진다. 이것으로 보험 가입자의 성향도 알 수 있다. 예를 들어 조심스러운 운전자는 자기 부담금을 최대한 높게 설정해서 보험료를 낮출 것이다. 그들은 조심해서 운전하기 때문에 실제로 이 돈을 지불하게 될 거라 예상하지 않는다. 자기 부담금 제도는 보험 가입자로 하여금 더 조심스럽게 운전하게 하는 효과도 있다.

마지막으로 고지 의무라는 것도 있다. 보험 가입자와 보험 회사가 모두 지켜야 할 의무다. 가입자는 가입하려는 보험과 관련한 위험 요인에 대해서 솔직하게 알려야 하고, 보험 회사 역시 보험 상품의 보장 범위와 조건을 충분히 설명해야 한다는 것을 의미한다. 가입자와 회사가 서로 공평하게 정보를 주고받음으로써 역선택으로 인한 피해를 줄일 수 있다.

이런 여러 가지 장치에도 불구하고 모두에게 공평하게 보험료를 정하는 것은 불가능하다. 누군가는 혜택을 보고 누군가는 더 많은 돈을 낼 수밖에 없다. 한 가지 확실한 것은 보험료를 얼마를 내든 불행한 일을 당하지 않는 게 가장 좋고, 뷔페에 가서는 마음껏 먹는 게 남는 거라는 사실이다.

[경제학자의 메모]

레몬 시장 이론 the market for lemons

정보가 충분하지 않아서 상대방과의 거래에서 손해를 보게 되는 경우를 '역선택'이라고 한다. 노벨 경제학상을 받은 미국의 경제학자 조지 애컬로프는 1970년에 〈레몬 시장〉이라는 논문을 발표했다. '레몬'이란 저급한 물건이나 겉만 멀쩡한 물건을 뜻하는데, 이 논문은 중고차 시장에서 벌어지는 역선택의 과정을 잘 설명하고 있다. 판매자가 소비자보다 더 많은 정보를 가지고 있고 자동차의 품질은 실제로 타 보기 전에는 알기 어렵다. 중고차 시장에는 정보의 불균형 때문에 품질이 낮은 제품들이 남게 되고 소비자는 고장이 잘 나는 중고차를 사게 되는 역선택을 한다는 것이다.

경제학으로 불법 주차의
손익 판단하기

5. 손익 분기점

> 벌금형은 감옥에 가두는 것,
> 기타 다른 종류의 형벌보다 훨씬 효율적이다.
> 국가에 수익을 가져다주기 때문이다.
> – 게리 베커

운전자 대부분은 불법 주차에 대해서 이중적인 잣대를 가지고 있다. 내가 운전할 때는 길가에 서 있는 차들 때문에 차선을 계속 옮겨야 해서 불같이 화를 내다가 주차 공간이 마땅히 없는 곳에서 편의점이나 빵집에 잠깐 들러야 할 때는 '금방 나올 건데, 뭐' 하면서 길가에 차를 세운다.

윤리적으로는 두말할 필요 없이 잘못된 일이다. 아주 위급한 상황이 아니라면 주차 금지 구역에 주차를 하면 안 된다. 그런데 여기서는 윤리적인 면은 빼고 오로지 경제적인 관점에서만 생각해 보자. 불법 주차를 했을 때 가장 큰 리스크는 무엇인가? 모르는 운전자에게 욕을 먹는 것도 신경이 쓰이지만 무엇보다 과태료가 가장 큰 걱정거리다. 하지만 불법 주차를 할 때마다 과태료를 무는 것은 아니다. 단속 요원에게 적발됐을 때만 과태료를 낸다. 그렇다면 불법 주차를 하는 게 이익일까, 손해일까?

대부분은 불법 주차를 하는 게 좋을지 나쁠지를 직감으로 계산하지만 경제학을 이용하면 불법 주차와 관련한 간단한 공식을 만들 수 있다. 혹시나 오해할 독자들이 있을까 봐 하는 말이지만 지금 이야기하는 내용은 경제학을 실생활에 어떻게 활용할 수 있는지를 보여주려는 것이지, 불법 주차를 장려하는 것은 절대 아니다.

불법 주차가 이익일지 아닐지를 판단할 때는 가장 먼저 불법 주차 비용과 합법 주차 비용을 비교해야 한다. 합법 주차 비용은 주차 시간에 시간당 주차비를 곱하면 되므로 쉽게 구할 수 있다.

합법 주차 비용=주차 시간×시간당 주차비

불법 주차 비용을 계산하는 것은 조금 복잡하다. 불법 주차에 대한 과태료 체계는 나라마다 지역마다 조금씩 다르지만 여기서는 불법 주차 시간이 길어지면 벌금도 증가하는 방식으로 계산해 보자. 불법 주차를 할 때는 적발될 때도 있고 적발되지 않을 때도 있으므로 적발될 확률을 고려해야 한다. 그래서 불법 주차 비용을 구하는 계산식에는 세 가지 요소가 포함된다.

불법 주차 비용=주차 시간×시간당 벌금×적발될 확률

벌금이 10유로(1만 2000원)고 적발될 확률이 시간당 50퍼센트라고 가정해 보자.

10유로×2시간×50퍼센트=10유로

2시간의 불법 주차 기대 비용은 10유로(1만 2000원)다. 만약 단속 요원이 눈에 불을 켜고 돌아다니는 지역이라서 적발될 확률이 100퍼센트라면 2시간의 불법 주차 비용은 20유로(2만 4000원)가 되고, 거리에 보이는 것이라곤 오로지 고양이 몇 마리뿐인 새벽 시간이라서 적발될 확률이 0퍼센트라면 불법 주차 비용은 없다.

두 가지 계산식으로 합법 주차 비용과 불법 주차 비용을 비교해서 더 낮은 쪽을 선택하면 된다. 그런데 문제는 합법 주차 비용과 불법 주차 비용이 똑같을 때다.

경제학에서는 총비용과 총매출액이 같아지는 지점을 '손익 분기점break even point'이라고 한다.

주차 시간×시간당 주차비=주차 시간×시간당 벌금×적발될 확률

계산식이 만들어졌으니 이제 선택해야 할 시간이다. 합법 주차든 불법 주차든 주차한 시간에는 큰 차이가 없을 것이므로 계산식 양쪽에서 지울 수 있다. 그러면 왼쪽 항에는 주차비만 남고 오른쪽 항에는 벌금과 적발될 확률만 남는다.

제1장

$$\overline{주차\ 시간} \times 시간당\ 주차비 = \overline{주차\ 시간} \times 시간당\ 벌금 \times 적발될\ 확률$$

이 방정식에서 결정적인 변수는 적발될 확률이다. 그렇기 때문에 적발 확률을 정확히 구하는 게 중요하다. 우선, 시간당 주차비가 5유로(6000원)이고 벌금이 10유로(1만 2000원)라고 가정해 보자. 불법 주차 비용과 합법 주차 비용은 적발될 확률이 50퍼센트일 때 같아진다. 예를 들어 주차장에 2시간을 세워 두면 10유로(1만 2000원)를 낸다. 불법 주차를 했을 때 한 번만 적발된다면(50퍼센트 확률이라면) 불법 주차 비용도 10유로(1만 2000원)다. 2시간 동안 두 번 적발되었다면(적발 확률이 100퍼센트라면) 각각 10유로(1만 2000원)씩 두 번이므로 총 20유로(2만 4000원)다. 이런 경우라면 주차장에 대는 것이 더 낫다. 반면 적발될 확률이 0퍼센트면 당연히 불법 주차가 더 저렴하다. 그러므로 불법 주차 벌금과 주차비가 똑같을 때 불법 주차를 할지 말지는 적발 확률에 달렸다.

손익 분기점을 결정짓는 확률을 '결정적 확률'이라고 한다. 실제 적발될 확률이 결정적 확률보다 높으면 당신은 주차장으로 갈 것이고 더 낮으면 불법 주차를 할 것이다. 위의 예에서 결정적 확률은 간단히 계산된다. 주차비(5유로)를 벌금(10유로)으로 나누면 0.5가 된다. 우리가 위에서 확인했듯이 50퍼센트가 결정적 확률이다.

가장 중요한 적발 확률을 구하는 공식을 이미 만들어 놓은 식으로 구할 수 있다. 위에서 세운 불법 주차 공식(시간당 주차비=시간당 벌금×적발 확률)에서 양쪽 항을 시간당 벌금으로 나눠 주면 오른쪽에는 적발 확률만 남는다. 정리하면 다음과 같다.

시간당 주차비/시간당 벌금=적발 확률

다시 말해 주차비를 불법 주차 벌금으로 나누면 결정적 적발 확률을 알 수 있다. 이제 실제 적발될 확률이 결정적 확률보다 높은지 낮은지만 보면 된다. 적발될 확률이 결정적 확률보다 높으면 주차장으로 가고, 낮으면 그냥 편한 곳에 차를 댄다. 예를 들어 주차비가 5유로(6000원)이고 벌금이 20유로(2만 4000원)라면 결정적 확률은 25퍼센트다(5/20=0.25). 25퍼센트가 손익 분기점이므로 적발될 확률이 그보다 높다면 주차장으로 가는 게 돈을 아끼는 것이다.

불법 주차 선택 공식을 다시 한 번 확인해 보자. 주차장을 1시간씩 네 번 이용하면 주차비가 총 20유로(2만 4000원)다. 주차 금지 구역에 네 번을 주차하고 25퍼센트 확률로 적발된다면, 즉 한 번 적발되었다면 벌금도 20유로(2만 4000원)가 된다. 만약 확률이 50퍼센트라면, 다시 말해 두 번 적발되었다면 불법 주차가 손해다.

불법 주차는 당연히 해서는 안 된다. 그런데 도로에는 늘 불법 주정차 차량이 있다. 그들은 왜 그런 선택을 했을까. 아주 위급한 상황이 아니라면 적발될 확률을 낮게 봤기 때문이다. 음주 운전자들도 마찬가지다. 전 세계 어느 나라나 음주 운전을 엄격하게 금지하는데도 늘 음주 운전 사고가 일어나고 음주 운전 단속에 걸리는 사람들이 나온다. 음주 운전을 하는 사람들도 적발되었을 때 그들이 치러야 할 대가가 엄청나다는 걸 잘 알고 있다. 그럼에도 술에 취해 운전대를 잡는 이유는 적발 확률이 낮다고 여기기 때문이다.

우리는 살면서 수많은 선택을 한다. 현대인들은 매일 평균 백여 가지의 선택을 한다고 한다. 아침을 먹을지 말지, 무슨 옷을 입을지, 버스를 탈지 지하철을 탈지 등 일상적이고 사소한 선택부터 집을 구입할지 월세를 살지, 결혼을 해야 할지 말아야 할지, 회사를 옮겨야 할지 말아야 할지, 돈을 빌려 달라는 친구의 부탁을 들어주어야 할지 무시해야 할지 같은 중요하고 골치 아픈 선택들도 있다.

우리 사회가 이런 모습을 띠고 있는 것도 사실 수많은 사람이 무엇인가를 선택한 결과다. 도시 한가운데 고층 빌딩이 모여 있는 것도, 오늘 주가가 오른 것도, 출퇴근 시간마다 도로가 꽉 막히는 것도 모두 그렇다. 사회적 현상을 이해하기 위해서는 왜 사람들이 그런 선택을 하는가를 알아야 한다. 그래서 우리가 불법 주차 공식을 만들었던 것처럼 경제학자들도 확률 선택 모형probabilistic choice model이라는 것을 만들어 훨씬 복잡한 경제 현상을 분석하고 예측한다. 대중교통이 잘되어 있는데도 왜 사람들은 자기 차를 가지려고 할까? 이자 비용과 월세가 별로 차이가 없는데도 왜 빚을 내서 집을 사려고 할까? 이런 문제들을 이해하기 위해서 따져 봐야 할 변수들은 불법 주차 공식과는 비교가 안 될 만큼 복잡하다.

사실 불법 주차 공식도 적발 확률을 정확하게 구하려면 따져 봐야 할 것이 한두 가지가 아니다. 장소, 시간대, 날씨, 단속 요원 숫자, 감시 카메라 유무, 지역의 유동 인구, 불법 주차 차량 숫자 등 변수가 무수히 많다. 일상적인 상황에서 모든 변수를 고려하는 것은 불가능하다. 그래서 '결정적 확률'이 뭔지를 아는 게 중요하다. 이것이 옳은 선택과 틀린 선택을 구분하기 때문이다. 결정적 확률을 이용해 사람들의 선택을 합리적인 쪽으로 유도할 수도 있다. 주차비를 낮추고 벌금을 올리거나 단속을 더 자주 하면 불법 주차를 크게 줄일 수 있다.

모든 어려운 결정이 간단한 수학으로 해결되지는 않는다. 어떤 경제학자라도 점심에 뭘 먹을지 고르는 문제는 늘 어렵다.

손익 분기점 break even point(BEP)

일정 기간에 발생하는 총수익과 투입된 총비용이 같아지는 지점. 총수익이 손익 분기점을 초과하면 이익, 미달하면 손실이다. 손익 분기점을 구하는 방법은 다음과 같다.
고정비/{1-(변동비/매출액)}
여기서 고정비는 매출의 변화와 관계없이 고정적으로 지출되는 비용(임대료, 인건비, 감가상각비, 이자 비용 등)이고, 변동비는 매출의 증감과 더불어 변동이 생기는 비용(원가, 직접 재료비)이다. 기업이나 개인 모두에게 손익 분기점은 투자나 지출의 타당성과 채산성을 판단하는 매우 중요한 기준이다.

왜 손해 볼 걸 알면서도
포기하지 못하는 걸까?

6. 매몰 비용

> '지금 주식을 팔면 손해를 보기 때문에 팔 수가 없어'라고
> 생각하는 이유는 언젠가는 상황이 원하는 방향으로 바뀔 거라는 믿음 때문이다.
> 그러나 주식 시장은 당신이 누구인지 모르고, 당신이 무엇을 바라는지도 모른다.
> 당신에게 전혀 관심이 없다. 주가가 떨어졌는데도
> 아직 주식을 팔지 않았으니 만회할 기회가 있다고 생각하지 마라.
> 손실은 이미 발생했다.
> – 윌리엄 오닐

비 오는 날 밤 택시를 잡으려고 도로에 서 있는데 한참을 기다려도 택시가 오지 않는다. 도로에는 나 말고도 2~3명이 더 서 있다. 기다린 지 20분을 넘어가면서 이런저런 고민이 생긴다.

'좀 더 번화한 곳으로 가서 택시를 잡을까? 아니야, 그쪽엔 사람이 더 많아서 어차피 기다려야 할 거야.'

'지하철을 탈까? 아니야, 20분 기다렸는데 10분이나 걸어가서 지하철을 타는 건 바보짓이지. 오늘은 좀 편하게 가고 싶은데.'

'콜택시를 부를까? 아니야, 여기서 이렇게 오래 기다린 적 없었으니 곧 올 거야.'

고민 끝에 택시를 더 기다려 보기로 마음먹는다. 그런데 평소에 그렇게 많던 택시가 나타날 생각을 않는다. 30분이 넘어가자 마음속이 더 복잡해진다.

'이제라도 자리를 옮길까? 지하철을 타러 갈까? 여태껏 기다렸는데 이제 와서 포기하는 건 어리석은 짓이 아닐까?'

결론부터 말하면 어리석은 짓이 아니다. 택시를 기다리느라 흘려보낸 시간은 회수가 불가능한 비용이다. 경제학자들은 이를 '매몰 비용sunk cost'이라고 한다. 묻어 버린 비용이라는 뜻이다. 시간이 지났거나 돈을 이미 썼다면 그것은 돌이킬 수 없는 비용이다.

냉정하게 경제적으로만 생각하는 사람은 돌이킬 수 없는 비용을 아까워하거나 슬퍼하거나 후회하지 않는다. 이미 사라진 시간에 미련을 갖는 것은 또 다른 시간 낭비고, 이미 써 버린 사라진 돈을 만회하기 위해 돈을 더 쏟아붓는 것은 더 큰 손해를 불러온다. 어떤 결정을 내릴 때 이미 써 버린 시간이나 비용을 염두에 두어서는 안된다. 오로지 결정을 내리는 시점을 기준으로 생각해야 한다. 경제학자라면 이렇게 말하리라.

"매몰된 건 매몰된 것이다."

다시 말해, 없어진 건 없어진 것이다.

예를 들어 당신이 대표로 있는 회사에서 어떤 상품을 개발하는 데 100만 유로(12억 원)를 투자하기로 결정했다고 하자. 매우 혁신적인 상품으로 개발 기간이 3년 정도 걸리지만 완성하면 시장을 지배할 수 있는 상품이다. 그런데 완성을 1년 앞두고 경쟁 회사에서 성능이 더 좋은 제품을 매우 싼값에 출시해 버렸다. 개발을 완료하려면 아직

40만 유로(4억 9000만 원)를 더 들여야 한다. 이럴 때 '매몰 비용'이라는 악마가 슬며시 고개를 든다. 이미 들어간 60만 유로(7억 3000만 원)가 아깝기 때문에 어떻게든 개발을 완료하려고 한다. 하지만 40만 유로(4억 9000만 원)를 더 쓸지 말지를 결정하는 일은 이미 들어간 돈과는 전혀 상관없다. 그것은 이미 사라진 돈이므로 개발 진행을 결정하는 데 어떠한 영향을 미쳐서는 안 된다. 오로지 이 제품이 경쟁사 제품을 압도하고 투자비 이상의 수익을 뽑아 줄 것인가만을 생각해야 한다.

투자 시장에는 손해를 만회하고 싶은 사람의 심리를 교묘하게 이용하는 사람이 많다. 몇 년 전 내 친구 중 한 사람은 아시아에서 돼지고기 소비가 늘어 돼지고기 가격이 급등할 것이라는 이야기를 들었다. 똑똑하고 실행력 있는 이 친구는 국제 선물 시장에서 냉동 돼지고기에 거액을 투자했다. 유럽산 돼지고기 수출이 크게 늘 것이 확실했기 때문이다. 그런데 미국발 금융 위기가 터지며 냉동 돼지고기 시세가 폭락했다. 속으로 끙끙 앓고 있는데 증권 회사에서 걸려 온 전화를 받았다.

"지금 그만두시면 투자금 전부를 날리는 겁니다. 지금 위기는 일시적인 것이고 더 떨어질 데도 없습니다. 오를 일만 남았습니다."

친구는 손해를 인정하는 게 싫었다. 지금까지 잃은 돈을 한 방에 만회하기 위해 다른 데 써야 할 돈을 끌어다 냉동 돼지고기에 투자했다. 그런데 1년 후 시카고 상업 거래소는 냉동 돼지고기 선물 거래를 중지했다. 생고기 가공 기술이 발전하여 냉동 돼지고기 거래량이 너무 줄었다는 것이 그 이유였다. 그 친구는 이미 냉동 돼지고기 거래량이 감소하고 있다는 것을 잘 알고 있었다. 거래량 감소는 곧 시장의 무관심을 의미한다. 하지만 잃은 돈을 만회하려는 마음 때문에 중요한 사실을 외면했던 것이다. 그는 가격이 싸고 대량으로 공급할 수 있기 때문에 큰돈을 벌지는 못해도 본전을 찾을 수 있을 것으로 믿었다. 이미 날린 돈은 날린 돈이다. 냉동 돼지고기에 투자할지 말지를 결정하는 데 이미 사라진 돈이 영향을 미쳐서는 안 된다. 그랬다가는 이 친구처럼 멀쩡한 돈까지 날려 버린다.

손해인 시점을 정확히 아는 것, 이것이 경제적인 삶의 기술에서 가장 중요한 핵심이다. 하지만 절대 쉽지 않다. 택시 이야기로 돌아가 보자. 누군가는 조금 더 기다렸다면 택시가 왔을 것이라고 생각할 것이다. 택시가 일정한 간격으로 온다면 그 생각이 맞다. 가령 택시가 30분마다 온다면 20분이 넘어가는 시점에서 10분만 더 기다린다면 빈 택시가 왔을 것이다. 이미 25분을 기다렸다면 5분만 더 기다리면 택시가 오기 때문에 지하철을 타거나 택시를 잡으러 다른 곳으로 가는 것은 옳은 선택이 아니다. 그런데 확실히 해 둘 것은 그 자리에서 택시를 기다리기로 결정한 이유는 기다린 시간이 아까워서가 아니라는 점이다. 조금만 더 기다리면 택시가 올 걸 알기 때문이다.

택시가 아예 오지 않는다고 추측할 만한 근거가 있으면 얼마나 오래 기다렸는지는 의미가 없다. 투자는 택시를 기다리는 것과는 다르다. 어쨌든 택시는 기다리면 잡힌다. 비를 맞으며 덜덜 떠는 시간이 조금 길어질 뿐이지 택시가 오지 않아서 집에 못 들어가는 일은 없다. 그런데 주식이나 투자 상품은 아무리 기다려도 해결되지 않는 일이 자주 벌어진다.

주당 100유로(12만 원)에 샀던 주식이 반토막 났다고 해 보자. 기다리면 언젠가는 100유로가 될까? 아무리 나쁜 주식도 매일 떨어지지는 않는다. 잠깐 반등하는 시기가 있다. 영어에서는 이런 현상을 '데드캣바운스dead cat bounce'라고 한다. 죽은 고양이도 높은 곳에서 떨어뜨리면 튀어 오른다는 것에 빗댄 표현이다. 굳이 죽은 고양이까지 들먹이며 오싹하게 표현해야 했을까 싶지만 내가 투자한 상품이 죽어버렸을 때의 오싹함을 생각해 보면 이해가 간다.

경제학에서는 투자한 대상이 더는 쓸모가 없을 때 매몰 비용이 발생한다고 한다. 어떤 기업이 용도가 하나뿐인 기계를 비싸게 샀는데 더는 그 용도로 쓸 수 없게 되었다면 기계에 투자한 비용은 매몰된 것이다. 그 후에 내릴 결정에 이 기계에 들어간 비용을 염두에 두면 안 된다. 1970년대 인텔은 메모리 반도체 설비에 대규모 투자를 했지만 1980년대 일본 업체들의 저가 공세에 위기를 맞자 기존 설비를 포기하고 프로세서 반도체 쪽으로 방향을 틀었다. 생산 설비에 엄청난 자본이 드는 반도체 산업의 특성상 결코 쉬운 결정이 아니었다. 결과적으로 인텔은 세계 최고 반도체 기업이라는 타이틀을 지금까지도 유지하고 있다.

매몰 비용을 줄이는 방법은 있다. 택시 사례에서 매몰 비용을 줄이려면 결정을 빨리 하면 된다. 오랫동안 망설일수록 잃어버리는 시간이 더욱 많아진다. 말하자면 오래 기다릴수록 매몰 비용은 커지고 손해를 만회하려는 생각 때문에 다른 결정을 하기가 더욱 어려워진다. 만약 기계를 다른 용도로 사용할 수 있거나 되팔 수 있다면 당연히 그렇게 해야 한다. 비용을 일부라도 회수할 수 있기 때문이다.

잃어버린 건 잃어버린 것이다. 이것을 명심하는 사람은 이미 잃어 버린 것에 매달리지 않기 때문에 더 큰 손해를 피할 수 있다. 그러므로 비 오는 날 택시를 기다리며 보낸 시간이든 냉동 돼지고기 거래에 날린 돈이든 이미 날린 것, 즉 매몰된 것이 지금의 결정에 영향을 주고 있지는 않은지 스스로에게 물어야 한다. 흔히 '포기하기에는 너무 멀리 왔다'라는 말을 한다. 하지만 매몰 비용의 개념을 아는 사람이라면 '더 멀리 가기 전에 포기해야 한다'고 말해야 한다. 과거의 비용이 아니라 미래의 비용을 기준으로 판단하고 결정하는 게 맞다. 사라진 돈과 시간이 아무리 아깝더라도.

[경제학자의 메모]

매몰 비용의 오류 sunk cost fallacy

1965년 프랑스와 영국이 합작으로 기존 여객기보다 두 배 이상 빠른 초음속 여객기 콩코드 호 개발에 착수했다. 높은 생산비와 기체 결함, 소음과 대기 문제 등으로 사업 전망은 매우 비관적이었다. 하지만 이미 들어간 10억 파운드(약 1조 6,540억 원으로 지금 화폐 가치로 따지면 약 60억 파운드, 약 10조 원에 달한다)의 투자금이 아까워 개발을 강행했다. 1969년 첫 비행에 나서 27년 동안 운항했지만 결국 막대한 손실을 감당하지 못하고 2003년 운항을 중단하고 말았다. 이처럼 개인이나 집단이 이미 투입된 비용을 아까워 하거나 그것을 정당화하기 위해 더욱 깊이 개입해 가는 의사 결정 과정을 '매몰 비용의 오류'라고 한다. 콩코드 여객기에 빗대 '콩코드호의 오류'라고도 한다.

돈을 벌고 싶으면
평판부터 관리하라

7. 정보 비대칭

자본주의는 신뢰와 평판을
기초로 이루어지는 유일한 시장 체계다.
- 허버트 이튼

얼마 전 직장 동료 한 사람이 오랫동안 간직해 온 꿈을 이뤘다. 아담한 잔디 정원이 딸린 2층 집을 장만한 것이다. 정원 한편에 놓인 테이블에서 지는 해를 보며 맥주를 즐길 수 있고, 그네와 미끄럼틀이 있어 아이들이 마음껏 뛰어놀 수 있고, 모퉁이에는 손수 채소를 길러 먹을 수 있는 텃밭이 있는 그런 집이었다. 화려하지는 않아도 가족들과 함께 행복한 시간을 보내기에는 부족할 것 없는 집이었다.

파릇파릇하게 잘 관리된 잔디 정원은 낭만적으로 보이지만, 그렇게 관리하려면 여간 품이 많이 드는 게 아니다. 수시로 잔디를 깎고, 돌과 잡초를 제거하고, 비료도 뿌리고, 흙도 바꿔 줘야 한다. 그 동료는 정원을 직접 관리하겠다는 의욕으로 700유로(85만 원)짜리 최신형 잔디깎이를 구입했다. 그런데 집 구석구석 손볼 곳이 많아 잔디깎이를 사용해 볼 엄두도 못내고 있었다. 마침 이웃집에 사는 고등학생이 잔디를 깎고 있는 걸 보고 학생 부모와 합의를 거쳐 40유로(5만원)에 잔디 깎는 일을 부탁했다.

그런데 생각하지 못한 문제가 터졌다. 잔디깎이 기계를 돌리려면 먼저 주변 자갈들을 정리해야 한다. 이웃집은 정기적으로 잔디를 관리하는 집이라 정원에 돌들이 별로 없어 잔디깎이 기계를 바로 작동해도 별 문제가 없었다. 그런데 동료 집은 이사 후에 처음으로 잔디를 깎는 터라 정리해야 할 돌이 꽤 많았다. 이웃집 학생은 자기 집에서 하듯이 돌 정리 없이 바로 기계를 돌려 버렸다. 엄지손가락만 한 돌이 잔디깎이에 빨려들어 가면서 잔디깎이가 망가지고 말았다. 잔디 정원은 전혀 정리가 안 됐고 비닐 포장도 다 벗기지 않은 잔디깎이는 망가져 버렸다.

그 동료는 이 문제를 어떻게 풀어야 할지 고민에 빠졌다. 처음에는 화가 나서 이웃집 학생에게 책임을 물으려고 했다. 잔디를 깎는 일에는 돌 정리가 포함되어 있고, 잔디를 깎다가 돌이 보이면 당연히 돌을 치웠어야 했다는 것이다. 행여나 돌을 미처 보지 못했다면 그것은 잔디 깎는 일을 건성으로 한 것이니 역시 책임을 져야 한다고 생각했다. 그런데 그 동료는 잔디를 깎아 본 적이 없기 때문에 돌이 문제가 된다는 것을 전혀 몰랐고, 일을 맡길 때도 돌에 관한 이야기는 언급하지 않았다. 그 학생 역시 집에서 하던 대로 했을 뿐이지 돌이 문제가 될지는 몰랐다고 했다. 만약 그 학생에게 돌을 먼저 정리하고 잔디를 깎아야 한다고 했다면 애초에 이 일을 맡지 않았을 것이다.

그 동료는 앞으로 이런 일을 할 때도 계약서를 써야 하느냐며 곤란한 심정을 이야기했다. 만약에 정말로 계약서를 썼다면 어땠을까? 부모의 동의, 근무 내용, 근무 시간 등이 포함된 계약서에 이웃집 학생의 실수나 잘못으로 기계가 망가졌을 때 배상 책임은 학생에게 있다는 조항이 들어 있다고 해 보자. 그래도 문제가 완전히 해결되지는 않는다. 기계가 망가진 이유가 학생의 부주의 때문인지 그 동료의 관리 소홀 때문인지를 구분하기가 어렵기 때문이다.

이런 문제는 내 동료와 이웃집 학생만의 문제가 아니라 바로 우리 모두의 문제일 수도 있다. 회사는 직원들에게 잔디깎이 기계와는 비교도 안 될 만큼 비싼 장비의 조작을 맡기고 은행은 직원들에게 막대한 자금의 운용을 맡긴다. 수술을 앞둔 환자는 의사에게 생명을 맡기고 투자자는 신탁 회사에 돈을 맡긴다. 이런 일들은 모두 거래 주체의 의무와 권한, 책임을 명시한 계약을 바탕으로 한다. 계약서를 주고받는 일이 없을 수는 있다. 그렇다고 계약을 하지 않은 것은 아니고 그 과정이 생략되어 있거나 간소화되었을 뿐이다. 예를 들어 온라인 쇼핑몰에서 물건을 살 때 그때마다 매매 계약서를 쓰지는 않는다. 눈여겨 본 사람이 많지는 않겠지만 쇼핑몰에 가입할 때, 혹은 상품 대금을 결제할 때 이미 계약서에 서명을 했기 때문이다.

모든 계약에는 공통적인 문제가 존재한다. 거래 주체들이 가진 정보가 서로 다르기 때문에 서로 상대방을 충분히 신뢰할 수 없다는 점이다. 이를 경제학 용어로 '정보 비대칭asymmetric information'이라고 한다. 예를 들어 신탁 회사에 돈을 맡겼다고 해 보자. 경기가 좋을 때는 뭘 해도 어지간하면 수익이 난다. 그럴 때는 왠지 자산 관리사가 하는 일이 없어 보이고 보수를 주기가 아깝다. 반대로 경기가 안 좋을 때는 누구라도 수익을 내기가 어렵기 때문에 마이너스 수익률이 나도 자산 관리사의 잘못이라고 볼 수는 없다. 하지만 돈을 잃고 기분 좋을 사람은 없기 때문에 자산 관리사가 잘못하고 있다는 생각이 들수도 있다. 투자 결과가 좋든 나쁘든 어디까지가 자신 관리사의 책임이고 어디까지가 우연의 결과인지를 명확하게 구분하기 어렵다.

병원에서도 비슷한 일이 일어난다. 감기에 심하게 걸려 병원에 가서 주사도 맞고 약도 지어 먹었다. 마침 주말이라 주말 내내 집에서 꼼짝도 않고 쉬었더니 월요일에는 감기 기운이 감쪽같이 사라졌다. 그렇다면 치료 덕분에 병이 나은 걸까, 아니면 나을 때가 되어서 나은 걸까? 치료 덕분이라면 병원비는 꼭 필요한 데 쓴 돈이고, 때가 되어서 나았다면 돈을 낭비한 것이다. 그런데 역시나 치료 덕분인지 시간 덕분인지 제대로 알기가 어렵다.

감기가 아니라 생명이 걸린 큰 수술을 받아야 한다면 어떨까? 마취한 상태로 수술대에 누워 있는 동안 무슨 일이 벌어질지는 아무도 모른다. 도대체 내가 그 의사에 대해서 뭘 안다고 내 몸을 맡길 수 있을까? 수술을 하지 않고 낫는 방법을 제시할 의사도 있을 수 있고, 그 의사보다 능력이 뛰어난 의사도 분명히 있을 것이다. 수술을 집도하는 의사가 너무 피곤해서 실수를 할지도 모른다. 그렇다고 그 의사에게 자세한 수술 이력을 밝히고 최근 수술 장면을 담은 동영상을 공개하라고 할 수는 없다.

계약서를 아무리 꼼꼼하게 써도 계약서만으로는 정보 비대칭 문제를 완전히 해결할 수 없다. 그럼에도 여전히 우리 사회가 잘 굴러가는 이유는 계약서의 약점을 보완해 줄 무엇인가가 늘 작용하고 있기 때문이다. 그것은 바로 평판이다. 평판을 신용으로 이해해도 무방하다.

이웃집 학생이 자기 집 잔디만이 아니라 동네 잔디를 여러 해 동안 아무 문제 없이 깎아 왔고 동네 주민들도 이 사실을 모두 알고 있을 정도였다면 잔디 깎는 일을 깔끔하게 마무리했을 것이다. 설령 자갈 때문에 잔디깎이가 망가졌더라도 이웃집 학생을 탓하기 전에 어떤 상황인지 먼저 알아보려 했을 것이다. 앞서 예로 들었던 자산 관리사나 의사의 경우도 마찬가지다. 그들이 오랫동안 꾸준하게 성공해 왔다면 좋지 않은 결과가 나왔더라도 그들의 실력을 의심하지는 않을 것이다.

자본주의 사회에서 평판은 곧 사업 자본이다. 돈보다 더 중요한 역할을 할 때가 있다. 세계적인 온라인 거래 사이트는 평판을 핵심 요소로 끌어들이며 성공 신화를 썼다. 이란계 미국인인 피에르 오미디야르는 1996년 온라인 경매 사이트인 이베이(당시 옥션웹)를 창업했다. 실리콘 밸리에서 프로그래머로 일하던 그는 사탕 상자를 수집하는 여자 친구의 부탁으로 인터넷에 사탕 상자를 산다는 광고를 냈는데 생각보다 훨씬 많은 사람의 연락을 받았다. 여기에서 온라인 경매 사이트에 대한 사업 아이디어를 얻어 구매자와 판매자를 이어 주는 옥션웹을 만들었다. 그런데 이용자가 늘면서 판매자와 구매자들의 불만 메일이 폭주했다.

인터넷 경매라는 시스템은 이용자들이 모두 선할 때만 제대로 작동한다. 구매자 입장에서는 누구인지 알지 못하는 판매자가 써 놓은 글을 믿고 직접 보지도 못한 물건에 대한 돈을 내야 한다. 판매자 역시 자신의 소중한 물건을 누군지 모르는 사람에게 보내야 한다. 게다가 당시에는 마땅한 처벌 규정도 없었고, 계정을 새로 만드는 데도 전혀 제약이 없었다. 그러다 보니 온갖 사고와 불만이 터져 나왔다. 이대로 가다가는 쓰레기 같은 물건들과 사기꾼들만 설치는 사이트가 될 판이었다.

오미디야르는 판매자와 구매자의 분쟁에 끼어들고 싶지 않았다. 그는 아주 단순한 방법으로 이용자들의 불만을 크게 줄였다. 바로 평판 시스템이었다. 서비스 이용자들이 상대방을 긍정, 부정, 중립으로 평가할 수 있게 만들었고 평가 기록을 공개했다. 이용자들은 상대방의 평판 기록을 확인하고 거래를 할지 말지를 결정했다. 부정적인 평가가 쌓인 사람들과 거래를 하려는 사람은 거의 없었다. 평판이 곧 돈이기 때문에 이용자들은 평판을 철저하게 관리하기 시작했다. 이후 이베이는 폭발적으로 성장했고 지금은 수십억 원이 넘는 물건들도 거래를 한다.

외부로부터 좋은 평판을 유지하는 사람은 계약 상대에게 믿을 수 있다는 확신을 준다. 그러므로 성공을 위해서는 좋은 평판이 반드시 필요하다. 아첨을 하거나 꼼수를 부려서는 얻을 수 없다. 좋은 평판은 언제나 한결같이 약속을 지키고 사후 관리를 철저히 하고 상대방의 불만을 현명한 방식으로 풀어 줄 때 적금처럼 차곡차곡 쌓이는 것이다. 그렇게 쌓인 평판은 곧 자본이 되어 돌아온다. 평판은 계약서보다 더 힘이 세다.

[경제학자의 메모]

정보 비대칭 asymmetric information

이해관계가 있는 당사자들 간에 생기는 정보 격차. 특정한 사람들이 다른 사람들보다 더 많은 정보를 가진 상태를 말한다. 예를 들어 보험 회사는 사고 확률이 낮은 사람이 보험에 가입하기를 원하지만 현실은 그 반대다. 질병에 걸릴 가능성이 큰 사람이 의료 보험에 가입하고, 화재 위험이 큰 건물주가 화재 보험에 가입한다. 결국 보험 회사는 가입자의 사고 발생 위험에 대한 정보가 부족한 상태로 계약을 체결한다. 한편 보험 가입자는 보험을 가입했기 때문에 가입하기 전보다 덜 조심하게 되는데, 이러한 현상을 '도덕적 해이'라고 한다.

회사 경비를 줄이면서도
직원들의 만족도를
유지하는 법

8. 직원 참여

남의 돈을 자기 돈처럼 신중하게 쓰는 사람은 없다.
남의 자원을 자신의 자원처럼 신중하게 쓰는 사람은 없다.
따라서 무언가를 효율적이고 적절하게 활용하고 싶다면,
사적으로 소유해야 한다.
– 밀턴 프리드먼

일을 하다 보면 멀리 떨어진 곳에서 누군가를 만나 일을 처리해야할 때가 있다. 수주 계약, 거래처 관리, 신제품 영업, 투자 유치, 강연, 세미나 등 이유는 셀 수 없이 많지만 어떤 일로 출장을 가든 공통점이 하나 있다. 돈이 든다는 것.

직원이 20명쯤 되는 인터넷 보안 회사를 운영하는 친구가 있다. 초창기에는 주로 독일 내에서만 사업을 했는데 회사가 점차 자리를 잡으면서 사업 영역이 유럽 전역으로 확대되었다. 그러다 보니 직원들의 해외 출장이 잦고 출장비로 나가는 경비가 만만치 않았다. 비즈니스를 목적으로 하는 출장이니만큼 최소 비용으로 최대의 효과를 내는 게 원칙이다. 그렇다고 무조건 경비를 낮춰서는 안 된다. 독일에서 미국으로 출장 가는 데 경비를 아낀다고 배를 타고 갈 수는 없다. 출장비를 어떻게 책정해야 할까?

그 친구의 회사는 원래 출장비에 제한을 두지 않았다. 규모가 작다 보니 굳이 교통비, 식비, 일비를 일일이 정할 필요가 없었다. 그런데 직원이 늘면서 문제가 생겼다. 출장비가 사실상 무한대이다 보니 암묵적으로 정해진 룰을 무시하는 사람들이 생겼다. 이코노미 석보다 4배나 비싼 일등석을 타고, 특급 호텔에 묵으며, 특별한 목적도 없이 고급 레스토랑에서 끼니를 해결했다. 심지어 출장용 렌터카로 포르쉐를 고르는 사람도 있었다. 자기 지갑에서 나가는 돈이 아니기 때문에 평소에는 엄두도 못 낼 사치스러운 서비스를 마음대로 이용한 것이다. 이런 사람이 늘면서 적정한 비용으로 출장을 다니던 사람들에게도 영향을 미쳤다.

이대로는 안 되겠다 싶어 몇몇 창업 멤버와 함께 출장 규정을 만들었다. 출장지에 따라 숙소와 식당, 렌터카 업체와 차종을 구체적으로 지정했다. 해당 업체와 협의를 통해 정상가보다 훨씬 싼 가격에 이용할 수 있게 되어 출장 비용을 대폭 절감할 수 있었다. 아주 합리적인 방법 같았지만 이 방법 역시 완벽하지는 않았다.

애초에 적정한 비용으로 출장을 다니던 직원들이 큰 불편을 겪었다. 새로운 거래처가 지정 호텔에서 1시간 이상 떨어져 있는 경우에는 쓸데없이 길바닥에서 시간을 낭비해야 했다. 지정 레스토랑 역시 멀리 떨어져 있어 제시간에 도착하지 못하면 아예 밥을 먹지 못하는 일도 있었다. 거래처 가까이에서 사비로 끼니를 해결하는 직원도 많았다. 고객과 저녁 한 끼 함께 먹는 것도 회사 눈치가 보여 생략하는 경우도 많았다. 이러다 보니 직원들뿐만 아니라 고객들에게까지 불만이 터져 나왔고 회사 이미지가 나빠졌다. 게다가 회사가 지정한 업체와 계약을 하다 보니 실제로 이용한 것보다 사용료를 더 많이 낼 때도 있었다. 비용은 비용대로 나가고 욕은 욕대로 먹으니 뭔가 조치를 취해야 했다.

그래서 생각해 낸 방법이 지역에 따라 일정 금액을 출장비로 정하고 그 안에서 자유롭게 쓸 수 있게 하는 것이었다. 처음에는 잘 굴러가는 듯했지만 이 규정 역시 문제가 있었다. 우선 회사가 커지고 거래처가 늘면서 새로운 지역에 대한 출장비를 정하는 게 쉽지 않았다. 단순하게 평균 출장비로 책정했더니 물가가 비싼 북유럽 지역에서는 출장비가 턱도 없이 모자라 직원들이 곤란을 겪었다. 그리고 출장이 끝나면 사라지는 돈이기 때문에 마지막 날 저녁 식사에 몰아 쓰는 전통이 자리 잡혔다. 굳이 좋아하지도 않는 바닷가재 구이를 출장비가 남았다는 이유로 시켜 먹는다.

그래서 고심 끝에 출장비를 미리 현금으로 지급하고 쓰고 남은 돈은 직원들이 가질 수 있게 규정을 바꿨다. 어차피 마지막 날 바닷가재와 스테이크에 남은 출장비를 쓰는 것보다는 직원에게 주는 게 낫다고 판단했기 때문이다. 그랬더니 바로 변화가 왔다. 특가 비행기 표를 사서 합리적인 숙소에 방을 잡고 적당한 식당에서 밥을 먹었다. 친구와 직원 모두가 만족해하는 제도였다. 그 친구는 드디어 제대로 된 출장 규정을 만들었다는 자부심으로 회사 홈페이지에 '자율적일 때가 가장 효율적이다'라는 제목의 칼럼을 쓰기도 했다.

그런데 우연히 고객 회사 대표와 통화를 하다가 이상한 말을 들었다. 요즘 그 회사 직원들이 매우 초췌하고 피곤해 보인다면서 업무량이 그렇게 많으면 직원을 더 늘려야 하는 것 아니냐고 걱정해 주었었다. 이상한 느낌이 들어 알아보니 출장비를 최대한 많이 남기려고 20유로(2만 4000원)도 안 되는 12인실 유스호스텔에 숙소를 구하고 푸드 트럭 케밥으로 끼니를 때우는 사람도 있었고, 심지어 기차역에서 노숙을 하고 추레한 몰골로 거래처를 방문한 직원도 있었다. 이말을 전해 들은 친구는 큰 충격을 받았다.

직원들이 출장비를 책임감 있게 쓰도록 하려면 어떻게 해야 할까? 쉽지 않은 일이다. 문제의 핵심은, 직원 입장에서 볼 때 출장비는 늘 남의 돈이라는 점이다. 그러므로 출장비 문제를 해결하려면 직원으로 하여금 자기 돈을 쓰게 하되 너무 인색하게 굴어 고객을 잃는 일이 없게 해야 한다.

이 조건을 충족시키는 아이디어가 있다. 직원을 동업자로 만드는 것이다. 그렇게 되면 그가 낭비하는 금액만큼 이익 배당금이 줄어든다. 구두쇠처럼 인색하게 굴어 고객을 잃어도 배당금이 줄어든다. 결국 직원은 성공적인 출장을 위해 노력할 것이고, 고객을 잃지 않는 선에서 비용을 줄이려 애쓸 것이다.

여기서 우리는 직원 참여의 핵심을 이해할 수 있다. 직원이 경영에 참여하고, 직원이 기업의 성공에 참여하면, 그들은 자신의 실수와 낭비가 결국 자신에게 불이익으로 돌아오기 때문에 적극적으로 업무에 임한다. 물론 세밀하게 잘 다듬을 필요가 있지만 매우 효율적인 아이디어임에는 틀림없다. 자기 재산만큼 강한 동기를 주는 건 없다. 사람들은 누구나 자기 돈을 가장 신중하게 쓴다.

[경쟁]

피할 수 없다면 이겨라

인정한다. 대다수 경제학자들은 완전한 경쟁만이 경제를 살리는 가장 좋은 방법이라며 일반인들의 신경을 긁는다. 경쟁은 정말 생기 잃은 경제를 살리는 만병통치약일까? 냉정하게 얘기하면 그렇다. 자본주의 사회에서 경쟁은 반드시 필요하다.

갑갑한 마음은 충분히 이해한다. 직접 경쟁에 가담하는 일은 당연히 기분 좋은 일이 아니다. 나 역시 피 말리는 경쟁을 싫어한다. 나는 솔직히 창의적이지도, 영리하지도, 빠르지도, 부지런하지도 않다. 그래서 늘 나보다 창의적이고 영리하고 빠르고 부지런한 경쟁 상대를 만난다. 언제 어떤 경쟁을 펼치든 그런 사람이 늘 주위에 있다. 행운이 받쳐 주어야만 이길 수 있는 그런 상대가 너무 많다.

그런데 우리 자신을 잘 들여다보자. 경제학자가 굳이 이론적으로 경쟁의 필요성을 설명하지 않더라도 우리 핏속에는 이미 경쟁에서 이기고자 하는 본능이 자리 잡고 있다. 남과 비교하여 나를 가늠하고, 남보다 더 낫다는 걸 은연중에 드러내고 싶어 하고, 나와 비슷한 사람들이 나보다 잘되는 걸 보면 배가 아프고, 남들의 경쟁을 흥미롭게 구경하고, 경쟁이 치열할수록 열광한다. 쟁쟁한 팀이나 선수들이 맞붙는 스포츠 이벤트에 사람들이 구름처럼 몰려들고, 오디션 프로그램이 전 세계적으로 높은 시청률을 기록하는 것만 봐도 그렇다. 우리는 경쟁을 싫어하는 게 아니다. 경쟁에서

지는 걸 싫어하는 것이다.

경제학자들이 경쟁을 강조하는 이유는 따로 있다. 경쟁은 패배의 쓰라린 아픔을 남기지만 그 아픔을 감수할 만한 더 좋은 효과가 있기 때문이다. 생산자들이 생존을 걸고 경쟁하면 소비자들은 질 좋은 상품을 싸게 가질 수 있다. 경쟁에서 앞서 나가려는 사람들 덕분에 상상하지도 못한 새로운 기술, 새로운 비즈니스가 탄생하기도 한다.

경쟁에서 이기는 법을 아는 사람들이 여기에 있다.

독일 최고의 축구팀은
바이에른 뮌헨이 아니다

9. 효율성

> 사업에서 중요한 것은 크기가 아니다.
> 효율이 뒷받침되지 않으면 크기는 불리한 조건이다.
> – 허버트 카슨

1966년부터 듀오로 활동했던 스웨덴의 뮤지션 비에른 울바에우스와 벤뉘 안데르손은 1972년 새로운 곡을 녹음하면서 각자의 여자친구였던 아그네타 팔트스코그와 안니 프리드 링스타를 보컬로 끌어들여 '비에른과 벤뉘, 아그네타와 안니 프리드'라는 긴 이름의 그룹을 결성했다. 이것이 전 세계적으로 3억 8,000만 장의 앨범 판매고를 기록하며 팝 음계의 전설로 남은 그룹의 시작이었다.

긴 이름의 이 그룹은 데뷔 초기에 유럽과 미국의 싱글 차트 순위에 곡을 올리며 가능성을 보여 주었다. 이들이 본격적으로 이름을 알리게 된 건 1974년 '유로비전 송 콘테스트'에 참여하면서부터다. 유로비전 송 콘테스트는 1956년부터 지금까지 이어져 온 유럽에서 가장 인기 있는 방송 프로그램이다. 유럽 각국의 대표 가수들이 나라의 명예를 걸고 순위를 겨루는 방식으로 각국에서 늘 최고 시청률을 기록한다.

'비에른과 벤뉘, 아그네타와 안니 프리드'는 1974년 유로비전 송 콘테스트에 스웨덴 대표로 출전해 우승을 차지하며 전 세계적인 스타로 떠올랐다. 유로비전 송 콘테스트는 셀린 디옹, 훌리오 이글레시아스 등 세계적인 스타와 수많은 히트곡을 배출했지만, '비에른과 벤뉘, 아그네타와 안니 프리드'를 능가하는 가수는 없었다. 2005년 유로비전 송 콘테스트 50주년 기념 방송에서 1974년에 이들이 부른 노래가 유로비전 송 콘테스트 역사상 최고의 노래로 선정되기도 했다. 그 후 수많은 히트곡을 발표하며 비영어권 국가의 팝 그룹 가운데 미국과 영국 등 팝의 본고장에서 가장 큰 성공을 거둔 그룹이 되었다.

사실 그들은 '비에른과 벤뉘, 아그네타와 안니 프리드'는 이름으로 송 콘테스트에 참가하지는 않았다. 이름이 너무 길어서 노래는 알아도 가수는 모르는 사람이 많다는 걸 알고 대회 1년 전에 이름을 새로 지었다. 멤버들 이름의 앞 글자 B, B, A, A를 가지고 파브, 바바, 알리바바 등 여러 후보를 놓고 고심하다가 드디어 이름을 결정했다. 그 이름은 바로 '아바ABBA'. 그리고 그들에게 우승 트로피를 안겨 준 노래는 '워털루Waterloo'다.

아바는 수많은 히트곡을 남겼다. 1980년 여름에 발표하여 영국 차트에서 1위를 차지한 '승자가 모든 걸 갖는다The Winner Takes It All'라는 노래에는 '승자가 모든 것을 차지하고 패자는 추락한다'라는 가사가 들어 있다. 아바는 처음부터 이 사실을 알았던 것처럼 유로비전 송 콘테스트에서 승자가 되기 위해 곡 작업에 전념했다. 스웨덴 예선에서 두 번이나 탈락한 후 세 번째 도전에서에 스웨덴 대표로 뽑혔다. 결선에는 이미 그래미상을 3회나 수상한 영국 대표 올리비아 뉴턴 존을 비롯해 16개국을 대표하는 쟁쟁한 가수들이 참가했다. 하지만 순위표 가장 윗자리를 차지한 가수는 역시 아바였다. '승자가 모든 걸 갖는다'는 것을 직접 증명하듯이 이 대회 이후 팝 음악사에 길이 남을 성공을 거두었다.

공정한 경쟁에서 순위표 가장 윗자리를 차지하는 것은 언제나 흥분되는 일이다. 내가 가장 관심 있게 지켜보는 순위표는 아무래도 독일 프로 축구 리그인 분데리스가 순위표다. 분데리스가 순위표에서 가장 윗자리는 거의 변함이 없다. 세계적인 명문 구단 바이에른 뮌헨이다. 많은 사람이 축구팀 순위표에서도 역시 맨 위에 있는 팀이 최고의 팀이라고 생각할 것이다. 그런데 내 생각은 좀 다르다.

나는 바이에른 뮌헨만큼이나 긴 역사를 자랑하는 마인츠05의 팬이다. 바이에른 뮌헨은 마인츠05보다 5년 앞선 1900년에 창단했지만 어쨌든 100년이 넘는 역사를 가진 팀은 그렇게 많지 않다. 하지만 비슷한 점은 여기까지다. 바이에른 뮌헨은 챔피언스리그 최초 3회 연속 우승 포함 총 5회 우승, 리그 우승 24회, 독일 모든 축구팀이 참여하는 포칼컵 17회 우승 등 독일에서뿐만 아니라 세계적으로도 가장 뛰어난 클럽 중 하나다. 하지만 마인츠05는 100년 동안 분데스리가에서 우승을 한 적이 한 번도 없다. 우승은커녕 시즌 막판이 되면 2부 리그로 강등되지 않을까 가슴 졸이며 지켜봐야 한다. 포칼컵에서도 딱 한 번 준우승을 차지했을 뿐이고, 각국 리그의 중상위권 클럽이 출전하는 유로파리그에는 단 세 차례 나가 봤다. 그중에 한 번은 성적이 좋아서가 아니라 '페어플레이' 팀으로 선정된 덕분이었다. 그런데 당시 홈구장 수용 인원이 2만 명밖에 안 돼 유로파리그 기준에 못 미쳤다. 어쩔 수 없이 라이벌 구단인 프랑크푸르트 홈구장을 빌려서 경기를 치렀고 결국 1라운드에서 탈락하고 말았다.

누가 봐도 마인츠05는 바이에른 뮌헨에 비하면 내세울 것 없는 팀이다. 그럼에도 내가 마인츠05를 바이에른 뮌헨과 비교하는 이유는 경제학적인 근거 때문이다. 마인츠05의 팬들은 이렇게 말한다.

"바이에른 뮌헨이 최고라는 걸 부정하진 않는다. 그런데 그렇게 엄청난 돈을 투자하고도 우승을 못하면 그게 더 이상하다. 마인츠05는 그들이 쓰는 돈의 10퍼센트만 쓰고도 같은 리그에서 경쟁한다."

경제학적으로 보면 여기에 많은 것이 들어 있다. 바이에른 뮌헨 공격수 한 사람의 연봉이 마인츠05 선수들 전체 연봉과 비슷하다. 단순히 순위를 기준으로 판단하면 마인츠05는 바이에른 뮌헨의 적수가 못 된다. 하지만 효율성 측면에서는, 다시 말해 승점 1점을 올리기 위해 얼마를 투자했는지, 혹은 한 골을 얻기 위해 얼마를 투자했는지 따져 보면 마인츠05도 할 말이 있다.

잘 알겠지만 축구 리그 순위는 승점을 얼마나 얻었는지로 결정된다. 경기에서 이기면 3점, 비기면 1점, 지면 0점을 얻는다. 경제적으로 효율적인 팀은 승점 1점당 투자 비용이 낮은 팀이다. 비록 하위권에 있더라도 승점당 지출 비용이 낮다면 경제적인 면에서는 더 나은 팀이다. 2013~2014 시즌에서 바이에른 뮌헨은 승점 90점을 얻어 2위와 19점 차이로 여유롭게 우승을 차지했다. 한편 마인츠05는 승점 53점으로 8위 아우크스부르크를 승점 1점 차로 누르고 7위를 차지했다. 7위와 8위에는 어마어마한 차이가 있다. 7위 팀까지만 유로파리그에 나갈 자격을 얻기 때문이다. 유로파리그는 유럽 각국 리그 중 상위권 팀들이 맞붙는 국제 클럽 대항전으로 최상위권 팀들이 출전하는 챔피언스리그만큼은 아니어도 어마어마한 상금과 대전료, 중계권료를 챙길 수 있다.

그런데 바이에른 뮌헨이 승점 90점을 따기 위해 투자한 선수들 몸값은 5억 8270만 유로(7116억 원)다. 승점 1점을 얻기 위해 650만 유로(79억 원)를 쓴 셈이다. 반면 연봉 총액이 바이에른 뮌헨의 10퍼센트도 안 되는 5466만 유로(667억 원)에 불과한 마인츠05는 승점 1점당 약 100만 유로(12억 원)를 썼다. 승점당 비용을 기준으로 순위를 매기면 마인츠05는 1위와 아주 근소한 차이로 2위를 차지했다. 하지만 마인츠05는 리그 7위로 시즌을 마감하며 유로파리그 참가 자격도 얻었다. 우승 상금이 500만 유로(약 61억 원)에 달하는 유로파리그 진출 티켓을 얻었으니 사실상 2013~2014 시즌 분데스리가에서 가장 효율적인 팀은 마인츠05였다(하지만 아쉽게도 유로파리그 1라운드 예선에서 탈락하고 말았다).

최소 비용으로 최대 효과를 내는 것을 경제학자들은 '효율성'이라고 부른다. 경제학자의 관점에서 최고의 팀은 순위표 가장 윗자리를 차지하고 있는 팀이 아니라 가장 적은 비용으로 승점을 챙긴 팀이다. 절대적 규모보다 효율성을 기준으로 하면 축구뿐만 아니라 많은 것이 달리 보인다.

전 세계 영화 흥행 기록을 살펴보자. 역사상 가장 많은 돈을 번 영화는 〈아바타〉와 〈타이타닉〉이다. 1997년 개봉한 〈타이타닉〉은 그 전까지 흥행 순위 1위였던 〈라이언킹〉(9억 5160만 달러, 1조 437억 원) 수익의 2배를 훌쩍 넘는 21억 8500만 달러(2조 4000억 원)를 벌어 1위에 올랐고 무려 12년 동안 그 자리를 지켰다. 2009년 개봉한 〈아바타〉가 27억 8,000만 달러(약 3조 500억 원)를 벌어들이며 〈타이타닉〉을 2위로 밀어내고 1위에 올라 지금까지 그 자리를 지키고 있다. 공교롭게도 두 영화 모두 제임스 카메론 감독의 작품이다.

하지만 효율성을 기준으로 보면 〈타이타닉〉과 〈아바타〉는 30위 안에도 끼지 못한다. 〈타이타닉〉은 흥행 수익 1위 기록을 갈아 치우기 전에 역대 최고 제작비 기록을 먼저 세웠다. 타이타닉호 실물 크기의 세트장을 짓는 등 무려 2억 달러(약 2200억 원)의 제작비가 들었다. 〈아바타〉 역시 2억 3700만 달러(2600억 원)라는 역대 8위에 해당하는 거액의 제작비를 썼다. 두 영화 모두 막대한 제작비를 들이고도 1000퍼센트가 넘는 수익률을 남겼으니 엄청난 영화임에는 틀림없다.

하지만 수익률 순위를 보면 1000퍼센트는 명함도 못 내민다. 2009년 개봉한 〈파라노말 액티비티〉와 1999년 개봉한 〈블레어 윗치〉는 각각 1억 9335만 달러(2120억 원)와 2억 4864만 달러(2727억 원)를 벌었다. 수익 금액만 보면 〈타이타닉〉 제작비와 엇비슷하다. 하지만 제작비를 보면 입이 떡 벌어진다. 〈블레어 윗치〉는 고작 6만 달러(6580만 원)를 썼고, 〈파라노말 액티비티〉는 그보다도 적은 1만 5000달러(1645만 원)를 썼을 뿐이다. 〈타이타닉〉에 등장한 배우 한 사람도 섭외하지 못할 금액이다. 그러니 수익률은 거의 복권 당첨급이다. 〈블레어 윗치〉의 수익률은 41만 퍼센트, 〈파라노말 액티비티〉의 수익률은 무려 129만 퍼센트에 달한다. 투자한 돈의 4100배, 12만 900배를 벌었다는 뜻이다. 내 눈에는 〈블레어 윗치〉와 〈파라노말 액티비티〉가 〈아바타〉와 〈타이타닉〉보다 더 대단해 보인다.

독일에서 대학 순위를 정할 때도 비슷한 문제가 발생한다. 여러 학과의 연구 실적을 비교해 대학 순위를 매기는데 연구 실적 평가에서 가장 비중이 큰 항목은 학술지에 게재된 논문 편수다. 그런데 이런 평가 방식은 전임 교수가 많은 대학일수록 훨씬 유리하다. 시간 강사가 많은 소규모 대학은 연구보다 수업을 중심으로 하기 때문에 순위에서 뒤로 밀릴 수밖에 없다. 문제는 수업의 질로 대학을 평가하더라도 결과는 크게 달라지지 않는다는 점이다. 강의를 정말 잘하는 강사가 있어도 개설된 수업이 많아서 수업 만족도 평균 점수가 높게 나올수가 없다. 학부생들이 듣는 수업을 노벨상 수상자가 가르칠 필요까지는 없다. 그리고 연구 실적이 좋은 것과 잘 가르치는 것은 별개의 일이다. 하지만 유명한 교수가 있는 대학은 수업 질이 떨어져도 교수의 명성 때문에 높은 점수를 받는 경우가 많다. 좋은 강의를 어떻게 측정하느냐 하는 문제는 배제하더라도 말이다.

펀드나 금융 상품 역시 수익률로 순위를 매긴다. 수익률 순위가 실적에 큰 영향을 미치기 때문에 금융 회사들은 수익률을 철저히 관리한다. 그런데 여기에도 함정이 있다. 첫째, 기준이 되는 시기에 따라 순위가 크게 바뀐다. 둘째, 수익률보다 더 중요한 요인들이 배제될 위험이 크다. 가령 지난 1년 동안 '신기술 펀드' 수익률이 '배당주 펀드' 수익률보다 10퍼센트 포인트 높았다고 해 보자. 이것만 보고 '신기술 펀드'가 더 좋은 펀드라고 생각하는 것은 위험하다. 물론 '신기술 펀드'가 더 좋은 상품일 수도 있지만 해당 기간에 우연히 관련 종목들이 급등했을 수도 있다. 고위험 고수익 전략을 쓰기 때문에 급등과 급락을 거듭하는 '신기술 펀드'보다 '배당주 펀드'가 장기적으로는 훨씬 안정적인 수익을 안겨 줄 수도 있다.

순위는 선정 기준에 따라 얼마든지 바뀐다. 단순히 남들이 정해 놓은 순위를 그대로 받아들이지 말고 내가 중요시하는 기준에 따라 순위를 새로 정해 보라. 그러면 많은 것이 달리 보인다. 그러니 응원하는 팀이 하위권에서 맴돌아도, 오랫동안 공들인 공모전에서 떨어져도, 상사의 인정을 못 받아도, 장사가 작년보다 잘 안 돼도 크게 낙담할 필요는 없다. 기준을 바꾸면 고쳐야 할 문제점, 기대할 만한 희망이 새롭게 눈에 보인다.

경쟁이 아무리 싫어도 경쟁을 피할 수는 없다. 경쟁 상황이 마음에 들지 않게 흘러가도 낙담할 필요는 없다. 어떤 기준으로는 경쟁자들을 멀찍이 앞서 있을 수도 있다. 게다가 우리는 이미 수억 대 1의 경쟁에서 우승을 차지한 덕분에 이 땅에 태어난 사람들이다.

세상이 바뀌면 순위의 기준은 바뀐다. 하지만 앞으로도 경쟁은 사라지지 않는다는 것, 그리고 승리의 기쁨은 언제나 달콤하다는 것, 이것만은 바뀌지 않을 것이다.

제 2 장

F1 자동차 경주는
왜 혁신적인 기술을
금지하는 걸까?

> 만약 경제를 엄격하게 통제한다면,
> 아무도 생산성 향상을 위해
> 새로운 아이디어를 제안하지 않을 것이고 인센티브를 얻지도 못할 것이다.
> – 만모한 싱

자동차 경주 마니아가 아니더라도 포뮬러 원, 또는 에프원F1 자동차 경주(정식 명칭은 FIA 포뮬러 원 월드 챔피언십, Formula One World Championship)에 대해서 들어 봤을 것이다. 1950년 영국 실버스톤 서킷에서 시작된 가장 오래되고 규모가 큰 자동차 경주 대회다. 150개국에 방송되어 약 5억 명이 시청하는 메이저 스포츠 이벤트 중 하나다.

포뮬러는 대회에 참가하는 자동차가 지켜야 하는 규격을 의미한다. 포뮬러 대회에 참가하는 경주용 자동차들은 국제 자동차 연맹 FIA의 규정에 따라 제작된 차체, 엔진, 타이어를 갖춰야 한다. 길고 낮은 차체, 운전자의 머리가 노출된 1인용 운전석, 차체 외부로 나와 있는 광폭 타이어가 특징이다. 엔진 배기량과 실린더 규정에 따라 F1, GP2, GP3, F3 등 여러 등급의 경주들이 있는데 그중에서도 F1에 출전하는 차량이 가장 빠르다.

F1 자동차는 최고 속도 360킬로미터, 평균 속도 220킬로미터, 평균 가격 1000만 유로(120억 원)에 달하는 그야말로 괴물 같은 자동차다. 1000분의 1초를 다투는 경기이다 보니 아주 작은 성능 차이가 결과에 큰 영향을 미친다. 자동차 산업의 역사를 바꾼 기술들이 이 대회를 통해 처음 선보인 적도 많았다.

빠르게 달릴 수만 있다면 어떤 기술도 허용될 것 같지만 사실은 수많은 금지 기술, 금지 장치들이 있다. 대회 이름에 왜 '규정formula'이 들어가는지 이해가 갈 정도다. 자동차 무게, 사용 연료, 엔진 배기량(F1 차량의 배기량은 일반 중형차 수준인 2400cc에 불과하지만 4배 이상의 출력을 낸다), 엔진 회전수 등이 엄격하게 제한되어 있고, 출력 제어용 전자 장치, 타이어 덮개 등을 사용할 수 없다. 심지어 차량 테스트 횟수까지 제한한다. 규정을 위반하면 포인트 몰수, 출전 정지 등의 징계를 받는다.

F1 팀들은 규정을 교묘히 피하면서 속력을 올릴 수 있는 깨알 같은 기술들을 개발해 왔다. 그래서 새로운 기술이 규정 위반인지 아닌지 모호할 때가 많다. 특정 팀이 신기술 덕분에 독주하는 상황이라면 두 가지 일이 벌어진다. 모든 팀이 그 기술을 따라 하거나, 그 기술을 규정 위반으로 몰아 금지시켜 버리는 것.

2006년 르노 팀은 상반기 아홉 경기 중 일곱 경기에서 우승을 차지했다. 자동차 앞부분에 차체의 진동을 제어하는 '매스 댐퍼mass damper'라는 장치를 단 덕분이었다. 이 장치에는 자동차의 진행 방향과 반대로 작동하는 추가 들어 있어 차가 흔들리는 것을 막아 준다. 그 덕분에 코너를 안정적으로 돌 수 있었고 트랙을 한 바퀴 돌 때마다 0.3초를 줄였다. 자동차 경주의 세계에서 0.3초는 어마어마하게 긴 시간이다. 르노 팀의 독주를 그대로 둘 수 없었던 다른 팀들은 '매스 댐퍼'가 규정 위반이라며 비난했다.

규정에 따르면 자동차의 움직임과 관련한 장치는 차량에 튼튼하게 고정되어 있어야 한다. 이 장치를 가장 처음 심사한 심판진들은 진동 방지 장치는 차량에 단단히 고정되어 있었기 때문에 출전을 허용해 주었다. 하지만 문제는 이 장치 안에 들어 있는 추가 차량이 진행하는 반대 방향으로 움직인다는 사실이었다. 다른 팀들이 계속해서 이의를 제기하자 국제 자동차 연맹은 심사숙고 끝에 매스 댐퍼 사용을 금지시켰다. 작은 혁신으로 승승장구하던 르노 팀에게는 하늘이 무너지는 소식이었다. 매스 댐퍼가 금지된 이후 열린 아홉 번의 레이스에서 단 한 차례밖에 우승하지 못했다. 왜 최첨단 자동차 기술의 경연장에서 혁신적인 기술들을 금지하는 걸까? 그리고 이 사태는 경제학과 무슨 관계가 있을까?

수많은 금지 규정이 생긴 데는 경기의 재미와 운전자의 안전, 드라이버의 실력 향상, 비용 절감 등 여러 가지 이유가 있지만 무엇보다 공정한 경주를 위해서다. 새로운 장치를 이용하는 것을 부당한 이익이라고 간주하는 것이다.

예를 들어 축구 경기를 언덕에서 한다고 해 보자. 당연히 언덕 위에 골대가 있는 팀이 훨씬 유리하다. 전반전이 끝나고 진영을 바꾼다고 해도 먼저 언덕 아래에서 공격했던 팀은 이미 지쳤기 때문에 후반전에는 제대로 힘을 쓸 수가 없다. 메시와 호날두를 합한 선수가 있다고 해도 언덕 꼭대기를 향해 드리블을 하는 건 쉬운 일이 아니다. 영국에서는 공정한 경쟁 조건을 '운동장 평평하게 하기'라고 한다.

  하지만 그렇게 쉽게 판단할 수 있는 문제는 아니다. 얼마 전까지 수영 대회 참가자들은 모두 전신 수영복을 입었다. 저항을 줄이고, 근육의 피로를 줄여 주며, 수영을 못하는 사람도 물에 뜨게 하는 특수 소재를 온몸에 두르자 신기록이 쏟아져 나왔다. 선수의 능력이 아니라 수영복 기술이 기록에 큰 영향을 미치자 국제 수영 연맹은 전신 수영복을 금지시켰다. 하지만 금지 결정을 내리기까지 찬반 의견이 분분했다.

  어떤 참가자가 새로운 수단으로 경쟁에서 유리해졌다면 무조건 금지시키는 게 옳은 걸까? 새로운 수단을 빼앗아야 할까? 금지와 허용을 결정하는 기준은 있을까? 스포츠계를 떠나서 현실 세계로 돌아와 보자.

  어떤 빵집이 세계 최초로 맥주 맛 케이크를 개발하여 초대박을 터트렸다고 해 보자. 이 케이크를 사려고 전국에서 사람들이 몰려와 가게 밖으로 몇 백 미터씩 줄을 서서 기다린다. 이 빵집 때문에 전국의 다른 빵집들 매출이 크게 떨어졌다. 모든 사람이 케이크를 이 빵집에서만 산다. 국제 자동차 연맹이나 국제 수영 연맹처럼 케이크 시장의 공정한 경쟁을 위해 맥주 맛 케이크의 생산을 금지시켜야 할까? 만약 정부가 맥주 맛 케이크를 금지시킨다면 난리가 날 것이다. 정부의 불필요한 시장 개입, 국가의 권력 남용, 자본주의 근본을 뒤흔드는 몰상식한 조치 등등 신문과 뉴스는 온갖 날선 비판으로 도배될 것이 뻔하다.

맥주 맛 케이크는 참신한 아이디어, 과감한 도전 정신, 독창적인 노하우, 효율적인 마케팅의 산물이다. 모두에게 사랑받는 맥주 맛 케이크를 단지 시장을 지배한다는 이유로 금지한다면 이제 새로운 빵은 더 이상 나오지 않을 것이다. 아이디어와 도전 정신, 독창적인 노하우가 제대로 보상받기는커녕 금지를 당한다면 누가 새로운 기술과 상품을 개발하려고 들겠는가.

다시 2006년 르노 팀으로 돌아가 보자. 르노의 개발 팀은 바람이나 지진으로 심하게 흔들리는 것을 막기 위해 고층 건물에 설치하는 진동 방지 장치에서 영감을 얻어 차량용 매스 댐퍼를 만들었다. 르노 개발 팀은 경쟁자가 생각하지 못했던 새로운 기술을 적용해 연승을 이어 갔지만 그것 때문에 국제 자동차 연맹으로부터 철퇴를 맞았다. 혁신 때문에 징계를 받고 새로운 기술을 개발하는 족족 금지를 당하는데 누가 돈과 시간을 들여 기술을 개발하려고 할 것인가. 실제로 F1 팬들 중에는 기술이 오히려 퇴보했으며 이런 식으로 가다가는 아무것도 하지 않는 팀이 승리할 거라고 빈정거리는 이도 많다.

경제학자들은 경쟁의 역동적 자극 기능을 설명한다. 공정한 경쟁에서 혁신을 통해 도약을 이룬 사람은 그것에 대한 보상을 받아야 한다. 그렇지 않으면 더 이상 혁신이 나오기 어렵다. 공익적인 성격이 강한 의약품에 특허를 인정하는 까닭도 이 때문이다. 신약에 대한 독점적인 권리가 보장되어야만 보상을 충분히 받게 된다. 보상은 새로운 약을 개발하는 데 동기를 부여하고, 막대한 개발 비용을 감당할 수 있게 해 준다.

예를 들어 효과가 확실하고 부작용도 없는 암 치료제가 개발되었다고 해 보자. 암으로 고통받는 환자들을 치료하기 위해 특허를 인정하지 않고 약값을 통제한다면 제약 회사는 큰 이익을 내지 못할 것이고 새로운 의약품을 개발하지도 않을 것이다. 암은 치료할 수 있을지 모르지만 다른 질병으로 고통받는 이들은 치료 기회를 놓칠 수 있다. 제약 회사의 탐욕과 윤리성 문제를 떠나서 이런 결과는 인류 전체의 이익을 위해 바람직하지 않다.

하지만 국제 자동차 연맹에게는 그럴 만한 사정이 있다. 어느 한 팀이 혁신적인 기술을 적용하여 모든 경기에서 다른 팀들을 압도한다면 F1 경주의 재미가 크게 떨어질 거라는 것이다. 사람들이 스포츠에 열광하는 이유는 누가 이길지 모르는 의외성 때문이다. 이미 우승자가 확정된 경주에 흥미를 느낄 사람이 어디 있겠는가. 그래서 F1의 수많은 금지 규정은 경기의 재미를 떨어뜨리는 요소들과 관련 되어 있다. 기술이나 장비에 제약이 없다면 돈 많은 팀이 압도적으로 유리하다. 기술 개발에 막대한 비용이 들기 때문이다. 주요 팀들은 이미 1년에 2억 유로(2400억 원) 이상의 비용을 쓰고 엔진 개발에만 1억 유로(1200억 원) 이상이 들어간다. 이런 상황에서 제한 규정이 없다면 개발 비용은 더 늘어난다. 지금도 일부 팀들은 적자에 허덕이고 있다. 실제로 기술에 대한 규정이 느슨했던 시기에 많은 팀이 운영 비용을 감당하지 못해 F1을 포기했다. 그중에는 도요다자동차 같은 대기업 팀도 있었다.

F1이 세계적인 인기를 유지하는 것이 참가하는 모든 팀에게 유리하다. F1 경주에 열광하는 사람이 많을수록 어마어마한 스폰서 비용과 홍보 효과를 얻을 수 있다. 그러려면 긴장감과 박진감 넘치는 경기가 많아져야 한다. 수많은 금지 규정 속에서도 혁신은 이어져 왔다. 다른 팀이 미처 생각지 못한 기술로 레이스에서 승리하면 우승 상금과 스폰서 계약 등 어마어마한 보상이 주어지기 때문이다. 실제로 10여 년 전에 비해 출력은 낮아지고 전자 장비 사용도 제한되었지만, 속도는 거의 줄지 않았다. 안전도 크게 개선되어 세상에서 가장 위험

[경제학자의 메모]

특허 괴물 patent troll

생산 시설이나 제품 개발 없이 소유한 특허권 로열티만으로 수익을 창출하는 회사를 부정적으로 일컫는 말. 다수의 특허권자로부터 구입한 특허권을 바탕으로 전 세계 기업을 상대로 전방위적인 소송을 벌여 막대한 보상금을 챙기기 때문에 '괴물'이라는 별명이 붙었다. 1998년 미국 테크서치(Techsearch) 사가 세계 1위 반도체 제조사 인텔을 상대로 5억 달러(5조 5000억 원) 규모의 특허권 침해 소송을 제기한 것을 계기로 특허 전문 기업이 널리 알려졌다. 특허권을 남용하여 건전한 기술 발전을 방해한다는 단점도 있으나 특허 개발자들의 권리를 보호하고 지적 재산권에 대한 의식 수준을 높인다는 순기능도 있다. 전 세계에 200개 이상의 특허 전문 회사가 있는 것으로 알려져 있다.

한 스포츠지만 1994년 이후 경주 중에 사망한 선수는 없었다.

모두의 이익을 위해 혁신에 대한 보상을 없애면 새로운 기술이나 서비스를 개발하려는 의지가 꺾인다. 그렇다고 혁신에 대한 권리를 독점하게 해 주면 모두의 이익에 반한다. 혁신에 대한 의지와 모두의 이익이라는 두 마리 토끼를 잡기 위한 가장 좋은 방법은 무엇일까? 새로운 기술을 공유하게 하고, 그 기술을 사용하는 사람들에게 합당한 보상을 주면 되지 않을까? 대표적인 예가 표준 특허다. 표준 특허란 국제 표준화 기구ISO 등에서 정한 표준 규격에 해당하는 제품이나 서비스를 만들 때 사용할 수밖에 없는 필수적인 기술을 말한다.

세상에는 수백 가지의 휴대폰이 있지만 이동 통신 방식은 3G나 LTE다. 이 방식을 표준으로 정했기 때문이다. 그 덕분에 독일에서 산 전화기를 미국에서도 쓸 수 있다. 표준에 부합하는 제품을 만들기 위해 반드시 사용해야 하는 표준 특허 기술은 사용료를 내면 자유롭게 쓸 수 있다. 표준 특허를 가진 사람은 해당 기술을 공정하고fair, 합리적이고reasonable, 비차별적인non-discrimnatory 방식으로 제공하는 것이 원칙이다. 이를 영어의 앞 글자를 따 프랜드frand 원칙이라고 한다.

LTE 스마트폰 제조 업체는 스마트폰 한 대를 만들 때마다 판매가의 20퍼센트 정도를 특허 사용료로 낸다. 인터디지털이라는 미국 회사는 통신 기기를 만들지는 않지만 통신 기술 특허를 2만 건이나 보유하고 있다. 특허 사용료만으로 3억 달러(3조 3000억 원)가 넘는 매출을 올린다.

물론 이런 방식이 언제나 아름다운 건 아니다. 돈을 받는 쪽은 더 받기 위해, 내는 쪽은 덜 내기 위해 치열하게 싸운다. 그래도 현재로서는 기술 개발에 대한 동기를 부여하면서도 모두가 이익을 누리는 최선의 방법이다. 삶이나 경제나 발전을 위해서는 적절한 자극과 보상이 필요하다.

부자들에게
세금을 더 걷기 전에
살펴봐야 할 것들

11. 불로 소득

> 자유 시장에서 가장 중요한 원칙은 서로 이익이 없다면
> 교환은 결코 일어나지 않는다는 것이다.
> —밀턴 프리드먼

어느 한적한 휴일 오후 소파에 비스듬히 누워 아무 생각 없이 텔레비전을 보고 있었다. 멍하니 머리를 비우고 텔레비전을 보는 게 인생에 아무 도움이 되지 않는다고 하지만 꼭 그런 것은 아니다. 정신없는 한 주를 보내고 몸과 마음이 지쳐 있을 때라면 이런 시간은 꿀처럼 달콤하다.

기계적으로 채널을 돌리다가 뉴스에서 어느 유명한 작가가 문화상 수상자로 선정되어 상과 상금을 받았다는 보도를 보게 되었다. 그 작가와 나는 아무 상관없는 사이지만 갑자기 욱하는 마음에 벌떡 일어나 앉았다. 세상이 불공평하다는 생각이 들었다. 이미 온 독일, 온 유럽 사람이 다 아는 유명한 작가에게는 그런 상이 사실 아무 의미가

없다. 게다가 그 작가는 이미 엄청난 부자여서 상금도 그렇게 반갑지 않을 테다. 통장에 상금이 입금됐는지나 알면 다행일 것이다.

이미 모든 것을 이룬 사람에게 큰 상을 안겨 주고 거기에 상금까지 줘야 할까? 일반인에게는 큰돈이지만 그 작가에게는 저녁 한 끼 사 먹을 돈에 불과하다. 그 작가가 조금 더 알뜰한 성격이라면 몬테카를로 별장의 수영장을 꾸미거나 최신형 요트를 사는 데 쓸 것이다.

차라리 그 상금을 젊은 작가 지망생이나 예술가들에게 준다면 더 의미 있는 일에 쓸 것이고 그러면 예술계가 더 풍성해지지 않을까? 아니면 차라리 우리 같은 일반인에게 주는 게 경제 발전에 더 큰 도움이 되지 않을까? 어쨌든 이미 유명할 대로 유명하고, 가질 만큼 가진 사람에게 또 큰 상과 상금을 준다는 것은 불공평해 보였다.

뉴스가 끝나고 광고가 나오는 동안 마음이 조금 가라앉으면서 그 작가가 상을 받는 게 불공평하다고 비판하는 게 과연 정당한 걸까 하는 의문이 들었다. 질투의 관점이 아니라 경제학적 관점에서 보면 그 작가가 상을 받는 상황에 대해 화를 낼 이유가 전혀 없다.

세상에 수많은 '상'이 존재하는 이유를 생각해 보자. 전 세계적으로 유명한 상도 많지만 그보다 회사나 학교, 또는 단체에서 주는 상도 엄청 많다. 아마도 수백만 가지의 상이 있을 것이다. 상은 뛰어난 업적이나 모범이 되는 행위, 기념할 만한 활동을 기리기 위한 것이다. 상을 주는 목적은 명확하다. 상을 받을 수 있는 행동을 하도록 자극하려는 것이다.

이미 유명하고 돈도 많은 작가가 더 대단한 작품을 세상에 발표했다면 그가 상이나 상금이 필요 없는 사람이라 해도 상을 주는 게 맞다. 아무나 이룰 수 없는 업적을 세우면 그 업적에 부합하는 상을 준다는 것은 일종의 사회적 약속이다.

특별한 업적을 세웠는데도 그가 이미 유명하다는 이유로, 혹은 돈이 많다는 이유로 가난한 젊은 예술가에게 상을 준다고 해 보자. 그상은 그저 복권 정도의 의미밖에는 없을 것이다. 더 공정한 세상을 만들기 위해 상을 아예 없애 버리면 어떨까? 우리가 '상'을 받기 위해 어떤 일을 하는 것은 아니지만 '상'이 있기 때문에 긍정적인 자극을 받는 건 사실이다. 성적이 가장 뛰어난 사람은 '우등상'을 받고, 최고의 실적을 올린 사원은 '올해의 직원상'을 받는다. 정의로운 행위를 한 시민은 '용감한 시민상'을, 가장 뛰어난 활약을 한 운동선수는 'MVP상'을, 가장 훌륭한 책을 쓴 작가는 '올해의 작가상'을, 가장 훌륭한 연기를 한 연기자는 '최우수 연기상'을 받는다. 이들이 상을 받기 위해 뛰어난 업적을 쌓은 것은 아니다. 하지만 이들에게 상을 준다는 것은 이들의 업적을 공개적으로 인정한다는 뜻이고 수상자를 선정하고 상을 수여하는 과정을 통해 상을 받는 사람뿐만 아니라 그것을 지켜보는 모든 사람에게 더 나은 결과에 대한 자극을 줄수 있다. 상은 수많은 잠재 수상자들에게 추가적인 보상을 약속함으로써 자연스럽게 더 나은 결과를 유도한다.

시장 경제도 이와 같은 방식으로 움직인다. 시장 경제 시스템에서 누군가 세상 사람들에게 꼭 필요한 무엇인가를 만들어 내면 큰돈을 벌 수 있다. 돈과 명예, 이것이 곧 시장 경제가 약속한 상이다. 이런 보상이 없다면 뭔가를 이루기 위해 돈과 시간과 노력을 바치는 사람의 수는 현저하게 줄어들 것이다. 새로운 기술을 개발하여 큰돈을 번 사람에게 공평한 세상을 위해 당신이 번 돈을 몰수하겠다고 하면 기꺼이 돈을 내줄 사람이 몇이나 될까? 조용히 나라를 떠나는 사람이 더 많지 않을까? 더 큰 문제는 그런 소식이 알려지면 다른 사람들도 더 이상 개발을 위해 애쓰지 않을 것이라는 점이다.

평등주의 옹호자들은 시장 경제의 역동적인 자극 요소를 지나치게 과소평가하는 경향이 있다. 평등과 정의가 우리 사회를 지탱하는 중요한 가치라는 데 이견은 없다. 하지만 그런 가치를 지킨다는 이유로 시장 경제 수혜자들에게 무작정 돈을 내놓으라고 할 수도 없고, 보상이 있어야 발전이 있다며 재산을 모두 인정해 줄 수도 없다. 아직까지도 적정한 선을 찾지 못해 방황하고 있고, 나라마다 시대마다 그 기준이 너무 다르기 때문에 무엇이 맞다고 할 수도 없다. 그래서 이 주제로 토론하면 고성만 오가다 결론 없이 끝나는 경우가 다반사다.

최소한 불로 소득만큼은 엄격하게 다루자는 의견도 있다. 충분히 납득이 간다. 그런데 이것도 쉬운 일이 아니다. 먼저 어디까지가 불로 소득인지를 정하는 게 쉽지 않다. 투자 소득을 예로 들어 볼까? 투자 소득을 불로 소득으로 간주하고 세금을 왕창 부과한다면 투자 소득으로 먹고사는 사람들은 아마 이렇게 말할 것이다.

"우리가 돈이 남아돌아서 돈놀이를 하는 줄 아는가? 투자를 결정하는 게 얼마나 어려운 일인 줄 아는가? 사업 타당성, 투자 환경, 재무 정보, 시장 분석 등등 평가해야 할 게 한둘이 아니다. 그런 심사 과정을 거쳐서 자본을 투입한다. 아무리 철저하게 심사해도 돈 못 버는 투자가 더 많다. 한 푼도 못 건지는 경우도 다반사다. 거기에 대한 책임도 져야 한다. 우리보고 세금을 더 많이 내라고 하면 투자를 할 이유가 없다."

자본을 빌려 준 대가로 얻는 이자 소득이나 주식 혹은 자본금 비율에 따라 발생하는 배당 소득에 대해서도 기회 비용과 자본 위탁, 위험 감수 등 노력이 들어 있으니 불로 소득이 아니라고 할 것이다.

유산 상속은 어떨까? 아무리 생각해도 유산을 상속을 받는 사람들은 노력한 게 없다. 부자 부모 밑에서 태어나기 위해 노력했다고 우기는 사람은 없을 것이다. 그런데 유산을 남기는 쪽에서는 할말이 있는 듯하다.

"나는 이미 세금을 많이 냈다. 아무런 불만 없이 성실히 세금을 내면서 모은 재산인데 자식에게 물려준다고 또 세금을 내라고 하는 건 너무하는 것 아니냐. 이럴 바엔 차라리 상속세가 없는 나라로 국적을 바꿔 버리겠다."

경제 협력 개발 기구OECD 30여 개국의 평균 상속세율은 25퍼센트 정도인데 상속세가 아예 없는 나라도 8개국이나 된다. 독일은 유산 규모에 따라 7~50퍼센트의 세율을 적용한다. 다만 기업을 물려받은 경우 상속 이후 7년 이상 유지하면 상속세를 100퍼센트 면제해 준다. 하지만 이 제도는 개인 상속자와의 형평성 문제로 지금까지도 논란이 이어지고 있다.

누가 봐도 불로 소득인 상속 재산에 대해서까지 이렇게 관대한 이유는 뭘까? 우선 상속세를 폐지한 나라들은 대부분 이를 대체할 수 있는 여러 과세 항목이 있다. 예를 들면 상속을 받은 사람이 그 재산을 처분할 때 얻은 이익에 대해서는 세금을 부과한다든지, 일정 규모 이상의 재산을 가진 사람들에게 부유세를 부과해 사실상 상속세를 사전에 받는다든지 하는 식이다. 하지만 무엇보다 상속세를 많이 받는 것보다 받지 않는 것이 더 낫다고 판단했기 때문이다. 상속세를 무작정 높여 놓으면 재산을 조세 피난처 등에 옮겨 놓는 식의 교묘한 방법으로 세금을 내지 않거나 아예 국적을 바꿔 버리는 일이 생긴다. 그러면 경제가 더욱 어려워진다.

충분한 사회적 합의 없이 부자 증세를 강행할 수 없는 이유도 바로 이런 사정 때문이다. 부자들이 세금을 많이 내서 모든 국민이 행복하게 살면 얼마나 아름다운가. 하지만 부자들에게 세금을 더 내라고 하면 부자들은 돈을 들고 세금이 낮은 나라로 떠나 버린다.

2012년 프랑스는 재정 적자를 줄이기 위해 연 소득 100만 유로(12억 원) 이상을 버는 부자들에게 100만 유로를 초과하는 금액에 대해서 75퍼센트의 세금을 부과하기로 결정했다. 그 전까지 최고 소득세율은 41퍼센트로, 43~50퍼센트인 다른 유럽 국가에 비해 낮았다. 1~2퍼센트에도 민감하게 반응하는 부자들에게 34퍼센트 포인트의 인상폭은 그야말로 핵폭탄이었다. 그러자 부자들이 프랑스를 떠나기 시작했다. 특히 420억 달러(46조 원)를 가진 유럽 최고 부자 베르나르 아르노 루이뷔통모에헤네시 그룹LVMH 회장이 이웃 나라 벨기에에 귀화를 신청한 사건은 상징적이었다. 벨기에의 최고 세율은

53.7퍼센트로 다른 유럽 국가와 비슷한 수준이었다. 아르노 회장은 세금 회피의 목적이 아니라고 해명했고, 대표적인 우파 인사인 아르노 회장이 좌파 정권을 압박하기 위한 움직임이라는 해석도 있지만 이 사건의 파장은 컸다.

이 사건 이후 부자들의 반발과 여론의 질타가 이어지자 프랑스 정부는 법인세 감면이라는 카드를 꺼내 들었다. 3년 동안 무려 450억 유로(55조 원)의 법인세를 깎아 주겠다는 것이었다. 부족한 세금은 부가 가치세를 올려 메우겠다고 했다. 그러자 이번에는 좌파 인사들의 거센 비판이 이어졌다. 프랑스의 부가세는 19.7퍼센트로 북유럽을 제외하면 이미 세계 최고 수준이었다. 게다가 법인세를 감면하고 부가세를 올리겠다는 것은 재정 부담을 일반 시민들에게 지우는 것이나 다름 없었다. 부자 증세가 오히려 부가세율 인상으로 이어지면서 일반 시민들의 세금 부담이 더 커지는 상황이 되어 버렸다.

프랑스 경제는 나아지는커녕 더욱 악화되었다. 세수는 오히려 줄었고 실업률은 사상 최고치를 찍었으며, 성장률은 제자리걸음이었다. 결국 프랑스 정부는 손을 들고 말았다. 2015년 부자 증세를 폐지한 것이다.

부자들에게 버는 돈의 75퍼센트를 세금으로 내라고 해도 문제가 생기고, 10퍼센트만 내라고 해도 문제가 생긴다. 노벨 경제학상 수상자들도 '부자들에게 세금을 더 걷어야 한다'와 '세금을 낮춰야 한다'로 편을 갈라 싸우고 있다. 경제학은 수학이 아니다. 경제학 속에는 사람들이 있다. 실제로 해 보기 전까지는 어떤 일이 벌어질지 아무도 모른다. 프랑스만 해도 경제가 오히려 나빠질 줄 알았으면 무리한 부자 증세를 하지 않았을 것이다.

확실한 것은 적절한 보상이 없다면 노력도 없다는 점이다. 이것은 시장 경제의 원칙이다. 그러니 상을 받는 사람을 너무 질투하지 말자. 그것을 나에 대한 자극으로 삼는다면 우리도 모두가 부러워하는 그 자리에 설 날이 올 것이다.

래퍼 곡선 laffer curve

1974년 경제학자 아서 래퍼(Arthur Laffer)가 세율과 세수의 비율을 곡선으로 설명한 비율. 그에 따르면 세율을 높인다고 해서 세수가 무조건 증가하는 것이 아니다. 오히려 적절한 수준으로 세율을 낮추면 사람들이 열심히 일할 의욕이 높아져 생산성이 증가하고 그에 따라 조세 수입이 증가할 수 있다는 가설. 주로 보수 정권에서 감세 정책을 시행할 때 근거가 된다.

모두가 안타까워하는데
전통 시장은 왜 점점
어려워질까?

12. 현시 선호 이론

은행과 회사, 모퉁이의 채소가게와 양복점,
땅콩을 파는 사람과 구두 닦는 사람들,
심지어 배우자를 찾는 사람들에게도
뿌리 깊은 경쟁 본능을 발견할 수 있다.
– 제임스 페어리

독일 남서부에 위치한 라인헤센 지역은 독일에서 가장 크고 유명한 와인 생산지다. 맑은 날보다 흐린 날이 많은 독일 대부분의 지역과는 달리 라인헤센은 독일의 온실이라는 별명답게 따뜻하고 햇볕이 잘 드는 곳이다. 동쪽으로는 라인 강과 맞닿아 있고 수많은 언덕으로 둘러싸인 이곳은 포도밭이 끝없이 펼쳐져 있다. 포도밭 한쪽에 앉아 따뜻한 햇살을 받으면 스르르 잠이 들 만큼 평화롭다. 핸드폰 진동과 자동차 소리가 끊이지 않는 분주한 도시에서는 상상도 할 수 없을 만큼 고요하고 아늑한 곳이다.

이 지역에는 작은 마을이 많다. 마을 안에는 언제 생겼는지도 모를 아주 오래된 가게들이 구석구석 자리하고 있다. 고즈넉한 건물에 구멍을 내서 만든 것처럼 작고 좁고 어둠침침한 가게들이다. 독일에 서는 이런 작은 구멍 가게를 '엠마 아줌마네 가게'라고 한다. 작다고 무시하기에는 이르다. 포도주, 야채, 과일, 빵, 제빵 재료 등이 비좁은 선반을 가득 메우고 있다. 라인헤센의 시골 마을에 사는 데 필요한 것들은 빠짐없이 구비되어 있다. 버터, 빵, 계란, 재봉 용품, 철물, 복 권, 코르크 따개, 고무장화, 아이스크림, 초콜릿케이크 등 원하는 걸 말하면 정말 엠마 아줌마처럼 보이는 주인 아주머니가 무엇이든 내 온다. 손님에게 물건을 파는 건지, 오랜 친구와 수다를 떠는 건지 구 분이 가지 않을 만큼 가게 안 풍경은 늘 정겹다. 이렇게 마을의 온갖 소식과 정보들이 이곳을 거쳐 온 마을에 퍼졌을 것이다.

안타깝게도 수백 년을 이어 온 이런 가게들이 점점 줄어들고 있다. 가장 큰 이유는 무엇보다 자동차 때문이다. 라인헤센 마을 주민들은 자동차로 30분만 가면 대형 마트가 있다는 걸 알게 되었다. 넓은 주 차장, 아이들을 태울 수 있는 쇼핑 카트, 걷는 수고마저 덜어 주는 무 빙 워크는 물론이고, 딱히 필요하진 않지만 왠지 갖고 있으면 좋을 것 같은 물건들이 산더미처럼 쌓여 있다. 빨래 건조대, 샤워 가운, 전 동 코털 제거기, 중국 난초, 몽골 체리, 인도 향초, 양면 프라이팬 등 그야말로 없는 게 없다. 심지어 독일 최대 와인 생산지라는 걸 잊었 는지 남아프리카 와인까지 진열돼 있다.

동네에 있는 '엠마 아줌마네 가게'는 전 세계에서 날아온 물건을 최저가에 파는 대형 마트와 경쟁할 수가 없다. 라인헤센 마을 주민들 은 이 사실을 안타까워한다. 마을의 역사만큼이나 오래된 정겨운 구멍가게 문화가 사라지는 게 걱정이라며 한숨을 쉰다. 그런데 어디에서 장을 보느냐고 물으면 마트라고 한다. 문 닫는 동네 가게들이 늘어나는 게 안타깝다고 하면서도 정작 쇼핑은 대형 마트에서 하는 이유는 뭘까?

경제학자는 마을 사람들의 안타까움이 진실하지 않다고 믿는다. 동네 가게가 정말 좋다면 당연히 마트에 가지 않을 것이다. 단지 입과 머리로만 하는 고백일 뿐이다. 행동이 없는 고백을 믿을 사람은 없다. 경제학자들은 이런 현상에 '현시 선호 이론theory of revealed preference'이라는 근사한 이름표를 붙였다. 한마디로 진심은 오로지 행동을 통해서만 드러난다고 주장하는 이론이다. 미국인으로서는 처음으로 노벨 경제학상을 받은 폴 새뮤얼슨이 소비자의 선택을 분석하기 위해 만들었다. 전통적인 경제학에서는 소비자들이 자신에게 가장 큰 만족을 주는 것을 소비한다고 가정했다. 소비자가 얻는 만족을 효용utility이라고 하는데, 이런 효용은 매우 주관적이기 때문에 객관적으로 측정하기가 불가능하다는 문제가 있었다. 콜라를 마셨을 때의 효용과 사이다를 마셨을 때의 효용을 객관적으로 측정하기란 불가능하다. 그래서 실제로 드러난 사실만으로 판단하자고 주장한 것이 '현시 선호 이론'이다. 다시 말해, 소비자가 합리적이고 일관된 선택을 한다는 가정 하에 비슷한 가격대의 상품 A와 B 중에서 A를 선택했다면 소비자는 A를 더 선호하는 것으로 본다. 이런 전제를 바탕으로 가격, 소득, 예산에 따라 변하는 소비자들의 선택을 설명한다.

영어에 '네 말이 맞으면 돈을 걸어라! Put your money where your mouth is' 라는 표현이 있다. 자기 말이 맞다고 바득바득 주장하다가도 '그렇게 자신 있으면 내기를 해 보자'라고 하면 꽁무니를 빼는 사람들에게 하는 말이다. 말이 아니라 행동으로 증명하라는 것이다. 동네 가게의 가치를 인정하는 사람이라면 동네 가게에서 살 수 있는 물건은 동네 가게에서 사야 한다. 그렇지 않다면 동네 가게가 모두 사라지는 것을 지켜보는 수밖에 없다. 아무리 오래된 가게라도 돈을 벌지 못하면 문을 닫아야 한다.

지갑으로 하는 말이 입으로 하는 말보다 훨씬 진실하다. 획기적인 돌파구 없이 동정과 배려를 호소한다고 해결될 문제가 아니다. 이 와중에 사람들의 발길을 돌려놓은 동네 가게들이 있다. 50년 된 구멍가게를 잡동사니 박물관으로 꾸미거나, 오래된 건물의 특성을 살려 전망 좋은 카페로 변신시키거나, 근처 와인 양조장의 와인들을 들여다가 시음도 하고 구입도 할 수 있게 바꾼 가게들은 새로운 전성기를 맞았다. 대형 마트가 절대로 따라할 수 없는 무엇인가를 찾았기 때문이다.

화려한 재기에 성공한 가게는 아주 극소수다. 시골을 떠나는 사람이 많아 인구도 줄었고, 대형 마트는 편리하고 저렴하게 쇼핑할 수 있는 새로운 서비스를 하루가 멀다 하고 쏟아내고 있다. 인터넷과 스마트폰만 있으면 굳이 멀리 나가지 않아도 된다. 무엇보다 새로운 시도를 하려면 큰돈이 필요한데 그 정도로 여유 있는 가게 주인은 많지 않다. 정부가 이들을 지원하는 정책을 마련해 두기는 했지만 턱없이 부족하다.

그렇다면 남은 방법은 하나뿐이다. 동네 가게가 사라지는 게 안타깝다면 그 가게에서 살 수 있는 물건은 그 가게에서 사야 한다. 그럼에도 대형 마트의 편리함을 포기할 수 없다면 라인헤센의 구멍가게들이 사라지는 걸 받아들여야만 한다. 그래도 너무 안타까워할 필요는 없다. 엠마 아줌마들은 떠난 사람들의 발길을 되돌려 놓을 방법을 찾을 것이다. 그리고 기발한 아이디어와 독특한 서비스로 무장한 젊은이들이 굳게 닫힌 가게 문을 다시 활짝 열 것이다.

[경제학자의 메모]

현시 선호 이론 theory of revealed preference

맥주와 피자 가운데 무엇이 나에게 더 큰 효용을 줄까? 맥주 두 잔과 피자 한 판, 혹은 맥주 한 잔과 피자 두 판 중 어떤 조합이 나에게 더 큰 만족을 가져다줄지는 정확하게 측정할 수 없다. 만약 합리적 소비자라면 주어진 자원 안에서 맥주와 피자로 얻을 수 있는 최대 효용을 선택할 것이다. 측정할 수 있는 행위를 기반으로 소비자 선호도를 도출해 내는 것이 '현시 선호 이론'이다. 1970년 미국인 최초의 노벨 경제학상 수상자 폴 새뮤얼(Paul Samuelson)이 개발한 이론으로, 효용은 주관적이기 때문에 실제로 시장에서 일어난 소비자의 구매 행위에 기초하여 소비자 선택 원리를 다뤄야 한다는 것이다.

슈퍼모델과 스포츠 스타들은
왜 그렇게 많은 돈을 받을까?

13. 브랜딩

사람들이 상표를 보고 제품을 구입하는 한 기업은
경쟁 체제에서 벗어날 수 없다. 상표는 소비자에게 자부심을 안겨 준다.
이는 대량 생산을 가능하게 하고 이익을 가져다준다.
– 필립 새리스버리

지젤 번천Gisele Bündchen, 하이디 클룸Heidi Klum, 케이트 모스Kate Moss.
이들의 공통점은? 누군가에는 양자 물리학 용어처럼 보일 수도 있
지만 패션에 관심이 있는 사람들에게는 익숙한 이름이다. 이들은 지
난 20여 년간 세계 패션계를 군림했던 톱 모델들이다. 모델로서의
전성기는 지났지만 여전히 매년 수천만 달러(수백억 원)를 벌어들이
고 있다.

지젤 번천은 독일계 브라질인으로 1999년 패션지《보그》의 표지
모델이 된 이후 톱 모델 반열에 올랐다. 2000년 수많은 톱 모델을 배
출한 속옷 브랜드 '빅토리아 시크릿'과 사상 최고액에 계약하며 화
제를 모았고, 오랫동안 간판 모델로 활동했다. 2009년에는 미국에

서 가장 인기 있는 스포츠 스타 중 한 사람인 미식축구 선수 톰 브래디와 결혼하며 다시 한 번 화제를 모았다. 번천은 슈퍼스타인 남편보다 돈을 많이 번다. 2014년 텔레비전 출연료와 광고 수입 등을 합쳐 4700만 달러(약 516억 원)를 벌었다. 모델 중에서는 압도적인 수입이다. 2006년 1500만 달러(165억 원)로 1위에 오른 이후 8년 동안 한 번도 그 자리에서 내려온 적이 없었다.

하이디 클룸과 케이트 모스도 그에 못지않다. 클룸은 1992년 독일 슈퍼모델 선발 대회에서 우승을 차지하며 화려하게 데뷔했고, 1997년 '빅토리아 시크릿' 모델로 발탁되어 2010년까지 무려 13년 동안이나 전속 모델로 활동했다. 2003년에는 약 800만 달러(88억 원)를 벌어들여 모델 수입 1위를 차지하기도 했다. 모델계에서 은퇴한 이후에도 광고 출연과 텔레비전 쇼 진행 등으로 매년 1000만 달러(110억 원) 이상의 수입을 기록하고 있다.

모델로서는 단신인 1미터 69센티미터에 불과한 케이트 모스는 1988년 뉴욕 공항에서 모델 에이전트의 눈에 띄어 모델로 발탁되었다. 깡마른 몸매, 초점 없는 눈빛, 무심한 표정이 특징인 모스는 당시 키가 크고 육감적인 몸매의 모델들과는 전혀 다른 매력으로 새로운 패션 트렌드를 이끌었다. 1993년 캘빈 클라인 광고에 등장하며 톱모델 반열에 올랐다. 샤넬, 구찌, 돌체 앤드 가바나 등 세계적인 패션 브랜드의 모델로 활동했고, 300회 이상 잡지 표지 모델로 등장했다. 깡마른 모델들의 전성기를 열었고 스키니진과 어그 부츠 등을 유행시켰다. 매년 1,000만 달러(110억 원) 가까운 수입을 올렸고, 2012년에는 920만 달러(10억 원)의 수입으로 모델 수입 2위를 차지한 바 있다. 수입은 지젤 번천이나 케이트 모스에 비해 적지만 패션 시장에 대한 영향력은 더 컸다. 2007년 시사 주간지 《타임》은 그녀를 가장 영향력 있는 인물 100인으로 뽑았다.

경제학자들이 인용할 일이 거의 없는 패션 잡지 《갈라》에 따르면 지젤 번천을 패션쇼 런웨이에 세우려면 약 5만 달러(5500만 원)를 내야 한다고 한다. 옷 몇 벌 바꿔 입고 무대 위를 왔다 갔다 하는 대가 치고는 너무 많다는 생각이 들 수도 있겠다. 그런데 하루에 13만 달러(1억 4258만 원) 이상을 버는 지젤 번천에게 5만 달러(5500만 원)는 자원 봉사 수준에 불과하다.

이들이 이렇게 돈을 많이 버는 이유가 뭘까? 도대체 누가 왜 이런 모델들에게 거액의 돈을 주는 걸까? 당연한 말이지만 슈퍼모델들이 엄청난 돈을 번다는 것은 그들이 받는 돈을 훌쩍 뛰어넘는 경제적 가치가 있다는 뜻이다. 동화 속 백마 탄 왕자님이라도 단지 아름답다는 이유만으로 거액의 돈을 주지는 않는다. 누군가는 그들을 활용하여 경제적 가치를 만들어 내고 있는 것이 분명하다. 런웨이를 왔다 갔다 하는 능력으로 엄청난 경제적 가치를 만들어 낼 수 있을까?

돈을 많이 버는 사람들의 공통점은 두 가지다. 먼저 보유한 능력이나 기술이 희소해야 한다. 누구나 할 수 있는 일, 즉 진입 장벽이 낮거나 숙련된 기술이 필요 없는 일로는 큰돈을 벌 수 없다. 그리고 그 능력이 경제적 가치로 이어져야 한다. 손 대지 않고 1초에 열 번 코를 푸는 능력은 희소가치가 있지만 그 능력을 돈벌이로 연결시키는 것은 쉽지 않다. 톱 모델들은 이런 두 가지 요소를 모두 갖추고 있을까? 그들의 특별함은 인정하지만 굳이 5만 달러(5500만 원)를 주지 않고도 카메라 앞에서 포즈를 취하거나 런웨이를 걸을 수 있는 사람은 얼마든지 있다.

그리고 개인적인 취향이겠지만 솔직히 내 눈에는 이들이 특별히 예뻐 보이지도 않는다. 지젤 번천, 케이트 모스, 하이디 클룸 못지않게 예쁘고 늘씬하면서 적당한 보수를 받고도 런웨이를 걸을 사람은 아주 많다. 다시 말해 뛰어난 미모 때문에 그렇게 많은 돈을 버는 건 아니라는 말이다. 특별한 능력도 아니고 특별한 외모도 아니면 도대체 무엇이란 말인가?

모델이라는 직업이 갖고 있는 위험성 때문일까? 모델이 되려면 지독한 운동과 훈련을 반복해야 하고, 살인적인 다이어트를 견뎌야 한다. 포트폴리오를 제작하고 인맥을 쌓는 데도 투자해야 한다. 하지만 뉴욕이나 파리, 밀라노, 런던처럼 메이저 패션계에서 활동할 수 있는 모델은 극소수다. 이 무대에 오르지 못하면 모든 투자는 물거품이 된다. 그리고 그런 투자로 모래성을 쌓느라 다른 직업을 준비할 기회를 놓치고 만다. 모델 지망생들에게 이런 위험 부담을 감수하게 하려면 그에 합당한 보상을 주어야 한다. 위험 부담이 클수록 성취했을 때 요구되는 보상도 크다. 그렇지 않다면 누가 모델을 하려 들겠는가. 늘 배고픈 상태로 있어야 하고 하루에 4~5시간씩 운동을 해야하는 일인데 보수가 적다면 아무도 모델을 하고 싶어 하지 않을 것이다. 키가 크고 팔다리가 긴 사람들을 모델의 길로 들어서도록 유혹

하기 위해 비싼 모델료를 지급하는 것일까? 그럴듯하게 들리지만 설득력이 높진 않다. 다른 직종에서도 성공하려면 투자를 해야 하기 때문이다. 어떤 업계든 톱 클래스 반열에 오르려면 고된 시간을 견뎌야 한다. 법관이 되기 위해서는 수천 페이지의 법전을 외워야 하고, 의사가 되기 위해서는 해부용 시체의 피부를 벗겨 내야 하며, 군인들은 죽음의 경계를 넘나드는 훈련 과정을 거처야 한다. 결코 모델 훈련보다 쉽다고 말할 수 없는 과정들이다.

　다른 아이디어가 필요하다. 축구 이론은 어떨까? 슈퍼모델로 활동할 수 있는 기간은 10년 정도. 나이가 들수록 모델로서의 가치가 떨어지기 때문에 돈을 벌 시간이 많지 않다. 모델 일을 하는 동안에는 은퇴 후에 다른 직업을 준비할 만한 여유가 없다. 그래서 짧은 모델 활동 기간에 많은 돈을 벌어 두어야 은퇴 이후를 대비할 수 있다. 축구 선수들도 활동 기간에 다른 직업을 준비할 여유가 없기 때문에 현역에 있을 때 최대한 많은 돈을 벌어야 한다. 앞의 이론보다는 훨씬 설득력 있어 보이지만 어마어마한 모델료를 설명하기에는 충분하지 않다.

　거액을 받는 모델은 극소수에 불과하다. 평범한 모델들은 패션쇼에 설 때는 시간당 적게는 200유로(24만 원) 많게는 1000유로(122만 원) 정도를 받는다. 시급만 보면 많이 받는 것 같지만 모델 일은 매일 아침 9시에 출근해서 6시에 퇴근하는 일이 아니다. 몇 개월 동안 일이 없을 수도 있다. 그나마 받은 돈에서 20~30퍼센트는 모델 에이전트의 몫이다. 그러니 대부분의 모델들은 평균 연봉에도 크게 못 미치는 돈을 받고 있다. 그리고 톱 모델들은 모델을 은퇴하고 나서도 수입에 큰 변화가 없거나 심지어 더 많이 버는 경우도 많다.

그렇다면 거금을 받는 소수의 슈퍼모델에만 초점을 맞춰 보자. 하이디 클룸과 지젤 번천에게는 있지만 일반적인 모델들에게는 없는 것은 뭘까? 바로 브랜드 파워다. 미모나 몸매, 훈련이나 자기 관리의 혹독함에는 별 차이가 없다. 브랜드의 차이가 수입의 차이를 만들어 낸다. 브랜드는 다시 말해 인지도와 선호도를 뜻한다. 똑같은 옷이라도 지젤 번천이 입었을 때와 무명 모델이 입었을 때의 홍보 효과는 그야말로 하늘과 땅 차이다. 그들은 모델 활동 기간에 자신의 이름을 브랜드로 만들었던 것이다.

사람들은 이들의 얼굴을 알아보고, 이들이 어떤 옷을 입는지, 어떤 화장품을 쓰는지, 어떤 음식을 먹고, 어떤 차를 타고, 어디로 여행 가는지에 대해서 지대한 관심을 갖는다. 한마디로 살아 있는 광고판이다. 우리는 돈을 주고 옷을 사 입지만 이들은 돈을 받고 옷을 입어 준다. 소비자들은 지젤 번천이 광고하는 상품을 지젤 번천의 매력으로 인식한다.

이들의 영향력을 단적으로 보여 주는 사례가 하나 있다. 2007년 '빅토리아 시크릿'과 번천의 계약이 끝난 이후 약 6개월 동안 '빅토리아 시크릿'의 모회사 '리미티드 브랜즈Limited Brands'의 주가가 30퍼센트나 하락했다. 물론 당시는 금융 위기가 터진 시점이라 번천이 주가 하락의 유일한 원인은 아니었지만 다른 종목과의 상관관계 등을 감안하면 번천과의 계약 만료가 큰 영향을 끼친 것은 명백하다.

시장은 번천이 '빅토리아 시크릿'의 매출에 차지하는 역할을 높게 평가한 것이다. 지젤 번천과 관련 있는 회사의 주가를 조사하는 '지젤 번천 지수'가 개발되기도 했다. 이쯤 되면 이들은 더 이상 패션 모델이 아니다. 패션 산업, 엔터테인먼트 산업에 영향력을 행사하는 거물이다.

이것이 바로 단지 소수의 모델만이 어마어마한 돈을 버는 까닭이다. 모델이 곧 브랜드인 경우는 흔치 않다. 하이디 클룸은 은퇴 이후 텔레비전 진행자로 나서 모델 일을 할 때보다 돈을 더 많이 벌고 있다. 클룸이 진행한다는 이유만으로 수백만 시청자를 확보할 수 있기 때문이다. 그리고 그것은 고스란히 광고 수입으로 이어진다. 방송국 입장에서는 클룸에게 주는 돈이 아깝지 않을 것이다. 케이트 모스 역시 상습 마약 복용 파문으로 모델 활동이 중단될 위기에 처했을 때도 여전히 돈을 많이 벌었다. 버진 북스와 자서전 계약을 하면서 약 100

[경제학자의 메모]

브랜드 brand와 브랜딩 branding

브랜드는 가축에 낙인을 찍어 주인을 표시하던 것에서 유래했다. 많은 경쟁자 사이에서 특별함과 차별성을 부여하는 행위를 브랜딩이라고 한다. 마케팅 석학 필립 코틀러(Philip Kotler)는 브랜드를 '제품이나 서비스를 드러내면서 타사의 제품이나 서비스와 차별화하기 위해 만든 명칭, 용어, 표지, 심벌 또는 디자인이나 그 전체를 배합한 것'으로 정의한다. 과거에는 브랜드가 단순히 제품의 성격이나 특징을 쉽게 전달하여 매출을 증대시키는 역할을 했다. 그런데 제품의 성격이나 품질이 엇비슷한 최근에는 브랜드가 사회적·문화적 측면으로 확대된 하나의 상징 체계가 되었다. 그렇기 때문에 브랜딩을 어떻게 하느냐에 따라 사업의 성공 여부가 결정되기도 한다.

만 파운드(16억 5000만 원)를 선인세로 받았다. 현재는 디자이너로도 활동하며 자신의 브랜드 파워를 이용하고 있다.

마이클 조든, 데이비드 베컴, 타이거 우즈 같은 스포츠 스타가 엄청난 돈을 버는 것도 같은 원리다. 이들은 수많은 기록을 세우며 해당 종목의 역사에 이름을 남겼다. 그리고 자신의 이름, 존재 자체를 브랜드로 만들었다. 그래서 기량이 떨어져도, 추잡한 구설수에 휘말려도, 은퇴를 해도 여전히 많은 돈을 번다. 미국 프로 농구의 역사를 다시 쓴 마이클 조든은 2003년 은퇴했지만 그의 이름을 딴 농구화는 여전히 불티나게 팔리고 있다. 신제품이 출시되었을 때 먼저 사려고 다투던 사람들끼리 총기 사고가 나기도 했다. 타이거 우즈 역시 문란한 사생활이 알려지면서 모든 스폰서가 끊기고 기량마저 하락해 평범한 선수가 되었지만 그의 이름을 딴 용품 판매로 여전히 5000만 달러(550억 원) 이상의 수입을 올리고 있다.

사람들은 톱 모델이나 스포츠 스타가 광고하고 사용하는 제품을 구입할 때 단순히 그 제품만을 구입하는 게 아니다. 그들이 사용하는 화장품, 옷, 신발, 샴푸, 음료수 등을 구입하면서 그들처럼 될 수 있다는 환상, 그들과 하나가 되었다는 동질감, 그들의 업적과 라이프스타일을 공유하는 듯한 느낌을 갖는다. 기업들이 슈퍼스타들에게 거액의 돈을 주는 이유가 바로 이 때문이다.

업계의 판도를 바꿀 만한 브랜드 가치를 지닌 스타는 그렇게 많지 않다. 그런 브랜드 가치를 갖기 위해서는 압도적인 실력과 업적은 필수다. 하지만 압도적인 실력과 업적이 있어도 대중들이 기꺼이 지갑을 여는 브랜드가 되지 못하는 경우도 많다. 행운과 외모, 시장 환경 같은 조건도 맞아야 한다. 이렇듯 최고의 브랜드 가치를 지닌 스타가 탄생하기란 로또 당첨보다 더 어렵다. 그만큼 희귀하기에 그들이 세상의 모든 돈을 쓸어 담고 있는 건지도 모른다.

어느 가게나
비슷한 물건 값의 비밀

14. 의식적 병행 행위

자유 시장 경제의 가장 큰 장점은 참여자들이
시장의 만족을 얻기 위해 끊임없이 노력해야 한다는 것이다.
이것이 손익 시스템이다. 이 때문에 기존 참여자들은
새로운 경쟁자의 진입을 차단하려고 한다.
하지만 경쟁을 차단하면 자유 시장 경제는 망가진다.

– 밀턴 프리드먼

기독교를 믿는 나라에서 크리스마스만큼 중요한 명절이 있을까?
12월 25일을 아기 예수가 태어난 날로 기념하고 있지만 사실 예수의
생일을 정확히 아는 사람은 아무도 없다. 그런데 왜 하필 12월 25일
을 크리스마스로 정했을까? 크리스마스는 고대 로마의 축제에서 시
작됐다는 설이 가장 유력하다. 당시 농사짓는 사람들은 추수가 끝나
고 봄이 올 때까지 할 일이 별로 없었다. 그래서 고대 로마에서는 12
월 중순부터 약 20일 동안 풍년을 기원하며 농사의 신 사투르누스를
숭배하는 축제를 열었다. 특히 12월 25일은 1년 중 밤이 가장 긴 날
바로 다음 날이었다. 모든 생명을 부활시키는 새로운 태양이 떠오르
는 특별한 날이었다. 이날만큼은 연령이나 성별, 계급을 막론하고 모

두가 함께 연회나 행진에 참여했다. 심지어 노예들도 자유롭게 축제를 즐겼다.

4세기 즈음 교황 율리우스 1세는 이날을 기독교의 축일로 정했고 유럽을 지배했던 로마인들에 의해 유럽 전역으로 퍼졌다. 12세기 무렵에는 모든 유럽에서 가장 중요한 기념일이 되었다. 각 지역의 전통적인 풍습들이 유입되면서 크리스마스를 상징하는 특별한 의식들이 생겨났다. 산타클로스, 크리스마스트리, 크리스마스 선물과 카드, 캐럴 등은 대표적인 크리스마스 풍습들이다.

나라마다 독특한 크리스마스 문화도 많다. 프랑스에서는 뷔슈 드 노엘이라는 통나무 모양의 빵을 만들어 먹는가 하면, 러시아에서는 크리스마스이브에 금식을 한다. 영국에서는 말린 과일과 견과류로 속을 채운 민스파이를 먹고, 아일랜드에서는 집 안 모든 창문에 촛불을 켜고 창문을 열어 둔다. 호주에서는 반바지 차림의 산타가 썰매 대신 요트를 타고 선물을 나눠 준다. 스페인에서는 크리스마스 시즌에만 발행하는 '엘 고르도'라는 복권으로 온 나라가 들썩인다.

독일에도 독특한 크리스마스 문화가 있다. 우선 크리스마스 시즌에만 먹는 슈톨렌과 렙쿠헨이라는 빵이 있다. 슈톨렌은 이스트로 발효시킨 밀가루에 럼주에 절인 과일과 견과류 등을 섞어 곱게 빻은 설탕가루를 뿌린 빵이다. 독일 동부의 드레스덴이라는 도시는 매년 크리스마스 시즌에 길이 60미터, 무게 4톤이 넘는 초대형 슈톨렌을 만드는 것으로 유명하다. 렙쿠헨은 아몬드, 계피, 말린 과일, 초콜릿 등으로 만든 바삭한 쿠키다. 달콤하고 바삭해서 슈톨렌보다 렙쿠헨을 좋아하는 사람이 더 많다.

무엇보다 독일의 크리스마스 문화로 유명한 것은 크리스마스 시장Weihnachtsmarkt이다. 독일의 크리스마스 시장은 14세기부터 이어져 온 오래된 전통으로 크리스마스 기간에 앞서 상인들이 대성당이나 광장에 모여 크리스마스 용품을 비롯해 각종 물건을 팔던 것에서 유래했다. 매년 11월 말부터 크리스마스이브까지 약 한 달 동안 독일의 웬만한 도시에서는 거대한 시장이 열린다. 길게 늘어선 상점에서 크리스마스 장식품, 인형, 액세서리, 공예품 등을 판다. 초대형 크리스마스트리, 회전목마와 관람차, 각종 공연 등 볼거리도 풍성해 도시 전체가 축제 분위기로 들썩인다. 인구가 50만 명인 뉘른베르크의 크리스마스 시장에는 200만 명의 관광객이 몰릴 정도다.

느긋한 마음으로 크리스마스 시장을 구경하는 일은 1년 중 가장 큰 행복이다. 여기가 아니면 살 수 없는 아기자기한 물건들도 물건들이지만 음식을 빼놓고는 크리스마스 시장이라고 할 수 없다. 그릴에서 노릇노릇 구워 낸 소시지, 즉석에서 튀겨 주는 감자튀김, 고기와 채소의 궁합이 일품인 꼬치구이, 달콤한 과자와 빵 등 뭘 먹을지 결정하는 일이 대학원 졸업 논문 쓰는 것보다 어렵다.

어떤 음식을 고르든 빼놓지 않고 먹는 게 하나 있다. '글뤼바인'이라고 하는 데운 와인이다. 여러 가지 과일과 계피, 설탕을 넣고 따뜻하게 데운 와인으로, 프랑스에서는 뱅쇼, 이탈리아에서는 비노칼로라고 한다. 병으로 팔기도 하지만 그 자리에서 따끈할 때 먹어야 제맛이다. 주문을 하면 하얀 김이 몽실몽실 피어오르는 글뤼바인을 국자로 퍼서 머그잔이나 컵에 담아 준다. 그런데 가게마다 담아 주는 컵 모양이 다르다. 가게마다 독특한 모양의 컵을 특별 제작해서 쓰기 때문이다. 그래서 나는 내 마음에 드는 잔에다 담아 주는 가게에서 글뤼바인을 시킨다.

마음에 드는 잔에다 담아 주는 글뤼바인 가게를 찾아다니다가 재미있는 사실을 하나 발견했다. 가게마다 컵 모양이 다르듯이 서비스 방식도 다르다. 레몬이나 사과를 넣어 주는 집도 있고, 쿠키를 함께 주는 집도 있고, 아무것도 안 주는 집도 있다. 모든 것이 다른데 희한하게도 가격만큼은 어느 가게나 똑같다. 2.5유로(3000원)!

사실 글뤼바인 값은 2.5유로(3000원)지만 5유로(6000원)가 필요하다. 컵 보증금 2.5유로(3000원)가 추가되기 때문이다. 물론 이 금액은 컵을 반납하면 돌려받을 수 있다. 컵 모양은 제각각이지만 보증금은 역시 어느 가게나 똑같다. 내가 기억하는 한 가게마다 다른 가격의 글뤼바인을 판 적은 한 번도 없었다. 과거에도 그랬고, 앞으로도 그럴 것이다. 심지어 여름 축제 때 파는 차가운 음료수 가격도 가게마다 똑같다. 판매 가격을 법으로 정해 놓은 것도 아닌데 왜 가게마다 가격이 같을까?

글뤼바인 상인의 입장에서 생각해 보자. 혹시 글뤼바인을 같은 도매상에서 떼어 오는 게 아닐까? 다시 말해, 글뤼바인 생산 가격이 같다는 것이다. 동일한 원료를 동일한 가격에 사 왔다면 가게가 판매 가격을 마음대로 붙이기가 어려워진다. 만약 어떤 가게가 다른 데보다 비싸게 팔면 손님들은 그 가게에서 사지 않는다. 맛도 비슷하고 가게도 많은데 굳이 비싼 돈을 낼 필요가 없기 때문이다. 결국 비싸게 파는 집은 크리스마스 시장에서 사라지고 만다.

경제학자들은 이런 상황을 '완전 경쟁perfect competition'이라고 한다. 완전 경쟁이 이뤄지는 시장에서는 완전히 똑같은 상품을 파는 매우 많은 판매자가 존재한다. 그리고 시장과 상품에 대한 정보를 모두 알고 있는 매우 많은 소비자가 존재한다. 판매자도 많고 소비자도 많아서 어느 누군가 막대한 자본을 투입해 시장을 통제하거나 할 수가 없다. 게다가 상품도 똑같고 가격 정보도 모두 공개되어 있기 때문에 소비자들이 상품을 선택하는 기준은 오로지 가격뿐이다. 조금이라도 비싸게 파는 곳은 경쟁이 불가능하다. 그래서 판매자들은 최소한의 이윤을 붙여서 모두 같은 가격에 팔 수밖에 없다. 이것이 완전 경쟁 시장이다.

그런데 이 설명은 허술해 보인다. 우선 모든 판매자가 똑같은 상품을 파는 게 가능할까? 맥도날드 햄버거만 해도 매장마다 나라마다 맛이 조금씩 다르다. 그리고 모든 소비자가 판매자와 상품에 대한 정보를 모두 알 수도 없다. 완전 경쟁이 가능한 시장은 현실적으로 존재할 수가 없다. 크리스마스 시장 역시 완전 경쟁이 가능한 시장이 아니다. 우선 글뤼바인이 가게마다 다르다. 담아 주는 컵도 다르다. 그리고 글뤼바인 한 잔을 사려고 시장의 모든 글뤼바인 가게를 돌아다닐 소비자도 없다. 무엇보다 완전 경쟁이라고 하기에는 글뤼바인 가게가 충분히 많지 않다.

그런데 글뤼바인 가게가 충분히 많지 않다는 사실이 글뤼바인 가격의 미스터리를 풀어 줄 새로운 실마리가 될 수는 있다. 바로 담합이다. 소수의 판매자가 시장을 장악하고 수요의 대부분을 공급하는 시장 형태를 경제학 교과서에서는 '과점oligopoly'이라고 한다. 그리고 소수의 판매자들이 가격이나 서비스 수준을 서로 협의하여 조절하는 행위를 '담합'이라고 한다.

크리스마스 시장에 글뤼바인 가게는 많아 봐야 10~20개다. 판매자가 아주 많지 않기 때문에 마음만 먹으면 시장이 열리기 전에 얼마든지 가격을 협의할 수 있다. 만약 글뤼바인 가게가 10만 개 정도 있다고 하면 가격 담합이 사실상 불가능하다. 한자리에 모일 공간도 없을뿐더러 몇몇 업체가 담합을 해도 그 담합에 참여하지 않은 업체가 훨씬 많기 때문에 시장에 어떤 영향력도 행사할 수 없다. 판매자끼리 가격을 정했다는 것은 곧 소비자에게 불리하다는 뜻이다. 판매자들이 저렴하게 팔기 위해서 담합을 하지는 않는다. 그들이 만족하는 가격은 소비자에게는 너무 비싸다.

자본주의 국가 거의 대부분은 경제 체제를 위협하고 소비자에게 막대한 피해를 주는 기업의 담합 행위를 엄격히 금지한다. 경쟁을 통한 성장을 추구하는 독일은 특히 담합 행위를 엄격하게 다룬다. 담합이 적발되면 그동안 담합으로 얻은 모든 이익과 담합 행위에 대한 대가로 엄청난 과징금을 매긴다. 2014년 독일의 주요 소시지 업체 21개 사의 담합이 적발되었을 때 무려 3억 3800만 유로(4127억 원)의 과징금을 물렸다.

그러나 담합 행위를 금지하는 데 어려운 점이 있다. 판매자들의 담합 행위에 대한 의혹이 있어도 그것을 입증하는 게 쉽지가 않다. 단순히 가격만 담합을 하는 게 아니라 생산량 조절, 점유율 협의 등 교묘한 방법으로 단속의 눈길을 피하기 때문이다. 그래서 담합 행위를 적발하는 데는 시간도 오래 걸리고, 운도 따라 줘야 한다. 주로 관련자들의 실언, 통화 기록, 이메일 유출, 내부자 고발, 때로는 관련자 아내의 실수로 담합 사실이 드러난다.

한번은 이런 일이 있었다. 독일 항공사들이 항공권 가격을 담합했다는 의혹이 있어 조사를 진행했으나 항공사들은 그 사실을 극구 부인했다. 그런데 어느 항공사 대표가 손님들이 방문했을 때 스피커 폰으로 이런 대화를 하고 있었다.

"공정 거래 위원회가 냄새를 맡은 것 같아. 가격을 다시 정해야 할 것 같아. 너무 티 나지 않게 하자고."

문제는 그 손님들이 예정보다 일찍 도착한 담합 행위 조사관들이었다는 점이다. 항공사 대표는 회사 직원들과의 미팅과 담합 행위 조사관들의 스케줄이 바뀐 걸 까맣게 잊어버리고 있었던 것이다. 하지만 이런 일이 자주 일어나지는 않는다. 기업의 담합 행위를 증명하는 일은 실패로 끝날 때가 많다.

어떻게 하면 좀 더 효과적으로 담합 행위를 잡아낼 수 있을까? 그래서 생각해 낸 방법이 자진 신고자 감면 제도leniency policy다. 담합 행위를 자진 신고할 경우 과징금의 일부 혹은 전부를 감면해 주는 제도다. 2014년 독일의 주요 맥주 회사들이 맥주 가격을 100리터당 5~7유로(6000~8500원)씩 인상하기로 담합한 사실이 적발되어 1억 600

만 유로(1294억 원)의 과징금을 부과 받았다. 그런데 버드와이저, 코로나, 벡스, 호가든 등 200여 개의 브랜드를 가진 세계 최대 맥주 회사 안호이저부시 인베브는 이 담합을 주도한 업체임에도 과징금을 면제 받았다. 맥주 회사들의 담합 행위를 관계 당국에 가장 먼저 고발했기 때문이다.

자진 신고자 감면 제도를 악용하여 이익만 챙기고 처벌은 피하는 미꾸라지 같은 기업도 많다. 정보력이 강한 시장 주도적 기업들이 특히 더 그렇다. 담합을 주도하여 가장 큰 이익을 챙기고 관계 당국의 조사가 진행되면 담합 행위를 신고해 처벌을 피한다. 이처럼 자진 신고자 감면 제도는 허점이 있음에도 담합을 억제하고 적발하는 효과가 더 크기 때문에 여전히 여러 나라에서 유지되고 있다.

다시 글뤼바인 가게로 돌아가 보자. 글뤼바인 가격이 똑같다고 해서 그것이 담합 행위라고 단정할 수 있을까? 미안하지만 가격이 같다는 것만으로는 담합을 입증할 수 없다. 판매자들은 아마도 완전 경쟁을 주장할 것이다. 글뤼바인 판매 경쟁이 너무 심해서 어쩔 수 없이 다른 가게와 같은 가격을 매겼다고 억울해할 것이다. 가게마다 가격이 같은 이유는 담합 때문이 아니라 경쟁 압박의 결과물이라는 것이다. 충분히 납득할 만한 해명이다.

앞서도 말했듯이 글뤼바인 시장은 판매자가 소수이기 때문에 완전 경쟁은 아니다. 완전 경쟁이 아니어도 가격이 같아질 수는 있다. 굳이 한자리에 모여 담합을 할 필요가 없기 때문이다. 경제학자들은 이를 '의식적 병행 행위conscious parallelism'라는 개념으로 설명한다.

간단하게 설명하면 이렇다. 판매자가 소수라면 그들은 서로의 행동을 쉽게 관찰할 수 있다. A가게가 경쟁 가게보다 돈을 더 벌어 보려고 은근슬쩍 글뤼바인 가격을 내렸다. 그러자 가게에 사람이 몰리면서 판매량이 크게 늘었다. B가게의 판매량은 눈에 띄게 줄었다. 이를 이상하게 여긴 B가게 주인이 사람이 많이 몰리는 A가게에 갔다가 가격을 내렸다는 사실을 알아챘다. 그래서 B가게도 가격을 내렸다. 판매량은 예전 수준을 회복하겠지만, 가격을 내렸기 때문에 이익은 오히려 줄어든다.

가격을 먼저 내린 A가게 역시 B가게가 가격을 내렸다는 것을 금세 알게 된다. 일시적으로 늘었던 판매량이 예전 수준으로 돌아갔기 때문이다. A가게는 가격을 낮춘 직후에는 손님이 몰리면서 어느 정도 이익을 봤다. 하지만 B가게가 가격을 인하하면서 A가게도 가격을 내리기 전보다 이익이 줄어들었다.

그들은 가격으로 경쟁하면 결과적으로 모두가 손해라는 걸 알아차린다. 그래서 직접 만나지는 않더라도 암묵적으로 서로에게 피해를 주는 공격적 경쟁을 하지 않기로 한다. 이런 암묵적 동의가 가격을 올리는 결과를 낳을 수도 있다. A가게가 B가게가 따라 하기를 바라면서 가격을 올린다. 그러면 두 가게가 더 많은 돈을 벌 수 있기 때문이다.

이런 의식적 병행 행위에는 반드시 피해자가 생기기 마련이다. 나처럼 크리스마스 시장에서 마시는 글뤼바인에 행복을 느끼는 사람, 추위에 떠는 크리스마스 시장 방문자, 바로 소비자다. 글뤼바인 가게가 많지 않기 때문에 그들이 의식적으로 가격을 올리면 어쩔 수 없이 더 비싼 가격에 글뤼바인을 마셔야 한다.

이 문제를 해결하는 방법은 없을까? 문제의 뿌리를 자르면 된다. 문제의 뿌리는 바로 크리스마스 시장에 글뤼바인 가게가 너무 적다는 점이다. 그래서 선량한 크리스마스 시장 손님들이 비싼 글뤼바인을 마실 수밖에 없다. 여기서 경쟁에 관한 교훈 하나를 얻는다. 증명하기 어려운 담합 행위를 적발하기 위해 애쓰는 것보다 더 많은 경쟁을 유도하는 편이 낫다는 것이다. 글뤼바인 가게가 충분히 많아지면 시장 손님들은 저렴하고 맛있는 글뤼바인을 마실 수 있다.

[경제학자의 메모]

리니언시 제도 leniency policy

가격을 담합한 기업들이 자진해서 담합 행위를 신고하면 과징금을 감면 또는 면제해 주는 제도. 자진 신고자 감면 제도라고도 한다. 자진 신고를 유도해 담합에 대한 불안정성을 강화시키는 제도. 1978년 미국에서 처음 시행됐다. 담합 행위의 이익을 챙기고 나머지 기업들을 신고하여 과징금을 면제 받는 암체 기업들이 있어 실효성에 대한 의문이 제기되기도 했다. 하지만 담합 행위를 예방하는 효과가 더 크기 때문에 약점을 보완하는 방식으로 계속 시행되고 있다.

치열한 가격 경쟁에서
살아남으려면

경쟁은 소비자 보호의 기본일 뿐만 아니라 발전을 장려하는 방법이다.
-허버트 후버

"할인 판매는 없어져야 합니다!"

어떤 상인이 라디오에 나와서 흥분한 목소리로 말했다.

당시는 전자 제품 판매점 새턴이 '욕심은 아름답다'라는 광고를 모든 신문과 텔레비전에 도배하다시피 내보낼 때였다. 파격적인 할인 판매를 내세우는 새턴은 독일에만 150여 개 매장을 운영하는 유럽 최대의 전자 제품 판매점으로 이 광고 문구를 2002년부터 무려 10년 동안 사용했다. 새턴의 광고가 성공을 거두자 전자 제품뿐만 아니라 유통 업계 전반에 할인 판매가 유행처럼 번졌다. 라디오에 나온 그 상인은 이런 할인 판매 트렌드를 비판했던 것이다.

그 상인의 주장은 이렇다. 과도한 할인 경쟁 때문에 품질과 서비스가 형편없어졌고 가격 경쟁에서 유리한 대형 업체들만 이득을 보니 소규모 상공인들이 경제적으로 큰 어려움을 겪게 된다는 것이다. 이런 양극화 현상이 이어지면 소비가 줄고 경제가 원활하게 돌아가지 않아 경기 침체를 불러올 것이고 결국 소비자들이 큰 피해를 보게 될 것이라고 했다. 그 상인의 주장을 믿어야 할까?

경제학자라면 그의 주장을 간단하게 반박할 수 있다.

만약 소비자를 구두쇠라고 비난하려면 먼저 두 가지 조건이 맞아야 한다. 첫째, 소비자들의 주머니 사정을 해결해 줘야 한다. 모든 소비자가 사고 싶은 것을 모두 살 수 있을 만큼 돈을 충분히 가졌다는 전제 하에서만 가격에 민감하게 반응하는 소비자들을 비판할 수 있다. 하지만 소비자들이 버는 돈은 한정되어 있고 돈 나갈 일은 너무 많다. 그러니 싸게 파는 물건에 지갑을 여는 건 당연한 일이다. 물론 소비자들이 모두 부자라면 품질보다 가격에 민감하게 반응하는 소비자들을 욕하던 상인들 역시 경제적으로 충분히 여유로울 것이기 때문에 소비자들이 어떤 선택을 하든 신경 쓰지 않을 것이다.

둘째, 가격이 싼 물건은 예외 없이 품질도 형편없다는 사실을 증명해야 한다. 싼 물건이 품질도 나쁘다는 주장은 결국 소비자들을 무시하는 것으로 해석될 수도 있다. 가격과 품질의 상관관계를 모른다는 전제를 깔고 있기 때문이다. 그런데 소비자들은 그렇게 멍청하지 않다. 아무리 가격이 싸도 제 기능을 할 수 없을 만큼 품질이 형편없다면 절대로 지갑을 열지 않는다. 그것이야말로 돈 낭비이기 때문이다. 굴러가지 않는 자동차, 시원하지 않은 에어컨, 썩은 양파는 아무리

싸게 팔아 봤자 살 사람이 없다.

소비자들이 할인 판매에 집착할수록 상품의 품질과 서비스는 떨어지고, 소규모 상공인들의 살길이 막막해지고, 경제가 엉망이 된다는 주장으로는 생활비를 아껴야 하는 소비자들을 막을 수 없다. 명품을 사든, 이월 상품을 사든, 혹은 대형 할인점에 가든, 시장에 가든 모든 것은 전적으로 소비자가 결정할 일이다.

할인 판매 문화와 치열한 가격 경쟁을 싫어하는 사람들은 주로 생산자와 판매자들이다. 소비자가 할인을 많이 해 주는 온라인 쇼핑몰이나 대형 매장에서만 물건을 산다면 동네 슈퍼마켓은 어려워진다. 소비자들의 발걸음을 되돌리려면 대형 업체가 하듯이 최저가를 약속하고, 사은품을 준비하고, 미끼 상품을 만들고, 특별한 묶음 상품을 기획해야만 한다. 하지만 소규모 업체들은 이런 식의 판촉 활동을 하려면 이익의 상당 부분을 포기해야 한다. 판매자에게 할인 판매를 직접적으로 강요하는 사람은 없지만 경쟁에서 살아남으려면 가격을 내려야만 한다. 이런 경쟁에서 혜택을 누리는 사람은 소비자들이다.

당연히 판매자들은 이런 경쟁을 좋아하지 않는다. 그래서 할인 경쟁이 장기적으로 볼 때 소비자들에게도 나쁘다고 하는 것이다. 그들의 말대로라면 할인 경쟁이 계속되면 자금력이 막강한 업체만이 남게 되고 나머지 대다수 업체들은 문을 닫고 만다. 그때부터는 살아남은 소수의 업체가 가격을 마음대로 올릴 수 있다. 과연 이렇게 될까?

우선, 독과점으로 소비자가 피해를 입을 상황이 일어날 가능성은 거의 없다. 오히려 할인을 금지하거나 제한함으로써 소비자들이 당하는 피해가 더 클 것이다. 소수의 업체가 장악한 시장의 위험성을 부정할 수는 없지만 그렇다고 그들 마음대로 가격을 조절하기란 불가능하다. 대다수의 정부가 독과점 업체의 가격 담합을 철저하게 감시하고 있기 때문이다. 독과점 폐해를 막으려면 감시 기관을 압박하는 것이 정치적으로도 경제적으로도 올바른 길이다.

둘째, 독과점 상품은 시장에서 아주 비싸고 구하기 어려울 때만 착취가 가능하다. 그러나 어떤 판매자가 모든 경쟁자를 물리친 후 가격을 올려 떼돈을 벌면 새로운 경쟁자가 금방 나타나게 되어 있다. 이런 잠재적 경쟁 때문에 설령 시장을 지배하게 되었다고 해도 함부로 가격을 올릴 수가 없다. 그러니 그들이 우려하는 사태가 일어날 확률은 거의 없다.

[경제학자의 메모]

독과점 monopoly and oligopoly

독과점이란 시장에서 경쟁자가 거의 없거나 소수의 기업이 시장을 점유하고 있는 상태를 뜻한다. 일반적으로 독점일 경우에는 기업이 의도적으로 가격을 높게 책정하고 불공정한 영업 정책을 펴는 등 시장을 악의적으로 왜곡할 우려가 크다. 일반적으로 자본주의 체제 국가는 독점, 과점, 담합 행위 등 공정한 거래를 저해하는 사업 행위를 엄격하게 통제한다.

독점과 관련해 가장 상징적인 사건은 1994년 미국 독점 금지국이 마이크로소프트사를 상대로 제기한 독점 금지법 위반 소송이다. 개인용 컴퓨터 운영 체제 시장의 90퍼센트를 점유한 윈도 운영 체제에 익스플로러를 강제로 끼워 팔았다는 이유로 독점 금지법 위반에 관련한 소송이 제기되어 거대 회사가 강제 분할될 위기를 맞기도 했다. 우여곡절 끝에 윈도 시스템 정보를 일부 공개하는 선에서 타협하여 분할 위기를 면했다.

공정한 경쟁을 위해서 가격 할인을 없애자는 말은 농구 경기에 키가 똑같은 선수만 투입하자는 말과 같다. 그러므로 경쟁에서 이기려면 가격이 아닌 새로운 비교 우위를 찾아야 한다. 앞으로도 소비자는 할인과 땡처리에 환호할 것이다. 그리고 장담하건대 할인 판매를 금지하자고 주장했던 사람들 대부분을 할인 매장에서 다시 만나게 될 것이다.

앞으로 일어날 일을
미리 알아내는 법

16. 사후 판단

우리는 그 일이 일어날 것이라는 사실을 모르기 때문이 아니라,
그런 일이 일어나지 않을 것이라는 막연한 믿음 때문에 위험에 처하게 된다.
– 마크 트웨인

국가 대표 팀의 축구 경기가 끝나면 모든 국민이 축구 전문가가 된
다. 다 이긴 경기에서 막판에 연속 골을 허용하고 역전을 당한 경기
가 있었다고 해 보자. 모든 국민이 공격수를 교체하고 포메이션을 바
꾼 감독을 비난한다. 감독이 애초에 선수 선발을 잘못했다고 말하는
이도 있고, 하는 것도 없이 연봉만 축낸다고 화내는 이도 있다. 결국
에는 감독이 당장 물러나야 한다고 흥분한다. 누굴 앉혀도 그 감독보
다 낫겠다면서 말이다.

온 국민이 전문가가 될 때가 또 있다. 주가나 부동산이 곤두박질
칠 때 혹은 어떤 기업의 상품이 대박을 칠 때 모든 국민이 투자 전문
가 혹은 기업 전문가로 변신한다. 부동산 경기가 나빠질 것은 누가

봐도 뻔했고, 주가 지수가 반토막 나는 것은 시간문제였고 연비 좋은 경차가 대세가 될 것이라는 사실도 다 알고 있었다. 투자 전문가와 기업가들이 왜 이렇게 분명한 것을 모르는지 이해할 수가 없다고 생각한다.

그런데 그런 것들을 예상하는 게 말처럼 쉬운 일일까? 이것과 관련해 경제학자들은 사전 판단과 사후 판단이라는 개념을 사용한다. 사전 판단은 말 그대로 어떤 일이 일어나기에 앞서 판단하는 것이고, 사후 판단은 어떤 일이 일어난 다음에 판단한다는 뜻이다. 다른 사람의 결정을 평가할 때는 언제나 이 둘을 구별해야 한다.

몇 십 년에 한 번 있을까 말까 한 주식 폭락 이후에는 모든 매체, 모든 전문가가 주식 투자에 유의하라고 경고한다. 은행에 적금을 넣은 사람이 주식에 투자한 사람보다 돈을 더 많이 벌었다면서 지난 몇 년간의 통계를 제시한다. 이것이 사후 판단의 고전적 사례다. 틀린 말은 아니지만 공정하진 않다. 사전 판단으로 보면 사정이 달라지기 때문이다. 주식에 투자한 사람들은 시중 금리보다 높은 배당률, 기업의 성장성, 경기 회복 가능성이라는 기회를 보고 판단한 것이다. 다만, 최근 시세가 하락하면서 결과적으로 기회가 리스크로 변했다.

축구 감독도 이와 비슷하다. 앞서고 있는 상황에서 최전방 공격수를 수비형 미드필더로 교체해 수비를 강화하는 쪽을 선택한 것은 타당하다. 그런데 축구 경기에는 늘 변수가 작용하기 때문에 감독의 계산과는 달리 추가 시간에 역전 골을 허용할 수도 있다.

축구 중계 해설가들이 감독으로 발탁되어 팀을 지휘할 때가 있다.

해설할 때는 모든 것을 다 알고 있는 것처럼 말하는 그들도 정작 팀을 맡아서는 헤매는 경우가 많다. 사후 판단으로 어떤 사람의 오류를 지적할 때는 결정을 내리던 그 순간의 조건을 따져 봐야 한다. 지금 보기에 명확한 결과가 결정을 내릴 당시에도 예상 가능했는지, 다른 대안은 없었는지를 고려해야 공정하다.

2007년 말에 터졌던 미국 부동산 위기를 생각해 보자. 사태가 진정된 이후에 모든 사람이 이 사태를 사전에 충분히 예상할 수 있었다고 말했다. 그런데 어째서 그렇게 많은 사람이 속수무책으로 당했을까? 세계 최고의 전문가들이 모여 있다는 미국 금융 당국과 월스트리트는 왜 사전에 아무런 조치도 취하지 못했던 걸까? 충분히 예상할 수 있었다면 막을 수도 있었을 텐데 말이다.

1931년 미국의 보험사 직원이었던 허버트 하인리히는 수많은 산업 재해 사례를 분석한 끝에 중상자가 1명 나오는 사고가 일어나기 전에 같은 원인으로 경상자가 29명이 발생하고, 역시 같은 원인으로 부상을 당할 뻔한 사람이 300여 명이 있었다는 것을 밝혀냈다. 이를 '하인리히 법칙'이라고 한다. 큰 사고가 일어나기 전에는 반드시 그 사고를 짐작할 수 있는 수많은 전조가 있다는 뜻이다. 하지만 하인리히 법칙 역시 사후 판단으로 지난 일에 대한 통계일 뿐이라는 허점이 있다. 현실에서 어떤 일이 벌어졌을 때 그것이 큰 사고의 징조인지 아니면 우연히 일어난 개별적인 사건인지를 구분하기란 쉽지 않다.

우리가 정말 전문가인지 직접 확인할 수 있는 간단한 실험이 있다. 주식 시세, 신형 자동차 판매량, 영화 흥행 성적, 인기 가요 순위, 텔레비전 프로그램 시청률, 스포츠 팀의 승패를 예측하면서 그렇게 예측한 이유를 간단히 기록해 보라. 그리고 결과가 나왔을 때 적어 둔 것을 다시 읽어 보라. 전문가의 길이 결코 쉽지 않다는 사실을 깨닫게 될 것이다. 그만큼 우리는 사전 사후 판단 오류에 취약하다.

이미 일어난 일에 대해서는 누구나 쉽게 말할 수 있다. 경기에 진 축구 감독, 돈을 날린 투자 전문가, 아무도 사지 않는 상품을 만든 기업가들이 멍청해 보인다. 하지만 이런 판단은 공정하지 않다. 그들도 어제오늘의 결과를 알았다면 틀림없이 다른 결정을 내렸을 것이다.

경제 생활에서 경쟁이 필요한 까닭이 바로 여기에 있다. 어떤 결정, 전략, 캠페인이 어떤 결과를 가져올지 해 보기도 전에 100퍼센트 아는 사람은 없다. 과감하게 행동하고 도전하는 사람들 중 대다수는 실패하고, 일부는 성공을 거둔다. 스트라이커를 교체한 수많은 축구 감독 중에서, 어떤 주식에 거액을 투자한 수많은 투자자 중에서 몇 명만이 선택에 대한 보상을 받는다. 그리고 결과를 알기 전에 도전한 수많은 사람의 실패 덕분에 우리는 어떤 문제에 대한 최고의 해결책이 무엇인지 배울 수 있다.

경쟁과 보상은 우리를 부자로 만드는 해결책이자 전략이다. 경쟁과 보상이 없다면 위험 부담을 무릅쓰고 무엇인가를 해 보려는 사람들의 수가 확 줄어들 수밖에 없다. 사전 판단의 경쟁이 있어야 실수를 통해 배울 수 있고, 그런 실수 끝에 마침내 사전 판단과 사후 판단이 일치하는 더 나은 세계로 갈 수 있다.

왜 성공한 사람 중에는
괴짜가 많을까?

> 증권 시장에 행복한 사람이 넘쳐 나는 시기에는
> 사람들은 모이기만 하면 투자에 대해서 이야기한다.
> 그러나 주식 투자가 모두의 화제가 되었을 때
> 투자자들은 무조건 하차해야 한다.
> – 앙드레 코스톨라니

영어에 '매버릭maverick'이라는 단어가 있다. 일반적인 사람들과 다르게 생각하고 행동하는 사람, 개성이 강하고 독립적인 사람을 의미한다. 매버릭이라는 단어는 새뮤얼 매버릭Samuel Maverick이라는 사람에게서 유래했다. 그는 1800년대 중반 텍사스 주의 농장주였다. 다른 모든 농장주들이 자기 소유의 소에 표시를 할 때 그는 소에 아무런 표시를 하지 않았다. 그래서 이웃 사람들은 아무 표시도 되어 있지 않은 소를 두고 '매버릭네 소'라고 했다. 훗날 그의 이름은 소유권 표시가 되어 있지 않은 가축 전체를 의미하는 말이 되었고, 더 나아가 보편적인 의견에 맞서는 사람, 개성이 강한 사람, 독립적인 사람, 물을 거슬러 수영하는 사람을 뜻하는 단어가 되었다.

132   제 2 장

우리 주변에서도 '매버릭'들을 심심찮게 만난다. 매버릭들은 모두가 '예'라고 할 때 '아니요'라고 하는 사람들이다. 세상의 반대편에 서서 보편적인 아이디어, 의견, 가치관을 비판하고 남다르게 생각하고 유별나게 행동한다. 사회의 다양성 측면에서 이런 매버릭들은 꼭 필요한 존재다. 다양한 구성원들이 존재하는 사회일수록 더 역동적으로 변화하고 시대의 변화에 유연한 대처가 가능하다. 하지만 정작 매버릭으로 사는 사람들의 삶은 순탄하지가 않다. 남들과 다른 길을 택한 까닭에 불편한 점이 참 많다. 경제적인 면에서는 어떨까? 평범한 사람과 매버릭 중에 누가 더 돈을 많이 벌까? 오래 고민할 필요가 없는 문제처럼 보인다. 하지만 경제학자의 생각은 다르다. 매버릭으로 사는 게 합리적일 때가 의외로 많기 때문이다.

'남녀평등'이라는 보편적 사상이 있다고 생각해 보자. 모든 인터넷, 텔레비전, 신문, 라디오, 잡지에서 남녀평등 사상을 환영하며 널리 알리고 정치적으로 올바른 사상이라며 대중들의 동의를 얻는다. 모두가 남녀평등을 당연하게 여길 때 갑자기 한스라는 사람이 나타나 '남녀평등이 웬말이냐? 여자는 집에서 애나 키우고 살림만 해야 한다'고 주장한다. 모든 미디어의 시선이 그에게 쏠린다. 사람들은 뉴스, 토크쇼, 인터뷰, 신문 기사에 등장하는 한스에게 집중 공격을 개시한다.

누가 봐도 문제가 될 게 분명한 발언을 당당하게 펼친 이유가 뭘까? 멍청하기 때문일까? 감정을 조절하지 못해서일까? 그 사람이 의도적으로 매버릭 전략을 쓴 것은 아닐까? 지배적인 의견에 반대 되는 주장을 펼치는 사람은 확실히 자극적이다. 그래서 토크쇼에 초대되고 언론에 노출될 확률이 크다. 그 사람은 이름을 널리 알린 만큼 돈을 벌 기회도 많아진다. 매버릭 전략은 정도를 넘어서지 않는다면 돈벌이에 도움이 된다.

결과적으로 한스는 시장 경제에 적합한 행동을 했다. 틈새시장을 발견한 것이다. 의견 시장에서 지금까지 아무도 차지하지 않았던 숨어 있는 공간을 찾아냈다. 그 덕분에 유명해졌고 돈도 벌게 되었다. 매버릭 전략은 돈을 벌 수 있다면 사람들의 비난쯤은 무시할 수 있는 사람들에게는 충분히 매력적이다.

매버릭 전략은 거의 모든 분야에서 통한다. 독일 경제학계를 예로 들어 보자. 경제학자 대다수가 독일의 경제 문제는 경기 침체가 아니라 구조적 특징에서 온다고 생각한다. 그런데 소비를 늘리면 경제가 금방 살아날 거라고 주장하는 소수의 경제학자가 있다. 늘 비슷한 얘기가 오고가는 와중에 그럴듯한 해법을 제시하는 경제학자들은 눈에 띄게 마련이다. 언론사들이 가만히 있을 리 없다. 득달같이 찾아가 그들을 인터뷰하고 대문짝만 하게 보도한다. 그들은 곧 유명해져서 여기저기 얼굴을 비친다. 얼마 후 '독일 경제 이대로 무너지는가' 같은 자극적인 제목의 책이 나오고 베스트셀러가 된다. 그들은 어렵고 진지한 용어로 가득한 책을 내고 왜 책이 팔리지 않을까 궁금해하는 대다수의 경제학자들을 한심한 표정으로 쳐다본다. 이런 일은 자주 일어난다.

매버릭 전략은 금융 시장에서 위력을 발휘하기도 한다. 우르르 몰려다니는 무리와 반대로 투자하는 사람들은 머지않아 시장의 흐름이 바뀔 것으로 기대한다. 모두가 팔 때 사들이고, 모두가 사들일 때 판다. 이것은 증권 시장의 오랜 지혜이기도 하다. 실제로 전설적인 투자자와 기업가들은 이런 방식으로 돈을 벌었다. 모두가 팔 때 사라! 그리고 모두가 살 때 팔아라!

매버릭 전략이 통하는 가장 큰 이유는 이 전략에 걸려드는 소수의 무리가 항상 있기 때문이다. 여성의 지위와 역할을 비하하면 남성 우월주의자들이 환호한다. 그들이 함부로 할 수 없었던 말을 대신 해주기 때문이다. 경제 문제를 임금 인상으로 해결할 수 있다고 하면 노조 조합원들이 지지한다. 적금 같은 안전 자산을 선호하는 사람들은 주식 시장이 곧 위기에 빠질 것이라는 예측을 듣고 뿌듯해한다.

시장 경제 아래에서 수요는 반드시 공급을 찾게 되어 있다. 물론 수요가 충분히 명확하게 표현되어야 한다. 이 법칙은 상품에 대한 수요뿐 아니라 의견에 대한 수요에서도 적용된다. 오늘도 우리 주변의

[경제학자의 메모]

바겐 헌팅 bargain hunting

기업 가치와 주가 간의 격차가 큰 주식을 찾아 사들이는 투자 전략. 역사적인 투자자 존 템플턴은 바겐 헌팅 기법으로 1929년 대공황, 제2차 세계 대전 등 모든 투자자가 비관론에 빠져 있을 때 과감하게 투자하여 엄청난 수익을 거뒀다. 그는 경기가 가장 나쁠 때 가장 최악의 업종을 집중적으로 매수하는 방식을 즐겨 사용했다. "강세장은 비관 속에서 태어나 회의 속에서 자라며, 낙관 속에서 성숙하여 행복 속에서 죽는다"는 말을 남겼다.

매버릭들은 의견 경쟁에서 시장 경제의 과제를 수행하고 주머니를 채우고 있다.

매버릭 전략에 이름을 제공한 새뮤얼 매버릭 역시 이 전략으로 한 몫 챙겼다. 소에 표시를 하지 않은 덕분에 사람들은 표시가 안 된 소를 모두 그의 것으로 생각했다. 아무도 없는 영역을 누구보다 먼저 찾아서 깃발을 꽂는 것이야말로 가장 쉽게 돈을 버는 방법이다.

'멀리 가려면
함께 가라'의
경제학적 의미

 18. 죄수의 딜레마

세상의 모든 과학, 인간의 모든 생각은 일종의 게임이다.
－ 윌리엄 파운드스톤

독일 프로 축구 리그인 분데스리가 축구 선수들이 한 시즌을 뛰고 받는 돈은 평균 200만 유로(24억 원)다. 평균 약 4만 유로(4900만 원)를 받는 독일 노동자들은 50년 동안 한 푼도 쓰지 않고 모아야 저런 금액을 만져 볼 수 있다. 허탈한가? 고작 인조 가죽으로 만든 공을 차는 능력으로 그렇게 많은 돈을 벌 수 있다니! 그들이 거액을 받는 이유는 많다. 무엇보다 그 돈을 기꺼이 주는 구단이 있기 때문이다. 왜 구단은 공을 차는 사람들에게 그렇게 큰돈을 줄까?

축구 선수들이 그런 돈을 요구하기 때문에? 그런데 구단이 없으면 팀도 없고 경기장도 없고 경기도 없다. 그러면 선수들은 직장을 잃어 버린다. 비싼 경기장을 운영하고 경제적 리스크를 감수하는 것은 구단이다. 구단이 선수보다 더 우월한 지위에 있는 것처럼 보이는데 왜 구단은 선수들의 연봉을 제한하지 않는 걸까? 그것은 선수를 두고 여러 구단이 경쟁하기 때문이다.

특급 공격수가 자유 계약 신분이 되어 이적 시장에 나왔다. 그를 영입하기 위해 바이에른 뮌헨과 마인츠가 경쟁이 붙었다. 부자 구단 바이에른 뮌헨은 마인츠가 감당할 수 없는 높은 연봉을 제시한다. 이런 경쟁에서 가장 이익을 보는 사람은 바로 선수다. 만약 바이에른 뮌헨과 마인츠 구단 관계자들이 그 선수 몰래 만나서 밀약을 맺으면 어떨까? 바이에른 뮌헨이 마인츠에게 그 선수의 영입을 포기하면 다른 괜찮은 선수를 데려올 수 있을 만한 돈을 주겠다고 제안한다. 어차피 돈 싸움에서 이길 수 없는 마인츠로서는 그 제안을 거절할 이유가 없다. 마인츠가 영입을 포기하면 바이에른 뮌헨은 그 선수를 훨씬 적은 연봉에 영입할 수 있다. 모든 구단이 이런 식으로 합의하면 연봉을 크게 아낄 수 있다. 그런데 왜 축구 구단들은 이렇게 하지 않는 걸까?

좋은 선수로 승리를 챙기는 것이 목적인 프로 축구 구단의 성격상 이런 시도는 실패로 끝날 수밖에 없다. 이해를 돕기 위해 분데스리가가 바이에른 뮌헨과 마인츠, 딱 두 팀만으로 구성되었다고 가정해 보자. 두 팀은 선수들의 연봉 총액을 낮게 유지하기로 약속했다. 두 팀이 아니면 선수들이 갈 데가 없기 때문에 이 약속만 잘 지키면 경제적인 시즌이 될 것이다. 그런데 바이에른 뮌헨이 약속을 어기지 않으면서 마인츠의 좋은 선수를 데려올 수 있는 아이디어를 생각해 낸다. 약속대로 연봉을 높이지는 않지만 성적에 따른 보너스를 지급하기로 한 것이다. 이 때문에 마인츠 최고의 선수가 바이에른 뮌헨으로 옮겨 가고 마인츠는 꼴찌를 한다. 우승을 차지한 바이에른 뮌헨은 우승 상금을 타고, 마인츠는 선수도 빼앗기고 성적도 바닥을 친다.

절망에 빠진 마인츠는 선수들이 왜 바이에른 뮌헨으로 갔는지 알게 된다. 성적 보너스라는 꼼수의 존재를 알게 된 것이다. 그들이 선택할 수 있는 길은 두 가지다. 첫째, 약속을 계속 지키는 것이다. 연봉을 올리지 않아도 되지만 이변이 일어나지 않는 한 꼴찌를 면하기 어렵고 팬들의 원망을 살 것이다. 둘째, 팬들의 요구대로 보너스 제도를 도입해 좋은 선수를 영입하고 우승에 도전한다.

그런데 바이에른 뮌헨이 보너스 제도를 유지하는 한 마인츠는 우승을 할 수가 없다. 더 이상 의미 없는 합의를 지켜야 할 명분은 사라져 버렸다. 그래서 마인츠 역시 보너스 제도를 도입하기로 한다. 그러자 보너스 금액 올리기 경쟁이 시작된다. 구단의 전력은 예전과 큰 차이가 없지만 재정 상태는 점점 악화되기 시작한다.

바이에른 뮌헨과 마인츠가 약속을 잘 지키는 것이 모두에게 가장 최선의 선택이었다. 하지만 바이에른 뮌헨이 경쟁에서 이기기 위해 약속을 어기면서 두 팀 모두에게 최악의 선택이 되어 버렸다. 전통적인 경제학에서는 모두가 자신의 이익을 위해 노력하면 결국 공동체 전체의 이익이 된다고 생각했다. 하지만 바이에른 뮌헨과 마인츠의 경쟁처럼 각자의 이익을 위한 노력이 공동체 전체의 손해로 이어지는 경우가 있다. 이를 프린스턴 대학교 수학과 앨버트 터커 교수는

'죄수의 딜레마'라는 비유로 설명했다.

　범죄 조직의 조직원 2명이 대형 범죄 사건 혐의로 체포되었다. 두 조직원은 각각 다른 방에 수감되어 서로 의견을 나눌 수 없다. 검찰은 비교적 가벼운 범죄에 대한 증거만 확보했을 뿐 대형 범죄에 대한 증거는 충분히 확보하지 못했다. 확보된 증거만으로는 최대 징역 1년 형만 구형할 수 있다. 검찰은 조직원에게 그들이 처한 상황을 설명한다.

1. 두 사람이 모두 자백을 하면 각각 징역 2년 형을 받는다.
2. 한 사람만 자백한다면 자백한 사람은 풀어주고, 자백하지 않은 사람은 3년 형을 받는다.
3. 두 사람 모두 침묵한다면 두 사람은 각각 1년 형만을 받는다.

　두 조직원이 받는 형량의 합을 기준으로 보면 두 사람 모두 침묵하는 것이 가장 최선의 선택이다. 각각 1년씩 총 2년 형을 받기 때문이다. 하지만 상대방을 믿을 수 없다. 내가 침묵했는데 상대방이 자백한다면 상대방은 풀려나고 나만 홀로 3년 형을 받는다. 결국 위와 같은 조건이라면 범죄를 자백하는 게 가장 유리한 선택이다. 상대방이 침묵한다면 풀려날 수 있고, 상대방 역시 자백한다고 해도 최악의 형량은 피할 수 있기 때문이다. 이렇게 두 사람 모두 자백하게 되면 각각 2년씩 총 4년 형을 받는다. 3년 형을 피할 수 있지만 형량의 합으로 보면 최악의 선택이 된다.

자신의 이익을 위한 선택이 자신뿐만 아니라 구성원 전체의 손해로 이어지는 죄수의 딜레마는 현실에서 자주 발견된다. 산유국들의 모임인 석유 수출국 기구OPEC의 원유 가격 정책을 예로 들어 보자. 오펙의 모든 회원국이 원유 가격을 높게 유지하기로 협약을 맺었다. 전체 회원국이 협약을 지키면 모두가 혜택을 입는다. 그런데 어떤 회원국이 원유 가격을 인하하면 다른 회원국들과 거래하던 석유 회사들이 값싼 원유를 찾아 그 나라로 몰려들 것이다. 다른 회원국들이 고가 정책을 유지하면 그 나라의 이익은 점점 늘어난다. 그런데 그 나라가 가격을 인하했다는 것이 알려지면 다른 회원국들도 가격을 내린다. 심지어 빼앗긴 거래처를 되찾아 오려고 가격을 더 많이 내릴 수도 있다. 오펙 회원국들 입장에서는 원유를 싸게 팔아야 한다는 것 말고는 바뀌는 게 없다. 결과적으로는 모두가 약속을 지키는 편이 현명한 선택이다.

이외에도 죄수의 딜레마는 군사, 환경, 마케팅 등 어느 분야에나 있다. 군비 경쟁을 하지 않기로 약속한 나라들 중 어느 한 나라가 약속을 어기고 군사력 증강에 돈을 쓴다면 나머지 나라들도 이에 대응하지 않을 수 없다. 지구 온난화를 막기 위해 여러 나라가 이산화탄소 배출 제한 조약에 합의했는데 어느 나라가 이를 어기면 이 조약은 휴지 조각이 되어 버린다. 과도한 마케팅 비용을 줄이기 위해 경쟁 관계에 있는 회사들이 마케팅비를 제한하기로 약속했는데 어느 회사가 이를 어기면 마케팅 무한 경쟁이 벌어진다.

상대방이 어떤 선택을 하느냐에 따라서 내 선택 또한 달라진다.

이런 상황에서 이뤄지는 의사 결정 과정을 수학적으로 풀어낸 것을 '게임 이론'이라고 한다. 게임 이론에서는 조건에 따라 전략과 선택이 달라지는 모든 행위를 게임이라고 본다. 길이 막힐 때 가던 길로 계속 갈지 아니면 돌아갈지에 대한 선택, 금리가 내렸을 때 대출을 받아 집을 살지 돈을 모을지에 대한 선택, 승진이 밀렸을 때 직장을 옮길지 아니면 남아 있을지에 대한 선택 등이 모두 게임이다. 게임 이론은 참가자, 조건, 전략, 보상이라는 요소를 통해 갈등과 경쟁, 협력의 의사 결정을 수학적으로 도출해 낸다. 죄수의 딜레마 역시 게임 이론의 한 사례다.

가격을 공격적으로 책정해야 할까? 마케팅 경쟁에 사활을 걸어야 할까? 협의체를 구성해서 과도한 경쟁을 막아야 할까? 현실에서는 게임의 종류도 많고 참가자도 많기 때문에 어느 집단의 딜레마가 다른 집단의 이익이 되기도 하고, 역으로 어느 집단 전체의 이익이 누군가에게 손해가 되기도 한다. 판매자들이 가격 인하 경쟁을 하면 소비자들에게 이익이지만, 판매자들이 고가 정책을 유지하면 소비자들에게는 불리해지기도 한다.

이런 딜레마가 반복적으로 일어나면 어떤 선택이 서로를 위해 가장 좋은 선택인지 알게 된다. 죄수의 딜레마에 등장했던 조직원들이 다시 한 번 비슷한 혐의로 체포되면 이제는 둘 다 침묵을 지킬 것이다. 그것이 가장 최선의 선택임을 알기 때문이다. 만약 현실에서 두 조직원 중 자백한 한 사람만 풀려나고 침묵을 지킨 조직원은 3년 형을 받았다고 해 보자. 풀려난 조직원이 마음 편하게 자유를 누릴 수 있을까? 자신의 이익을 위한 선택이 늘 이익으로 돌아오는 것은 아니다. 경제적으로도 신뢰와 배려가 모두의 이익을 위해 최선의 선택일 때가 많다.

[경제학자의 메모]

공유지의 비극 tragedy of the commons

공공 자원을 소유권을 구분하지 않고 개인이 자유롭게 이용하게 하면 공공 자원을 함부로 사용하여 자원 고갈의 위험에 빠질 수 있다는 것을 설명한 이론. 1833년 영국 경제학자 윌리엄 포스터 로이드가 처음 소개했고, 1968년 미국 생물학자 개릿 하딘이 《사이언스》에 인용하여 널리 알려졌다. 예를 들어 모두가 이용할 수 있는 방목장은 돈이 들지 않기 때문에 마을 사람들이 모두 소를 이곳에 풀어 풀을 먹인다. 하지만 아무도 목초지를 관리하지 않기 때문에 곧 방목장의 풀은 사라지고 만다. 이처럼 소유권 구분 없이 자원을 공유할 경우 나타나는 사회적 비효율의 결과를 '공유지의 비극'이라고 한다. 개인의 이익을 위한 선택이 공공의 이익에 반하는 결과로 나타나고 이로 인해 개인마저 손해를 보게 된다는 점에서 '죄수의 딜레마'와 비슷하다. 오늘날 공유지의 비극은 지구 온난화 문제, 어류 남획 문제, 폐기물 해양 투기 문제 등으로 나타나고 있다. 이를 해결하기 위한 방안으로 국가가 경제 활동에 개입해 통제하거나, 개인에게 소유권을 줘 개인이 관리하도록(사유화) 하는 것 등이 있다.

불만을 표시하는
가장 강력한 수단

19. 이탈과 항의

사람들은 보통 어떤 것을 이루기 위해서가 아니라
어떤 것에 반대하기 위해서 투표한다.
– 윌리엄 먼로

클럽 마니아들은 클럽 분위기, 특히 음악에 민감하다. 디제이DJ가
트는 음악이 취향과 맞지 않으면 밤새 춤을 출 기세로 들어왔어도
금세 흥이 깨져 버린다. 클럽 마니아들의 취향은 대체로 비슷해서
디제이의 감각이 형편없으면 옷을 챙겨 입고 클럽을 나가 버린다.
이제 클럽에는 클럽 초보자, 뜨내기 관광객, 만취객, 그리고 클럽 직
원만 남는다. 그들은 텅빈 클럽에 남아 형편없는 음악을 들을 수밖
에 없다.

음악이나 분위기가 마음에 들지 않아 클럽을 나가 버리는 사람들
의 태도를 경제학자들은 '발로 하는 투표' 혹은 '이탈'이라 부른다.
지금 머무는 장소가 맘에 들지 않으면 불쾌한 기분에 그곳을 떠나 새

로운 장소를 찾는다. 이런 행위는 당연하고 사소한 것처럼 보여도 매우 강력한 힘이 있다. 우리는 이동함으로써 싫어하는 것에서 멀어질 수 있다. 그리고 손님들의 이런 이동이 디제이로 하여금 자신의 고리타분한 음악 취향을 버리고 손님이 듣고 싶어 하는 음악을 틀게 만든다. 이런 메커니즘 덕분에 클럽에서는 시골 마을 잔치에서 흘러나올 법한 전통 가요나 옛날 포크송이 나오지 않는다. 이미 술에 취한 손님들은 음악이 마음에 들지 않아도 불운을 탓할 수밖에 없다. 이미 자신을 방어할 힘을 잃었기 때문이다.

발로 하는 투표에 대해 얘기할 때 경제학자들은 클럽보다는 나라를 떠올린다. 그들에게 중요한 것은 음악이 마음에 들지 않는 클럽 마니아들이 아니라 정부 정책에 불만을 가진 시민들이다. 매년 많은 독일 국민이 외국으로 떠난다. 2008년 이전 20여 년 동안은 독일을 떠나는 사람보다 독일로 이민을 오는 사람이 더 많았다. 하지만 그 이후 수치가 역전되었다. 독일 통계청에 따르면 2009년 한 해에 독일을 떠난 사람은 무려 73만 명이나 된다. 이 가운데 상당수는 폴란드(12만 명), 루마니아(4만 명), 터키(4만 명) 등 이웃 나라 출신으로 독일로 이민을 왔다가 고국으로 돌아간 사람들이다. 원래 독일인이었지만 스위스나 미국으로 이민을 간 사람도 15만 명이나 된다.

독일을 떠나는 사람들에게는 저마다의 사정이 있겠지만 무엇보다 독일의 사회적·경제적 환경이 마음에 들지 않기 때문일 것이다. 높은 세금 부담, 불안한 고용 환경, 과도한 규제, 문화적 장벽이 독일을 떠나게 만든다. 특히 고학력의 젊은 세대가 독일을 떠나는 점이 눈에

띈다. 이들은 독일을 떠나는 이유가 독일 사회가 매우 경직되어 있어 성공 기회가 적고, 능력을 제대로 인정받을 수 없기 때문이라고 이야기한다. 적극적이고 이동 능력이 있어 '발로 하는 투표'로 나라에 대한 불만을 표시한 것이다. 말하자면 그들은 아직 술에 취하지 않은 클럽 손님이다. 나라를 떠남으로써 정치 디제이에게 무언의 압박을 가한다.

다른 나라로 가 버리기에는 너무 나이가 많고, 지역 사회에 매여 있으며, 다른 나라에서는 별 필요가 없는 특수한 기술을 가진 사람은 독일에 남아 정치 디제이들이 틀어 대는 형편없는 음악을 들어야만 한다. 이들에게 선택의 여지가 전혀 없는 것은 아니다. 불법 노동, 태업, 탈세 같은 바람직하지 않은 방법으로 국가에 대한 불만을 스스로 해결하기도 한다.

게다가 발로 투표를 하는 것은 사람만이 아니다. 자본은 훨씬 빠른 발을 가지고 있다. 법, 세금, 금리, 시장 환경이 조금이라도 불리하게 돌아가면 노루처럼 날쌔게 나라를 떠나 버린다.

국가는 세금, 공공 요금, 금리, 교육 정책, 고용 정책 등 국민에게 어떤 부담을 줄 여지가 있는 정책을 시행할 때는 아주 조심스러워야 한다. 어떤 정책에 불만을 갖는 대상이 누구인지, 그들이 어떻게 움직일지를 예측하고 이해와 동의를 구해야 한다. 그렇지 않으면 그들은 이탈한다. 재화를 생산하는 데 필요한 토지, 노동, 자본을 생산 요소라고 하는데, 노동과 자본처럼 이동이 가능한 생산 요소를 이동성 생산 요소라고 한다. 이동성 생산 요소가 이탈하면 결국 비이동성 생산 요소만 남아 모든 부담을 져야 한다.

나라가 마음에 들지 않는다고 무작정 나라를 떠날 수만은 없다. 형편없는 음악이 나오는 클럽에 남은 손님들 가운데 디제이에게 야유를 보내고 클럽 매니저에게 항의를 하는 사람이 있는 것처럼 나라에 대한 불만을 해소할 수 있는 수단이 있다. 발로 하는 투표가 아니라 생각이 제대로 박힌 정당과 정치가에게 투표하고, 시위와 기고를 통해 직접 불만을 표시할 수도 있다.

이동성 생산 요소에 아무런 부담도 주지 말라는 뜻은 결코 아니다. 다만 세금이나 규제 같은 부담은 반드시 올바른 법률 체계와 법 집행, 안정적인 인프라, 쾌적한 공공 서비스 등이 뒷받침되어야 한다. 나라를 떠나는 것이 쉽게 결정할 수 있는 일이 아니기 때문에 이런 조건들이 충족되면 이동성 생산 요소도 힘들게 발을 움직이는 대신 자기 몫의 부담을 기꺼이 짊어질 것이다. 음악과 분위기가 맘에 드는 클럽은 손님이 떠나기는커녕 몇 시간씩 줄을 서서라도 들어가는 것처럼.

못사는 사람도
잘사는 사람처럼
보이게 만드는
평균의 함정

20. 가중치

강의 평균 깊이가 1.2미터라고 하면
그 강을 절대로 걸어서 건너서는 안 된다.
−밀턴 프리드먼

매년 5월이 되면 모든 유럽인의 눈과 귀는 노래 경연 대회에 쏠린
다. 유로비전 송 콘테스트 때문이다. 이 대회는 1956년 전쟁에 지친
유럽을 위로하기 위해 시작되었다. 우크라이나 국민 가수, 영국의 올
터너티브 밴드, 프랑스의 샹송 디바, 독일 걸그룹, 이탈리아 팝페라
황제 등 각국을 대표하는 가수들이 나라의 명예를 걸고 불꽃 튀는 경
쟁을 벌인다. 유로비전 송 콘테스트보다 높은 시청률을 보이는 프로
그램은 국가 대표 축구 경기뿐이다. 오랫동안 한결같은 인기를 유지
하고 있는 이유는 노래 올림픽이라고 봐도 좋을 만큼 국가 대항전 성
격이 짙기 때문이다.

매년 40여 개국이 예선에 참가해 2개 조로 경연을 펼치고 각 조의

상위 10개국이 결선에 참여한다. 예선을 통과한 20개 국과 대회 개최국, 가장 많은 제작비를 내는 빅 파이브(독일, 영국, 프랑스, 스페인, 이탈리아) 국가 가수들이 결선 대회를 벌인다.

순위는 유럽 시청자와 전문가 투표로 정해진다. 결선 참가국 시청자들은 전화와 문자 메시지, 스마트폰 앱으로 가장 마음에 드는 노래에 투표를 한다. 단, 자국 가수에게는 투표할 수 없다. 해당 국가에서 가장 많은 표를 얻은 노래는 12점, 2등은 10점, 3등은 8점을 얻고 그이하 순위는 10등까지 차례로 1점씩 낮은 점수를 얻는다. 여기에 참가국마다 각각 5명의 전문가가 심사 위원으로 참여해 가장 마음에 드는 노래에 투표한다. 시청자 투표와 심사 위원 투표를 50퍼센트씩 반영해 순위를 매긴다. 모든 국가의 점수를 합산해 최종 대상 수상자가 결정되면 우승자의 앙코르 공연을 끝으로 막을 내린다.

긴 세월 동안 변화를 거듭한 유로비전 송 콘테스트의 순위 집계 방식은 음악성과 대중성을 모두 반영하고 있다. 모든 참가국 국민들과 전문가들이 자국을 제외한 나라에 투표하는 만큼 민주적이고 공정하고 정확한 순위 집계 방식처럼 보인다. 그런데 자세히 살펴보면 몇 가지 허점이 드러난다.

무엇보다 점수에 가중치가 없다는 허점이 가장 크다. 보스니아 헤르체고비나는 인구가 400만 명 정도다. 한편 러시아는 약 1억 5000만 명으로 유럽에서 인구가 가장 많다. 그런데 보스니아 헤르체코비나에서 가장 많은 표를 얻은 노래와 러시아에서 가장 많은 표를 얻은 노래는 똑같이 12점을 얻는다. 러시아에서 1등을 한 노래가 몇 백만

표 더 많아도 점수는 똑같다. 보스니아 헤르체코비나에서 받은 최고 점수와 러시아에서 받은 최고 점수가 과연 같은 가치일까? 그나마 보스니아 헤르체고비나는 낫다. 몬테네그로는 약 60만 명, 몰타는 약 40만 명, 아이슬란드는 30만 명이다. 심지어 산마리노는 인구가 3만 여 명에 불과하다. 이들 나라에서 가장 많은 표를 얻은 노래는 8000만여 명의 독일, 6500만여 명의 프랑스와 영국, 6000만여 명의 이탈리아에서 최고 득표를 한 노래와 같은 점수를 얻는다.

유로비전 송 콘테스트는 유럽의 축제다. 인구가 적다고 해서 어느 나라를 소외시킨다면 유럽의 축제라는 의미가 퇴색될 것이다. 그리고 이 방식이 유럽 사람 전체의 의견을 반영하지 못한다는 것은 확실하다. 국적을 떠나서 유럽 사람 전체의 의견을 반영해야 할 때가 있다. 유럽 양말 표준화 기구(실제로 존재하는 기구는 아니다)에서 표준화 규격을 정한다고 해 보자. 아이슬란드와 산마리노, 독일과 프랑스에 차등을 두지 않으면 유럽 대다수 사람은 발에 맞지 않는 양말을 신어야 할지 모른다. 양말보다 더 중요한 문제, 예를 들면 유럽연합EU에서 분쟁 국가에 파병을 결정해야 한다거나, 국제 통화 기금IMF에서 경제 위기를 맞은 국가에 재정 지원을 결정할 때는 유로비전 송 콘테스트와 같은 방식을 사용하면 큰 혼란이 일어날 수 있다.

세계은행World Bank이 지난 20년간 전 세계 소득 불균형이 심화되고 있다는 연구 결과를 발표했을 때도 비슷한 문제가 있었다. 세계은행은 빈곤 퇴치를 목적으로 1944년 설립된 국제 금융 기구로 개발 도상국에 대한 자금 지원이 주요 업무다. 세계은행은 세계 경제와 관런한 다양한 지표와 통계를 발표하는데 소득 불균형 연구도 그중 하나다. 그런데 이 발표에서 세계 인구의 40퍼센트 가까이를 차지하는 중국(약 14억 명)과 인도(약 12억 명)를 인구수가 2000만 명 남짓한 가나, 예멘 같은 아프리카 국가들과 같은 비중으로 다루었다. 유로비전 송 콘테스트로 치면 '중국도 12점, 가나도 12점'인 상황이다. 중국이 인구는 약 55배 많고, 경제 규모는 약 190배 더 큰데도 같은 비중으로 계산을 했으니 오차가 생길 수밖에 없다.

이런 문제를 해결하는 방법이 있다. 통계학에서 말하는 '가중치'를 끌어들이는 것이다. 계산 결과에 영향을 많이 미치는 요소를 다른 항목보다 많이 반영하면 오차를 줄일 수 있다. 유로비전 송 콘테스트 투표 결과를 분석할 때 투표자 수를 고려한다거나, 유럽 양말 표준화 기구에서 인구수를 고려하여 투표권의 가중치를 두는 식이다. 예를 들면 인구가 100만 명인 나라가 나일론 양말에 투표하면 한 표로 계산하고, 인구가 200만 명인 나라가 면 양말에 투표하면 두 표로 계산하는 것이다.

전체 상품의 가격 변동을 보여 주는 물가 상승률을 구할 때도 가중치를 적용해야 한다. 각 상품의 가격 변동을 같은 비중을 두고 계산하면 현실과 동떨어진 물가 상승률이 나온다. 간단한 예를 하나 들어보자. 세상에 맥주와 수학책 단 두 가지 상품만 존재한다. 1인당 매년 맥주 10병과 수학책 1권을 소비한다. 둘 다 가격은 1유로(1200원)다. 어느 날 수학책 생산 업체가 가격을 2유로(2400원)로 인상했다. 인상률로 치면 무려 100퍼센트를 올린 것이다. 하지만 맥주 가격이 오르지 않는 한 큰 부담이 되지는 않는다. 1년에 1권만 사는 물건이기 때문이다. 이때 가중치를 고려하지 않고 물가 상승률을 계산하면 어떻게 될까? 상승률이 무려 50퍼센트가 된다. 수학책 가격 상승률이 100퍼센트이고, 맥주 가격 상승률이 0퍼센트이므로 평균 상승률은 50퍼센트다.

$(100\% + 0\%) \div 2 = 50\%$

군이 계산기를 꺼내지 않아도 뭔가 잘못된 것 같지 않은가? 물가가 50퍼센트나 폭등했는데 살림살이는 이전과 별반 다를 게 없다. 현실에서는 물가가 10퍼센트만 올라도 나라 전체가 출렁인다.

정확한 물가 상승률을 구하려면 가중치를 고려해야 한다. 두 상품이 가계 지출에서 차지하는 몫에 따라 가중치를 둔다. 그러면 수학책은 1, 맥주는 10이 될 것이다. 수학책 가격 상승률 100퍼센트 한 번과 맥주 가격 상승률 0퍼센트 열 번을 더해 평균 물가 상승률을 다시 구해보자.

$\{(100\% \times 1) + (0\% \times 10)\} \div (1 + 10)$

$100\% \div 11 = 9.09090909\cdots\cdots$

가중치를 두고 구한 물가 상승률은 약 9퍼센트다. $(100 \div 11)$ 결과가 실제 물가 상승률과 확실히 더 가깝다.

유로비전 송 콘테스트도 마찬가지다. 진정 최고의 노래를 뽑으려면 나라 구분 없이 총 득표수를 집계해야 한다. 하지만 이 방법도 완벽하지는 않다. 총 득표수만으로 순위를 매기니 인구가 많은 나라가 절대적으로 유리해지기 때문이다. 게다가 인구가 적은 나라는 영원히 들러리 역할만 해야 하기 때문에 유럽 전체의 축제라는 의미가 사라진다.

사실 득표 결과를 분석하면 이미 나라 구분이 별 의미가 없는 것처럼 보이기도 한다. 인접 국가나 같은 문화권 국가의 가수에게 투표하는 비율이 높기 때문이다. 이웃 나라 국민들끼리 약속이나 한 듯이 독일은 오스트리아와 스위스에서 최고 점수를 얻고, 스웨덴은 노르웨이, 핀란드, 덴마크에서 최고 점수를 얻는다. 네덜란드는 벨기에, 룩셈부르크와 표를 공유하고, 러시아는 벨라루스, 우크라이나, 아제르바이잔 등 구소련 국가들과, 영국은 아일랜드와 표를 나눈다. 노래에 대한 득표 결과가 마치 지리적으로 유럽을 나눈 듯 나온 것이다. 왜 이런 현상이 벌어졌을까?

우선 가까운 나라로 이주하는 경우가 많기 때문이다. 이민을 떠나는 독일인들 상당수가 오스트리아나 스위스로 간다. 영국인 600만 명은 아일랜드인의 손자다. 그렇게 국경을 넘고 국적을 바꾼 이들이 자국 가수에 투표를 한다. 꼭 그런 경우가 아니더라도 가까운 나라일수록 문화나 취향이 비슷하다. 자국 가수에는 투표할 수 없지만 비교적 취향이 비슷한 이웃 나라 가수를 뽑는 경우가 많다.

그렇다면 대상 수상자를 어떻게 선정해야 할까? 경제학자로서 가장 정확한 선정 방법은 단 하나뿐이다. 어떤 노래가 가장 많이 팔렸는가를 보는 것이다. 지갑으로 하는 투표만큼 정직한 것은 없기 때문이다. 경제학자들이 심사 위원이라면 대상 수상자는 앨범 판매량 결과가 나오는 1년 후에나 발표될 것이다. 물론 정말 그렇게 한다면 유로비전 송 콘테스트의 인기는 시들해지겠지만 말이다.

때로는 살아남기 위해 손해를 감수해야 할 때가 있다

21. 바닥을 향한 경주

> 시장 경쟁의 원리로 공급이 증가하면 경쟁이 치열해지고
> 고객은 더 싼 가격에 제품을 구입할 수 있다.
> 인간의 활동 중에서 경쟁만큼 매력적인 것은 많지 않다.
> – 헨리 클레이

슬링키Slinky라고 하는 스프링 장난감을 아는가? 나선형 스프링으로 1940년대 미국의 엔지니어 리처드 제임스가 만든 장난감이다. 스프링 엔지니어였던 제임스가 실수로 스프링을 떨어뜨렸는데 땅에 떨어진 스프링이 탄력으로 계속 움직이는 것을 보고 아이디어를 얻었다. 1945년 세상에 처음 선보인 이후 지금까지 3억 개가 넘게 팔리며 큰 인기를 끌었다.

슬링키를 양손에 쥐고 이리저리 옮기며 놀 수도 있고, 요요처럼 한 손으로 통통 튕기며 놀 수도 있다. 슬링키로 할 수 있는 가장 재미있는 놀이는 계단 내려보내기다. 슬링키를 계단에 놓고 바로 아랫계단으로 떨어뜨리면 나머지 부분이 줄줄이 따라 내려간다. 내려올 때 얼

은 탄력으로 스프링 윗부분이 다시 다음 계단으로 넘어가고 뒷부분이 다시 따라 내려간다. 슬링키는 불규칙하게 튀는 공과는 다르게 매우 규칙적으로 움직이기 때문에 마치 살아 있는 것처럼 보인다. 이런 움직임은 계단을 다 내려갈 때까지 이어진다.

계단이 무한히 이어진다면 모를까 슬링키는 계단을 다 내려오면 멈춘다. 그런데 경제학자들의 토론에 끝없이 내려가는 스프링 장난감이 등장한다. 경제학자들은 이런 스프링 이론을 '바닥을 향한 경주race to the bottom'라고 부른다. 한마디로 누가 더 큰 손해를 보느냐를 두고 경쟁하는 것이다. 기업들 사이에서는 제품을 더 싸게 팔기 위해 바닥을 향한 경주가 벌어지고, 국가들 사이에서는 세금을 내리고, 금리는 올리고, 임금은 동결하고, 규제를 없애기 위해 바닥을 향한 경주가 벌어진다. 얼핏 들으면 바보 같은 경쟁이지만 나름대로 이유가 있다. 기업들은 공급 과잉 속에서 시장 점유율을 방어하기 위해, 국가들은 경기를 부양하고 자본을 유치하기 위해 어쩔 수 없이 경주에 참여하는 것이다.

늘 이론과 현실에는 차이가 있듯이 '바닥을 향한 경주' 역시 이론에서처럼 끝까지 진행되는 경우는 거의 없다. 그도 그럴 것이 어떤 생산자라도 상품을 생산 비용보다 싸게 팔 수는 없기 때문이다. 사업의 본질은 이익을 남기는 것이다. 재고를 처리하거나 매출을 늘리거나 시장 점유율을 높이기 위해 일시적으로 원가 이하로 팔 수는 있다. 하지만 상품을 팔수록 적자가 나는 수준으로 가격이 떨어지면 생산자는 즉시 시장을 떠날 것이다.

2006년 하반기 메모리 반도체 공급이 수요를 훌쩍 넘어서면서 가격이 폭락하기 시작했다. 2007년 5.87달러(6438원)였던 512메가 D램 가격이 1년 후에 무려 86퍼센트나 하락해 0.81달러(888원)를 기록했다. 거래 가격이 원가 이하로 떨어지는 그야말로 '바닥을 향한 경주'가 시작되었다. 기술과 자본이 못 미치는 업체들은 결국 경쟁에서 밀려나 다른 기업에 인수되거나 파산하고 말았다.

카를 마르크스가 말한 '궁핍화 법칙'이 '바닥을 향한 경주'에도 적용되는 것일까? 마르크스는 경제가 성장하고 자본이 늘어나면 생산력 역시 증가하는데 생산이 늘어난 만큼 판매 가격이 내려가고 이윤율은 떨어져 결국에는 성장이 멈출 것이라 주장했다. 게다가 인구가 늘어나기 때문에 적은 임금에도 일할 사람이 많아져 노동자들 역시 점점 가난해질 것이라고 했다.

하지만 늘 그런 식으로 흘러가지는 않는다. 가격 하락에도 불구하고 시장을 떠나지 않는 생산자들이 있기 때문이다. 그들이 시장에 남아 있는 이유는 뭘까? 그들은 경쟁자보다 더 좋은 물건을 더 싸게, 더 빠르게, 더 많이 공급할 능력이 있다고 생각하기 때문이다. 바닥을 향한 경주가 벌어지는 동안 해당 기업들은 고통스럽지만 소비자들은 이익을 얻는다. 경쟁자들이 하나둘 시장에서 밀려나면 시장은 다시 안정을 되찾고 남아 있는 자들은 혹독한 세월을 견딘 데 대한 보상을 받는다. 반도체 전쟁에서 살아남은 몇몇 상위 업체는 이후 반도체 가격이 상승하면서 엄청난 이익을 챙겼다.

바닥을 향한 경주를 즐기는 사람은 거의 없다. 특히 기술과 돈이 부족하고, 그래서 오래 버틸 자신이 없는 생산자들은 이 경주에 극도로 예민한 반응을 보인다. 살인적인 가격 인하 경쟁 속에서 품질과 서비스는 떨어질 수밖에 없다고 주장한다. 정말 그럴까?

원칙적으로는 맞는 말이다. 들어가는 돈은 줄지 않았는데 이익이 줄어든 만큼 품질과 서비스에 투자할 여유가 없다. 문제는 소비자들이 품질과 서비스에 민감하게 반응한다는 사실이다. 소비자들은 품질과 서비스가 가격에 미치지 못한다고 생각하면 다시는 지갑을 열지 않는다. 소비자들은 똑똑하고 냉정하다. 어떤 기업들은 형편없는 품질과 서비스를 마케팅으로 때우기도 한다. 하지만 이는 소비자에 대한 모욕이다. 그런 식으로는 어떤 사업도 오래 할 수가 없다. 저렴한 가격에 혹해서, 또는 광고를 믿고 나쁜 상품을 구입한 소비자들도 있다. 하지만 그런 제품을 두 번씩 사지는 않는다.

좋은 제품을 싸게 공급하며 경쟁자들을 압박하는 상위 기업들도 바닥을 향한 경주를 즐기지는 않는다. 그들도 당연히 가격을 올리고 싶어 한다. 그래야 실적이 좋아지고 주가가 오르고 신규 투자가 가능하다. 결국 바닥을 향한 경주에 대한 불평은 시장 상황 때문에 어쩔 수 없이 원가에 가까운 가격에 상품을 공급해야만 하는 생산자들의 불평이다. 경제학자들의 이론을 들먹이며 그럴듯하게 이야기하고는 있지만, 직설적으로 말하면 시장에서 살아남아 소비자들의 지갑에서 돈을 더 많이 가져오고 싶다는 것이다.

아직 해결해야 할 문제가 하나 남았다. 바닥을 향한 경주를 벌이다 못해 완전히 땅 밑으로 꺼져 버리는 시장도 있다. 심지어 그런 일이 자주 일어난다. 그것은 사실 바닥을 향한 경주의 결과가 아니라 세상의 변화 때문이다. 한때 세상을 지배하던 수많은 상품이 세월의 흐름을 이기지 못하고 사라졌다. 기존에 쓰던 제품의 기능을 능가하는 새롭고 편리한 상품이 나오면 소비자들은 빠르게 이동한다. 기존 시장은 마치 폐허가 된 고대 도시처럼 먼지 쌓인 황량한 곳으로 변한다. 타자기, 필름 카메라, 무선 호출기, 비디오테이프 시장은 아직 명맥이 이어지고는 있으나 사실상 땅으로 꺼진 시장이나 다름없다. 더 이상 나아질 희망이 없기 때문이다. 이는 기술 진보, 시대정신, 취향 변화 때문이지 바닥을 향한 경쟁 때문은 아니다. 무선 호출기나 비디오테이프를 공짜로 준다고 해서 가져갈 사람이 몇이나 되겠는가.

앞에서 잠깐 언급한 것처럼 바닥을 향한 경주는 기업들 사이에서뿐만 아니라 국가들 간에도 벌어진다. 특히 무역이나 자본 이동이 활발해지면서 전 세계 경제가 밀접하게 연결되다 보니 이 과정에서 경제적인 이익을 챙기려는 국가들 사이에 치열한 경쟁이 벌어진다. 예를 들면 풍부한 노동력과 낮은 임금으로 무장한 '메이드 인 차이나'의 공세를 버텨 낼 나라가 많지 않다 보니 여러 나라의 제조업이 철퇴를 맞았다. 독일 역시 많은 소비재 산업이 뿌리째 흔들렸다. 이대로 가다간 여러 나라 수많은 공장이 문을 닫을 것이고 공장에서 일하던 사람들도 실업자 신세에 처할 것이라고 걱정하는 사람이 많다. 세계화 속에서 벌어지는 바닥을 향한 경주가 결국 모두의 멸망으로 끝나게 될까?

독일을 예로 들면 두 가지 이유에서 이런 일은 생기지 않을 것이다. 첫째, 중국은 독일로 상품을 보내고 대가를 받는다. 대가가 없다면 물건을 보내지 않을 것이다. 그 대가는 무엇일까? 당연히 돈이라고 생각하는가? 맞다. 하지만 조금만 더 깊이 생각해 보면 결국은 돈이 아니라, 독일에서 생산한 제품을 대가로 받는 것이다. 나라와 나라 사이의 거래, 즉 무역이 물물 교환 형태로 이뤄지는 일이 거의 없기 때문에 이 구조를 쉽게 받아들이지 못하는 사람이 많다.

무역 과정을 보자. 중국이 저렴한 전자 제품을 독일에 수출했다. 그리고 그 대금을 유로로 받았다. 중국은 이 돈을 자신들이 필요한 물건을 사는 데 쓸 것이다. 유로를 주면 중국에서 물건을 사 올 수 있으니 독일에서는 아무것도 생산하지 않고 유로만 찍어 내면 될까? 그건 당연히 불가능하다. 독일도 결국은 무엇이든 만들어서 팔아야 한다. 그러려면 독일에도 일자리가 필요하다.

중국은 독일로부터 받은 돈으로 미국에서 첨단 의료 장비를 사 온다. 미국은 중국으로부터 받은 돈으로 독일에서 고급 자동차와 부품을 사 온다. 이런 식으로 독일이 중국에 준 유로가 다시 독일로 돌아온다. 무역은 결국 여러 단계를 거친 물물 교환이다. 이는 다시 말해 수출이 없으면 수입도 없다는 뜻이다. 중국이 세상의 모든 자원과 물건과 서비스를 팔지 않는 이상 중국 때문에 전 세계 공장이 문을 닫는 일은 생기지 않는다. 물론 이 과정에서 소외되는 나라가 생기기도 한다. 하지만 그들을 배려하는 것은 다른 차원의 문제다.

세계화로 인해 전 세계가 바닥으로 떨어질 일이 없을 것으로 추측하는 두 번째 근거는 세계 경제의 역사에서 찾을 수 있다. 과거에 저렴한 임금과 낮은 상품 가격밖에 내세울 것 없었던 많은 나라가 오늘날에는 부유한 산업 선진국으로 성장했다. 세계화가 본격적으로 시작된 1980년대 이후 독일을 비롯한 여러 선진국에서 '바닥을 향한 경주race to the bottom'가 아닌 '정상을 향한 경주race to the top' 현상이 눈에 띄었다. 국가가 발전할수록 임금과 복지 지출이 증가하고 도로, 철도, 전기, 통신 등 사회 간접 자본에 대한 투자가 증가한다. 그리고 정상을 향한 경주를 벌인 나라들의 경제가 활발하게 움직이는 것을 경험했다.

세계화가 수많은 문제를 일으키고 있다는 데는 의심의 여지가 없다. 세상 모든 일에 공짜가 없듯이 세계화의 축복 역시 공짜가 아니다. 그러나 적어도 세계화 때문에 계단 전체가 무너져 내리는 일은 일어나지 않는다는 것만은 확실하다.

[경제학자의 메모]

궁핍화 이론 theory of absolute impoverishment

자본주의가 발전하면서 부가 축적되고 생산력도 발전하지만 그럴수록 자본가들만 계속 부자가 되고 노동자 계급은 계속해서 궁핍해져 간다는 마르크스의 이론이다. 이 이론에 따르면 자본주의가 진행되면서 기계 기술이 발전하고 원료 생산량이 증가해 단위당 생산력은 크게 증대되지만 정작 노동자들의 일자리는 줄고 인구 증가로 인해 노동 시장에 사람이 넘치면서 임금 또한 줄어들게 된다. 또한 사람이 아무리 많아져도 한 공장에서 생산할 수 있는 생산량은 한계가 있으므로(수확 체감 법칙) 노동자 1인당 생산량은 점점 줄고 이윤율 역시 떨어져 결국 경제 성장이 멈춘다. 일자리가 줄고 실업자 수가 증가해 임금은 더 이상 증가하지 않고 노동자는 점점 가난해져 간다고 주장한다.

경제는 도대체 언제 좋아지는 걸까?

불황, 인플레이션, 경기 회복, 소비 위축……. 많이 듣는 말이지만 의미를 제대로 알고 있는 사람은 그다지 많지 않다. 이런 경제 개념들을 반드시 알아야 하는 이유는 그것들이 생각보다 훨씬 더 우리와 밀접한 관계에 놓여 있기 때문이다. 인플레이션이 지갑을 잃어버린 것보다 더 큰 피해를 줄 수 있고, 경기 회복 속도가 더디면 일자리를 잃을 위험이 커진다.

그런데 이런 문제들은 너무 미묘해서 경제 전문가들 사이에서도 의견이 오락가락할 때가 많다. 경기 부양을 위해서 더 많이 소비해야 한다는 전문가와, 가계 부채의 위험성이 커졌으니 아껴야 한다고 하는 전문가가 한 치의 양보도 없이 맞선다. 게다가 경기 회복 정책, 국가 부채, 중앙은행의 규제, 금융 위기를 둘러싼 논쟁의 경우 전문가들도 이해하기 어려운 이야기들이 오갈 때가 많다.

그렇다고 나 몰라라 하기에는 너무 중요한 사안들이다. 여기에서는 우리가 꼭 알아야 할 내용만 짚고 넘어가자. 일반적인 상식만 있다면 이해하는 데 전혀 어려움이 없을 것이다. 집을 사고, 투자를 하고, 연금을 들 때 반드시 따져 봐야 하는 꼭 필요한 내용들이 들어 있다.

세상에 돈이 사라지면
어떤 일들이 일어날까?

> 화폐를 타락시키는 것만큼 사회의 기초를
> 확실하게 뒤엎는 수단은 없다.
> — 존 메이너드 케인스

얼마 전에 외프외프라는 사람이 텔레비전에 나와서 자신이 꿈꾸는 세상을 이야기했다. 그는 괴상한 이름만큼이나 괴상한 주장을 했다. 세상의 모든 돈을 없애 버리고 그 자리를 사랑으로 가득 채우자는 것이었다. 그는 전 세계가 자신의 철학을 따라야 한다고 주장했다. 돈이 모든 악의 근원이라는 그의 믿음은 확고했다. 자신의 믿음을 적은 포스터를 거리에 붙이고 행인들과 대화를 나누며 '돈이 없는 사랑 가득한 삶'을 전파하려고 애썼다.

좋다, 외프외프에게 잠시 호의를 베풀어 돈을 없애 보자. 무슨 일이 벌어질까? 경제사에서 몇몇 힌트를 얻을 수 있다. 전쟁을 치르고 있을 때, 그리고 전쟁 직후는 인플레이션이 황당하게 높고, 돈이 없는 시기다. 엄밀히 말하면 돈이 있긴 하지만 아무 가치가 없는 종이 조각에 불과하다. 이런 시기에 무슨 일이 벌어지는지 잘 안다. 지폐나 동전보다 물건이 지불 수단으로 더 안정적이다. 말하자면 돈 대신 감자나 담배로 물건 값을 지불한다. 비흡연자조차 담배를 지불 수단으로 쓴다. 담배를 피우든 안 피우든 상관없다. 모두가 그렇게 하기 때문이다.

이것이 외프외프가 꿈꾸는 세계에 나타날 첫 번째 현상이다. 돈을 없애면 즉시 대체 통화가 생길 것이다. 통화 혹은 통화를 대체할 만한 것이 있어야 분업 경제가 가능하다. 알고 지내는 담배 생산자가 없고 돈이 없으면, 밭에서 캔 감자와 담배를 어떻게 교환할 수 있을까? 분업 경제와 교환 경제를 가능하게 하는 것이 바로 돈이다. 공인된 돈이 없으면 어떻게든 돈을 대신할 만한 것을 발명해 내야 한다는 걸 알게 된다.

외프외프의 신성한 목표와 상관없이 돈이 없으면 불편한 일이 한두 가지가 아닐 것이다. 예를 들어 돈이 없으면 어떻게 대출을 하고 저축을 하겠는가. 노년을 대비해서 뭔가를 비축해 둔다고 가정해 보자. 감자를 몇 십 년씩 보관할 수는 없다. 깜깜하고 서늘한 지하실에 보관한다 해도 소용없다. 이럴 때는 지금 당장 감자가 필요한 이웃에게 20년 뒤에 몇 개를 더 얹어서 돌려받기로 약속하고 감자를 주는 방법이 가장 좋다. 이것을 저축이라고 한다. 일반적으로 자본 시장에서 이런 일이 늘 벌어진다. 돈이 없으면 이런 자본 시장도 없다. 노년을 대비할 수도 없고 어음을 발행할 수도 없으며 좋은 사업 아이디어가 있거나 급하게 돈이 필요할 때 돈을 빌릴 수도 없다.

교환, 저축, 투자 같은 욕구는 인간에게 내재되어 있기 때문에, 외프외프의 뜻대로 공인된 돈이 사라지면 언제 어디서나 즉시 새로운 통화가 등장한다. 아주 많은 사람이 돈을 악마로 만들지만 그와 동시에 아주 많은 똑똑한 사람이 돈을 천사로 만들기도 한다. 사람들은 돈의 저주를 불평하면서도 동시에 돈을 필요로 한다. 돈은 단순하고 기발하고 없어서는 안 될 발명품이다.

그런데 사람들은 왜 사랑스러운 돈을 악마로 만들까? 외프외프가

인플레이션 inflation과 스태그플레이션 stagflation

인플레이션은 화폐 가치는 하락하고 물가는 지속적으로 상승하는 현상이다. 경제가 발전함에 따라 발생하는 자연스러운 현상이지만 전쟁이나 경제 위기 등으로 상상을 초월한 인플레이션이 발생하기도 한다. 이를 초인플레이션 또는 하이퍼인플레이션 이라고 한다. 최근 가장 살인적인 인플레이션은 2008년 짐바브웨에서 발생했다. 대통령의 포퓰리즘과 경제 정책 실패로 연간 물가 상승률이 2억 퍼센트를 기록했다. 100조 짐바브웨 달러로 달걀 3개밖에 사지 못하는 상황이 벌어진 것이다. 결국 짐바브웨는 자국 화폐 대신 외국 화폐로 통화를 대체하는 것으로 마무리했지만 여전히 사회적·경제적 여파는 남아 있다. 이처럼 스태그플레이션은 경기 침체를 뜻하는 스태그네이션(stagnation)과 물가 상승을 뜻하는 인플레이션(inflation)의 합성어로 경기 후퇴와 물가 상승이 동시에 나타나는 현상을 의미한다. 불황기에는 소비가 줄어 물가가 하락하는 것이 일반적이지만, 스태그플레이션은 주로 경기 침체 중에 원자재 가격이 급등하여 물가 상승이 동시에 일어난다. 1970년대 중동 국가들이 석유를 감산하면서 원자재 가격이 폭등하여 스태그플레이션이 일어난 적이 있다. 이는 국가 정책으로는 해결하기 어렵고 뾰족한 대책이 없기 때문에 일각에서는 'S의 공포'라고 불리기도 한다. 한편, 인플레이션과 반대되는 개념으로 물가가 지속적으로 하락하는 현상을 의미하는 디플레이션(deflation)이 있다.

이 유용한 발명품을 반대하는 이유는 무엇일까? 돈을 비판하는 사람은 아마 돈이 아니라 돈에 대한 욕심, 정확히 말해 재산과 부에 대한 소유욕을 비판하는 것이다. 돈은 그런 소유욕을 상징하는 것일 뿐이다. 그러나 욕심을 비판하면서 돈을 악마로 만드는 것은 기수를 비판하면서 당나귀를 때리는 격이다. 돈은 잘못이 없다. 만족할 줄 모르는 사람이 잘못이다.

사람들의 욕심을 없앨 수는 없을까? 어려운 질문이다. 욕심 없는 인간이 과연 존재할 수 있을까? 그런 사람이 어딘가에는 있겠지만 그들을 과연 인간적이라 할 수 있을까? 외프외프와 비슷한 생각을 하는 사람들에게 해 주고 싶은 말이 있다. 돈을 없애는 것은 어차피 불가능하니 조금씩 절제하는 것에 만족하는 게 어떨까.

모두가 노력하는데
불황이 끝나지 않는 이유

> 사람들은 정부가 국민들을 보호해 주길 원한다.
> 그러나 시급한 문제는 정부로부터 국민을 보호하는 것이다.
> – 밀턴 프리드먼

운전을 해 본 사람이라면 누구나 한 번쯤 겪는 일이 있다. 라이트를 켜 두어 배터리가 방전되었거나, 연료가 떨어졌거나, 엔진이 얼어 차가 멈춘 일 등 말이다. 그러면 시동이 걸릴 때까지 차를 뒤에서 밀어야 한다. 동승자가 있으면 다행이지만 홀로 낯선 곳에서 이런 일을 겪으면 주위 사람들의 도움을 받아야 한다. 그들이 차를 미는 동안 기어를 넣고 시동을 걸며 자동차가 살아나기를 바란다.

이런 시도는 그나마 엔진이 살아날 가능성이 있을 때 한다. 엔진이 완전히 죽었을 때는 아무리 밀어도 소용없다. 고장 난 자동차를 뒤에서 밀어 봐야 힘만 빠진다. 엔진이 완전히 죽었는지 잘 모를 때라도 열 번 정도 시도해 보면 자체적으로 해결할 수 없다는 느낌이 온다.

그럴 때는 기술자를 부르는 수밖에 없다.

경제도 자동차와 비슷하다. 경제 엔진도 이따금 문제가 생긴다. 경제가 불황에 빠지면 성장 엔진이 털털거리고, 소비 배기관에서는 시커먼 연기를 뿜고, 투자 배터리는 방전된다. 경제 운전자는 이런 상황에서 무엇을 할까? 당연히 뒤에서 밀어야 한다. 경제의 도구함에 실제로 뒤에서 밀기 위한 도구들이 들어 있다. 경제학자들은 이를 '반순환적 경기 회복 정책'이라고 한다. 자연적인 경기 순환에 정부가 적극적으로 개입하여 순환의 흐름을 바꾼다는 의미로 '반순환적'이라는 이름이 붙었다. 정부는 경기 회복을 위해 지출을 늘리고 규제를 줄인다. 말하자면 국가가 경제 자동차를 뒤에서 밀어 소비자와 투자자의 시동이 서서히 걸리게 하려는 것이다.

이런 식으로 뒤에서 밀면 정말로 시동이 걸릴까? 자동차처럼 시동이 걸릴 수도 있고 안 걸릴 수도 있다. 상황에 따라 다르다. 뒤에서 미는 정책을 처음으로 생각해 낸 사람은 존 메이너드 케인스다. 제2차 세계 대전 이후 유럽과 미국의 경제 정책에 지대한 영향을 미친 인물이다. 그는 경기 후퇴 시기, 혹은 불황기에는 저절로 회복되기를 기다릴 것이 아니라 정부가 나서서 다양한 재정 정책을 펼쳐야 한다고 주장했다. 그래서 이런 경기 회복 정책을 '케인스 이론'이라고도 한다. 정치가들도 이 정책을 잘 안다. 이 정책의 성공을 좌우하는 관건은 엔진이 아직 살아 있느냐 아니냐다. 엔진이 살아 있는 한 뒤에서 미는 시도는 해 볼 만하다. 그러나 일시적인 수요 방전을 견디지 못하고 경제 엔진이 완전히 망가져 버렸다면 뒤에서 밀어 봐야 아무 소용없다. 몇 미터 못 가서 숨을 헐떡이며 주저앉게 된다. 국가의 돈이 한정되어 있기 때문에 살아날 때까지 돈을 쏟아붓지도 못한다.

그러므로 결정적인 질문은 이것이다. 경제 엔진이 완전히 죽었는가, 아니면 소비 연료를 채워 주면 다시 살아날 것인가? 이런 질문에 몇 줄로 답하려는 것은 과욕이다. 게다가 대답이 상황에 따라 금방 바뀔 수 있다. 간략하게나마 설명하자면 독일의 실업률 추이를 살펴보면 도움이 될 것이다. 1970년대 이후 불황 때마다 실업률이 증가했다. 그리고 불황이 끝난 후에도 실업률은 불황 전 수준으로 회복되지 않았다. 달리 말하면 과거의 모든 불황은 수십만 실업자를 남겼다. 마치 전 세대에게 물려받은 빚처럼 그것을 짊어지고 다음 불황을 맞게 된다. 이른바 '장기 실업' 상태인 것이다. 만약 불경기 때문에 생긴 실업이라면 경기가 회복된 후에는 다시 원래 수준으로 돌아가야 마땅하다. 그러면 노동 시장의 배터리가 충전될 것이고 엔진이 다시 부릉부릉 소리를 내게 될 것이다.

그러나 우리의 노동 시장 엔진은 소리를 내지 않는다. 여러 해 전부터 독일의 실업률이 불황에 불황을 거듭하면서 지속적으로 높아졌다. 독일의 실업률은 30년 넘게 파도타기처럼 출렁거렸다. 호황을 맞아 실업률이 조금 떨어지더라도 여전히 일자리를 찾지 못한 실업자들이 남아 있다. 이것은 독일의 경제 엔진이 벌써 30년째 애를 먹이고 있다는 뜻이기도 하다. 일시적인 수요 방전으로 보기에는 너무 오랫동안 지속되었다. 통일 후에 경기 회복을 위해 모든 독일 국민이 독일 경제를 밀어 봤으나 이런 시도는 불발로 끝나고 말았다. 그래서

'유럽의 병자'라는 별명을 얻기도 했다.

미국의 금융 위기 직전 정부의 강력한 개혁 정책 덕분에 실업률이 줄어들고 경제가 강한 회복세를 보였다. 장기 실업자와 저학력자 실업자가 대폭 줄어든 것이다. 하지만 이것은 기술자가 수리를 했기 때문에 가능한 일이었다. 다시 말해 정부가 지출을 늘리고 규제를 줄이는 방식이 아닌, 직접적인 구조 개혁을 실시했기에 가능한 일이었다. 그러나 그마저도 미국 금융 위기의 여파로 유럽 전체의 경제가 휘청거리면서 다시 제자리로 돌아가고 말았다. 당황한 정치인들은 어설픈 진단을 내리고 차를 뒤에서 밀어 봤지만 엔진이 망가진 차는 시동이 걸리지 않았다.

노동 시장 엔진이 작동하지 않는데도 계속 이렇게 뒤에서 밀어야 할까? 차라리 다시 한 번 기술자를 부르는 것이 더 낫지 않을까?

[경제학자의 메모]

유동성 함정 liquidity trap

시장에 돈이 넘쳐 나는데 경제 주체들의 소비가 늘지 않아 경기가 나아지지 않는 상황. 유동성은 현금으로 전환 가능한 자산을 의미한다. 금리를 낮추고 돈을 풀어도 기업의 생산과 투자가 늘지 않고, 가계 소비 역시 얼어붙어 실물 경제가 살아나지 않는 현상을 돈이 함정에 빠진 것과 같다고 해서 유동성 함정이라는 이름이 붙었다. 1930년대 미국 대공황 시기에 주도적 역할을 한 경제학자 존 메이너드 케인스(John Maynard Keynes) 작품이다. 1990년대 제로 금리를 고수했음에도 불구하고 경기 침체를 겪은 일본의 사례가 대표적이다. 부도 기업이 증가하고 부동산 가격이 폭락했으며 이 여파로 금융 기관까지 부실화되면서 장기 불황으로 이어졌다.

돈은 무조건 돌아야 한다

공급이 수요를 만든다.
—장 바티스트 세

웬만한 회사에는 층마다 사무실 한편에 탕비실이 있다. 직원들은 아침마다 이곳에 들러 커피를 타서 들고 나간다. 그렇게 탕비실을 떠난 커피 잔은 하루 종일 책상 주변에 머물다 퇴근 무렵 다시 탕비실로 돌아온다. 직원들이 너무 바빠서 커피 잔을 가져다 놓지 않을 때도 있다. 그러면 책상 주변에 커피 잔들이 모이고 탕비실에는 커피 잔이 하나도 남지 않는다. 그럼 어떤 일이 일어날까? 커피를 타러 탕비실에 갔다가 잔이 부족하여 빈손으로 나오는 사람이 많아진다. 결과적으로 커피를 덜 마시게 되는 것이다.

너무 일상적인 얘기인가? 그런데 사무실의 커피 잔 순환을 통해 우리는 경제학자들이 말하는 경기 변동에 대해 배울 수 있다. 커피 잔을 탕비실에 가져다 놓지 않으면 커피를 덜 마시게 되는 것처럼 사람들이 돈을 쌓아 놓기만 하면 경기는 침체에 빠진다. 이 순환에 숨어 있는 역학은 매우 흥미롭다. 커피 잔이 책상 주변에 쌓여 있다가 어느 시점이 되면 탕비실로 돌아온다. 그러면 사람들은 다시 커피를 마시기 시작한다. 이 순환 체계의 핵심은 커피 잔이 사라지지 않는다는 점이다. 순환 흐름에서 잠시 벗어나 있을 뿐이다.

사람들의 소득도 이와 같다. 통장이나 지갑으로 들어간 개인 소득은 언젠가 다시 경제 순환의 흐름 속으로 돌아온다. 이것이 바로 세의 법칙Say's law이다. 19세기 프랑스의 경제학자 장 바티스트 세가 주장한 이 법칙은 '모든 공급은 스스로 수요를 창출한다'로 요약할 수 있다. 공급에 참여한 노동자는 그 대가로 돈을 받는다. 이 돈은 언젠가는 다시 지출할 것이다. 즉 공급이 있으면 수요가 따르게 마련이다. 이것이 이른바 '세의 법칙의 거시 경제학적' 트릭이다. 어떤 생산품이 있다면 그것을 만든 노동자는 그 대가로 보수를 받았을 것이다. 보수는 생산품의 가치에 따라 지급되기 때문에, 모든 생산품은 공급되는 순간 그에 합당한 수요를 창출한다. 그러므로 경제 전체를 놓고 보면 공급은 있는데 수요가 부족한 경우는 생길 수가 없다.

그러나 앞서 커피 잔의 예에서 보듯이 일시적으로 수요가 줄어들 수는 있다. 이를테면 커피 잔을 책상 위에 쌓아 두거나 돈을 금고 안에 넣어 둘 때가 그런 경우다. 책상 주변에 쌓인 커피 잔 더미를 경제학자들은 '일시적인 적재'라고 한다. 하지만 '장기적인 수요 감소는 없다'는 근본 명제는 변하지 않는다. 경제 순환으로 돌아가는 길이 멀고 험난할 수는 있지만 돈이 순환 중에 사라지지는 않는다. 언젠가는 다시 순환 체계에 등장하게 되어 있다. 이런 관점에서 보면 불경기는 적재에 의한 수요 감소 상황이기 때문에 일시적인 현상이다. 사람들이 돈을 잠시 쌓아 두고 있는 것이다.

만약 사무실이 여러 층이고 층마다 탕비실이 있다면, 커피 잔이 다른 층으로 가는 일이 발생할 수 있다. 그러면 커피 잔 순환에 나쁜 영향을 미칠까? 꼭 그렇지만은 않다. 커피 잔들은 사라진 것이 아니라 잠시 다른 층으로 갔을 뿐이다. 다른 층으로 자주 커피 잔을 찾으러 가면 커피 잔은 언제나 다시 돌아온다. 직원들이 다른 층에다 잔을 두고 오듯이 우리 국민들이 다른 나라에서 소비를 하면, 소득에서도 똑같은 일이 벌어진다. 다른 나라 국민들은 우리가 그들에게 언젠가 상품과 서비스를 제공하리라 예상될 때만 그들의 상품과 서비스를

[경제학자의 메모]

세의 법칙 Say's law

공급이 자연적으로 수요를 만들어 낸다는 법칙. 19세기 초반 프랑스의 경제학자 장 바티스트 세(Jean-Baptiste Say)는 농부가 곡물을 재배해 팔면(공급) 그 수입으로 옷, 음식 등 다른 물건을 구매할 수 있기 때문에(수요) 어느 한 재화의 공급은 그 재화의 수요가 아니라 다른 재화의 수요를 창출한다고 주장했다. 공급이 이루어지면 그만큼의 수요가 자연적으로 생겨나므로 시장은 공급 과잉 없이 언제나 균형 상태를 유지한다는 것이었다. 세의 법칙에 의하면 공급이 있는 한 늘 수요는 있으므로 공급 중심의 고전적인 경제 정책을 주장하는 데 중요한 논거가 되었다. 세의 법칙은 공급 과잉으로 인한 대공황이 터지면서 비판받기도 했으나 일부에서는 세에 대한 비판이 세에 대한 오해에서 비롯된 것이라고 변호하기도 했다. 여러 논란에도 불구하고 세의 법칙이 공급과 수요에 대한 관점을 바꾼 것만은 확실하다.

우리에게 제공하고자 한다. 수입은 국내 구매력을 약화시키지 않는다. 내국의 수요가 단지 외국의 수요로 대체될 뿐이다.

경기 회복 정책에 대한 물음이 남았다. 커피 잔이 부족할 때 외부에서 추가로 커피 잔을 더 가져다 놓으면 어떻게 될까? 아마도 커피 잔이 없었을 때보다는 커피를 더 마실 것이다. 그런데 며칠 후 책상 위에 있던 많은 커피 잔이 탕비실로 돌아와 커피 잔이 남아도는 상황이 되면 어떻게 될까? 그렇다고 해도 커피 잔 불황 이전보다 더 많은 커피를 마시게 되진 않는다. 무엇보다 우리는 커피 잔 인플레이션을 맞는다. 너무 많은 커피 잔이 탕비실 선반에 쌓이게 된다. 혹은 커피 잔이 너무 많아 선반에 다 넣을 수도 없게 된다. 통화량이 증가하더라도 소비가 증가하는 데는 한계가 있다는 뜻이다.

다이어트와
경제의 공통점

25. 경제 정책의 지속성

경제학의 첫 번째 원칙은 희소성이다.
모든 사람을 만족시킬 수 있는 것은 결코 없다.
정치학의 첫 번째 원칙은 경제학의 첫 번째 원칙을 넘어서야 한다는 것이다.
— 토머스 소웰

너무 많이 먹고 너무 적게 움직이면 뱃살과 엉덩이가 풍선에 바람 들어가듯 점점 불어난다. 입던 바지의 단추를 못 채울 지경이 되면 다이어트를 시작한다. 운동을 하고, 끼니를 거르고, 칼로리가 낮은 음식만 먹는다. 애석하게도 혹독한 다이어트에는 반복되는 현상이 있다. 마침내 날렵한 몸을 되찾게 되면 다시 편안한 마음으로 그동안 참아 왔던 칼로리 폭탄들을 입안으로 넣기 시작한다. 그러다 보면 어느새 살을 빼기 전보다 더 많은 살이 배 주위를 두르고 있다. 이것이 이른바 '요요 현상'이다.

그런 요요 현상이 국가 재정 정책에도 나타날 수 있다. 경기가 안 좋으면 세금이 덜 걷힌다. 그러면 돈이 부족해진 정부는 긴축 재정에 돌입한다. 그러다가 경기가 살아나 돈이 넉넉해지면 예산을 펑펑 쓰기 시작한다. 여기서 요요 현상과 연결된다. 경기가 나쁠 때는 위기라며 꼭 필요한 데도 돈을 쓰지 않다가, 경기가 좋을 때는 누에 농장에까지 보조금을 지급할 정도로 후한 인심을 보인다.

요요 현상은 국가 재정에도 해롭다. 예산을 늘렸다 줄였다를 반복하는 것만큼 경제 건강에 나쁜 것은 없다. 누에 농장에 지급하던 보조금을 삭감하면 곧 나비 부족 지역을 돕기 위한 기금을 늘려야 할 때가 온다. 소득세를 삭감하면 곧 부가 가치세를 인상해야 할 때가 온다. 사회 복지세를 삭감하면 말라 가는 국민 연금, 건강보험 등의 재정을 충당하기 위해 새로운 세금을 부과해야 한다.

규칙적인 생활 습관이 건강한 몸을 만들듯이 경제 정책 역시 일관성과 지속성이 중요하다. 국가 정책이 변덕스럽게 자꾸 바뀌면 개인과 기업 역시 정책에 따라 흔들릴 수밖에 없다. 이런 환경에서는 장기적인 투자와 지출을 결정할 수가 없고 경제는 도깨비불이 될 것이다. 그렇기 때문에 사회 민주주의 조상들도 시장 경제를 요구했고 정치가들 역시 경제 정책의 지속성을 유지하는 방안을 찾으려고 한다. 그들은 안정성을 건강한 경제의 기본 조건으로 여긴다.

앞서 살펴봤던 '반순환적 경기 회복 정책' 면에서 보면 요요 현상은 특히 문제가 된다. 반순환적 경기 회복 정책은 사실 요요 현상을 보이는 재정 정책과는 정반대 방향으로 움직이는 정책이다. 경기가 좋을 때 오히려 지출을 줄여 나쁠 때를 대비하고, 경기가 나쁠 때 돈을 풀어 경기를 부양하는 방식이기 때문이다. 그런데 현실에서는 이런 개념이 무색해지는 장면을 자주 목격한다. 정치가들은 물 들어 왔을 때 노를 젓는 사공처럼 있을 때 쓴다. 그들에게 좋을 때 나쁜 때를 대비하라는 충고는 동화 속 교훈일 뿐이다.

영양학자들은 살을 빼려는 사람들에게 과도한 다이어트보다는 식습관을 바꾸는 게 더 중요하다고 충고한다. 그것은 시간이 조금 걸릴지라도 건강하게 살을 빼는 가장 확실한 방법이다. 요요 현상 없이 날씬한 몸을 오래 유지할 수 있다. 만약 요요 현상에 시달리는 재정 정책에도 영양학자가 있다면 변덕스러운 수입 지출 정책을 중지하고 나쁜 예산 습관을 바로잡을 것이다. 예산이 건전하게 계획되고 집행되는지, 정책의 지속성이 유지되는지 꾸준히 관리해 줄 것이다. 그렇게 되면 투자 확대와 일자리 증가라는 보상을 얻을 수 있다.

구멍 뚫린 지붕은 맑을 때 고쳐야 하고, 망가진 외양간은 소가 있을 때 고쳐야 한다. 그런데 몰라서 못하는 게 아니다. 사람은 의지가 너무 약하다. 벌써 배가 고프지 않은가?

[경제학자의 메모]

샤워실의 바보 a fool in the shower room

거시 경제에서 통화량과 중앙은행의 역할을 중시하는 통화주의의 대부로 통하는 밀턴 프리드먼이 경제 상황에 따라 이리저리 통화 정책을 바꾸는 정부의 어리석음을 지적한 말. "샤워실에서 갑자기 물을 틀면 찬물이 나온다. 이를 못 참고 더운물 쪽으로 수도꼭지를 돌리면 금세 참을 수 없이 뜨거운 물이 나온다. 화들짝 놀라서 수도꼭지를 찬물로 돌리면 또다시 찬물이 나온다. 결국 물만 낭비한 채 샤워도 제대로 못하는 바보가 있다." 프리드먼은 정부의 개입을 줄이고 모든 이에게 최대한의 경제적 자유를 보장해 줘야 한다고 주장했다.

경제는 무슨 조작을 하든
30분 뒤에야 반응하는
자동차다

> 경제는 초대형 유조선과 같아서 즉각적으로 움직이게 할 수 없다.
> 정부 정책은 경제를 서서히 움직이게 할 수 있지만,
> 움직이기까지 많은 시간이 걸린다.
> ─그레고리 맨큐

    자동 변속기 자동차는 운전이 쉽고 편하다. 한쪽 발만으로 속도를 자유자재로 조절할 수 있다. 가속 페달을 밟으면 빨라지고 페달에서 발을 떼면 느려진다. 정치가나 아마추어 경제학자들 중에는 통화 정책으로 경기를 조절하는 것도 이와 같다고 생각하는 이가 많다. 그들은 대략 이렇게 상상한다. 통화 정책 페달을 살짝 밟으면, 즉 이자율을 낮추거나 통화량을 늘리면 투자와 소비가 증가하고 경기가 살아나 힘차게 달려 나갈 거라고 생각한다. 또 속도가 너무 빠르다 싶으면, 즉 경기가 과열되면 페달에서 발만 떼면 된다고 믿는다. 하지만 경제는 그렇게 쉽게 흘러가지 않는다.

    통화 정책을 가속 페달 이론으로 설명하려면 약간의 수정이 필요

하다. 불황이 찾아와 페달을 살짝 밟는다고 가정해 보자. 이것만으로는 경기가 회복된다는 보장이 없다. 통화 정책 가속 페달과 경기 엔진이 직접적으로 연결되어 있지 않기 때문이다. 예를 들어 통화량을 늘리면 늘어난 통화가 소비자의 지갑에 고스란히 머무는 일이 발생할 수 있다. 경기에 대한 전망이 비관적이고, 돈을 은행에 맡기거나 투자하는 것이 무의미해 보여 소비 욕구가 생기지 않는 것이다. 현실에서도 자주 일어나는 시나리오다. 최근에는 일본에서 이런 현상이 벌어졌다.

소비자들이 돈을 은행에 맡기고 주식이나 채권을 매입해 기업에 투자할 가능성이 높아지더라도, 그것이 곧 투자 증가를 뜻하지는 않는다. 창고가 이미 가득 찼거나 게으르거나 경기 전망이 어두우면, 투자 욕구에 제동이 걸리고 돈의 가치도 떨어진다. 이것이 이른바 '투자의 함정'이다. 가속 페달을 밟아도 아무 소용이 없다. 아무 일도 생기지 않는다.

반대로 속도를 낮추고자 할 때는 가속 페달 이론이 그런대로 통한다. 이자율을 높이거나 통화량을 줄이면, 투자가 줄고 소비가 뒷걸음질 친다. 과열된 경기가 식는 것이다. '페달에서 발을 떼는 것'과 '급제동' 사이의 경계가 모호하기 때문에 예기치 않은 부작용이 나타날 수도 있다. 일부 경제학자들은 중앙은행의 급제동으로 경제 자동차가 전복될 위험이 있다고 경고한다. 또한 중앙은행이 경제의 모든 부분을 통제하는 데는 한계가 있기 때문에(경제학자들은 이를 '내생 화폐 이론endogenous money theory'이라고 한다) 통화량을 완벽하게 조절할 수 없다고 주장한다.

게다가 통화 정책 가속 페달을 아무리 세게 밟아도 경제 자동차는 12개월에서 18개월 후에나 반응하기 때문에 통화 정책으로 속도를 조절하기가 매우 어렵다. 가속 페달을 밟고 30분이 지나서야 반응하는 자동차를 운전한다고 생각해 보라. 자동차가 빨라졌는지 혹은 느려졌는지 가늠하기 어려울 뿐 아니라 빨라진 까닭이 가속 페달을 밟아서인지 아니면 산 아래로 굴러떨어지고 있어서인지 확인할 수가 없다. 때로는 역풍을 만나 자동차가 더 느려질 수도 있다.

더욱 심각한 문제는 통화 정책이 어떤 경로를 통해 소비자와 생산자의 경제 활동에까지 전달되는지 정확히 모른다는 사실이다. 그것은 경기 회복 엔진과 연결된 페달이 어느 것인지 모른 채 여러 페달 중 하나를 밟은 후 속도가 빨라지기를 바라는 것과 같다.

가속 페달을 밟은 지 30분 후에야 반응하는 자동차, 제동 혹은 가

내생 화폐 이론 endogenous money theory

중앙은행의 정책을 통해서 통화량을 조절할 수 있다고 주장하는 '외생 화폐 이론(exogenous money theory)'에 반해 '내생 화폐 이론'은 경제에 존재하는 통화량은 민간 부문의 경제 활동에 따라 공급된다는 논리이다. 민간의 대부 수요와 대부 공급 그리고 통화 수요 및 전체 경제 활동의 결과에 따라 통화량이 결정되며 이 때문에 중앙은행이 통화량을 완벽하게 통제할 수가 없고 민간 부문의 상호 작용을 그대로 수용한다고 주장한다. 1980년대 이후 대표적인 포스트케인지언(Post-Keynesian) 학파인 니콜라스 칼도어(Nicholas Kaldor)를 중심으로 경기 순환 이론·분배론·재정학 등에 걸쳐 내생 화폐 이론을 중심으로 한 다양한 대안적 이론이 만들어졌다.

속 장치를 작동했을 때 얼마나 강하게 반응할지 알 수 없는 자동차, 가속 페달, 정지 페달이 복불복인 자동차를 운전하고 싶은가? 안타깝지만 경제 자동차는 누가 와도 제대로 운전하기가 쉽지 않다. 큰 사고가 나지 않으면 그나마 다행이다.

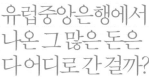

유럽중앙은행에서
나온 그 많은 돈은
다 어디로 간 걸까?

27. 자산 가치 인플레이션

간단히 말해서 인플레이션은
시중에 돈이 너무 많이 풀리면 발생하고,
디플레이션은 경제를 굴리는 데
필요한 돈이 부족할 때 발생한다.
– 로버트 기요사키

뜨거운 목욕물에 몸을 담그면 혈색이 바뀌고 기분이 편안해진다. 욕조에 몸을 담그려면 먼저 욕조에 뜨거운 물을 채워야 한다. 재미있는 사실은 수도꼭지를 제때에 잠그기 위해 물을 받는 내내 욕조 옆에서 지켜보고 있는 사람은 없다는 점이다. 대개는 물을 받는 동안 다른 일을 한다. 그런데 이러다 가끔씩 사고가 터진다. 물을 틀어 놓은 걸 깜빡 잊으면 목욕물이 어느새 넘쳐 욕실 바닥을 흥건히 적신다. 최악의 경우에는 아랫집에도 피해를 줄 수 있다. 이런 재앙을 막는 방법은 간단하다. 자주 욕실에 들러 욕조에 물이 얼마나 찼는지 살피면 된다.

다음과 같은 상황을 상상해 보자. 자주 욕실에 들러 욕조를 살피는

데 도대체 물이 차오르지를 않는다. 이때 취할 수 있는 행동은 두 가지다. 첫째, 느긋한 맘으로 계속 물을 틀어 놓고 찰 때까지 기다리거나, 둘째 욕조에 구멍이 있는지를 살펴보는 것이다. 이상하게 들리겠지만 이럴 때 욕조 바닥에 구멍이 있는지 살펴볼 생각은 하지 않고 몇 시간씩 물을 틀어 놓는 사람들이 실제로 있다. 그럴 리가 없다고? 바로 유럽의 통화 정책을 담당하는 사람들이다.

통화 정책의 기본 전제는 통화량과 인플레이션율 사이에 관계가 있다는 것이다. 통화량이 많을수록 인플레이션율이 높다. 의심의 여지가 없다. 주머니가 두둑할수록 더 많이 소비하고, 더 많이 소비할수록 가격은 상승한다. 특히 소비는 증가했는데 생산이 그에 맞춰 증가하지 않으면 가격은 상승한다. 과거에 유럽중앙은행은 이런 전제를 바탕으로 통화량을 조절했다. 통화량이 너무 많아지지 않도록 조절함으로써 인플레이션율 상승 위험을 없애고자 했다.

여기까지는 괜찮다. 그러나 최근 유럽중앙은행의 통화량 목표를 폐지하자는 목소리가 많아졌다. 통화량 조절이 인플레이션율에 아무런 영향을 못 미쳤던 것이다. 과거에 비해 통화량 증가와 인플레이션율 사이의 관계가 느슨해졌다. 통화량을 늘렸는데도 인플레이션율 상승이 없었던 것이다. 통화량과 무관한 통화 정책이 있을 수 있을까? 통화량은 인플레이션율 상승에 아무 구실도 하지 않을까?

물이 차오르지 않는 욕조를 생각하면 통화량과 인플레이션율은 아무 상관이 없어 보인다. 욕조를 국민 경제로, 욕조에 담길 물을 통화량으로 볼 때, 물이 흘러넘치면 인플레이션율이 상승하여 국민 경제에 해를 입힌다. 통화량 조절 정책을 비판하는 사람들의 해석에 따르면, 지금 유럽 욕조 바닥에는 구멍이 나 있다. 얼마나 많은 물이 쏟아지든지 상관없다. 욕조는 결코 넘치지 않는다. 인플레이션율 상승은 없다는 말이다.

국민 경제 욕조에 난 구멍으로 새어 나간 돈은 어디로 간 걸까? 필요 이상으로 쏟아져 들어온 물이 욕조 위로 넘치지 않고(인플레이션율을 높이지 않고) 자본 시장으로 흘러들었다. 이 구멍은 '자본 시장'과 연결되어 있었다. 지난 몇 년간 자본시장에서 무슨 일이 있었는지를 보면 알 수 있다. 경제학자들은 이를 '자산 가치 인플레이션'이라고 한다. 그러니까 자산 가치의 유동적 상승인 것이다.

구체적으로 보면 2000년 무렵 주가가 엄청나게 상승했고 뒤이어 부동산 가격도 크게 올랐다. 이는 통화량 증가 덕분이다. 그러니까 인플레이션율이 상품과 서비스 가격 대신에 자산 가치를 상승시킨 것이다. 이런 상황을 알게 된 이상 보고만 있어서는 안 된다. 자본 시장이라는 구멍으로 물이 새 나가도 욕실 바닥이 흥건해지기는 마찬가지다. 자산 가치 인플레이션도 인플레이션이고 어쩌면 상품 가격 인플레이션보다 더 위험할 수도 있다. 그 이유는 간단히 설명된다. 만약 주식이나 부동산 가격이 과하게 상승하면, 시장에 새로운 주식이나 부동산이 많아질 것이다. 부동산 가격의 상승을 예상하고 새로운 건물을 많이 지었는데 나중에 그 가치가 보통 수준으로 내려가면, 수많은 건물이 빈집으로 남는다. 건축 자재와 노동의 낭비도 낭비거니와 경제에 미치는 영향이 너무 크다.

최근에 인플레이션율이 왜 그렇게 낮았는지 이제 설명이 된다. 물은 욕조 위로 흘러넘치지 않았다. 자본 시장 구멍으로 빠져나가 주가와 부동산 가격 폭등이라는 피해를 남겼다. 말하자면 우리는 물을 틀어 놓고 욕조를 제대로 확인하지 않은 것이다. 물이 자본 시장 구멍으로 빠져나가고 있다는 것을 알지 못했다.

자산 가치 인플레이션은 자산 시장을 차례로 통과하며 경제를 초토화시킨다. 먼저 돈이 주식 시장으로 들어가 장을 과열시켜 급락의 빌미를 만든다. 그런 다음 가령 부동산 시장으로 흘러들어 가 또 다른 문제를 야기한다. 2008년에 '부동산 및 금융 위기'라는 이름으로 그 결과를 확인한 바 있다.

돈은 물과 같다. 항상 가격과 연결된다. 욕실 바닥을 뽀송뽀송하게 유지하고 싶다면 방법은 하나뿐이다. 수도꼭지를 잠가야 한다. 통화량을 줄여야 한다. 그러지 않으면 욕실을 다 뜯어내야 하는 일이 생길지도 모른다.

[경제학자의 메모]

거품 경제 bubble economy

자산 가격이 내재 가치에 비해 과대평가되어 있는 현상을 말한다. 내재 가치는 자산의 미래 기대 수익을 반영한 가치를 말하는데, 거품 경제는 시장에 형성된 가격이 내재 가치를 비이성적으로 넘어선 상태를 의미한다. 부동산과 주택, 주식, 원자재 등 다양한 분야에서 일어난다. 과대평가된 자산 가치에 대한 거품이 꺼지면 실물 경제에 큰 타격을 준다. 1929년 미국 대공황 시절의 주가 폭락, 1990년대 일본의 부동산 폭락, 2008년 세계 금융 위기 등이 거품 경제의 대표적인 사례다.

제 3 장

경제 위기는
언제나 도둑처럼
찾아온다

글로벌 금융 위기에 관해서 가장 확실한 사실은
글로벌 금융 위기에 대해서 잘 아는 사람이 아무도 없다는 것이다.
– 폴 새뮤얼슨

고속 도로로 진입했는데 갑자기 원인 모를 정체가 생기면 맥이 빠진다. 굼벵이처럼 달리는 화물 트럭도 없고, 사고 난 자동차도 없다. 유출된 기름도 없고, 도로를 막고 있는 화물도 없다. 원인도 없이 갑자기 생긴 유령 같은 정체다. 운전자의 관점에서 보면 이런 정체가 생기면 마음이 답답하다. 모든 운전자는 가능한 한 빨리 목적지에 도달하고 싶어 한다. 고속 도로에서 밤을 새고 싶은 사람은 없다. 그런데도 이유를 알 수 없는 유령 정체가 늘 발생한다. 간단한 실험으로 이런 정체를 재현해 봤다. 넓은 주차장에 열 대의 차량을 계속 돌게 해 봤다. 몇 바퀴를 돌자 주차장의 교통 흐름이 갑자기 느려지기 시작했다. 원인 모를 유령 정체가 나타난 것이다.

경제에도 유령 정체 같은 현상이 있다. 맑은 하늘에 날벼락처럼 갑자기 소비가 뚝 줄어들고 투자자들이 돈을 챙겨 돌아가고, 내수 경기가 잠든다. 느닷없이 불황이 닥친 것이다. 경제 성장률은 멈추고, 실업은 증가하고, 기업들은 위기를 겪는다. 운전자들이 갑작스러운 정체를 이해하지 못했던 것처럼 개별 경제 주체들의 관점에서 보면 이런 현상은 설명이 안 된다. 갑자기 생산이 줄고 일감이 사라진 까닭을 이해할 수 없다. 생산을 많이 할수록 부유해지고 일을 많이 할수록 더 많이 누릴 수 있는데, 갑자기 적게 생산하고 적게 일할 이유가 없다. 아무도 그러고 싶지 않지만 갑자기 그런 일이 발생한다. 아무도 고속 도로에서 천천히 달리고 싶지 않지만 정체가 생기는 것처럼 말이다. 모두가 더 많이 일하고 더 크게 성장하고 싶어 하는데 어떻게 이런 일이 생길 수 있단 말인가!

이런 현상은 미시 경제학과 거시 경제학의 차이 때문에 발생한다. 미시 경제학은 소비자, 기업 혹은 세금 납부자 등 개별 경제 주체들이 어떻게 행동하는가를 연구한다. 반면, 거시 경제학은 이런 개별 경제 주체 모두의 활동이 합쳐져 나온 결과, 즉 개별 활동을 합한 것만으로는 설명할 수 없는 혼합된 결과에 몰두한다. 개별 경제 주체의 활동과, 모든 경제 주체의 활동이 합쳐져 나온 결과는 차이가 크다. 경제는 종종 개별 관점에서 기대되는 것과 총합에서 드러나는 결과가 다르게 나타난다. 고속 도로를 달리는 개별 운전자는 정체를 원하지 않지만 운전자 총합이 정체를 만들어 내는 것과 비슷하다.

불황과 실업 같은 거시 경제 현상을 말할 때 목욕물을 버리면서 욕조까지 함께 버리는 우를 범해선 안 된다. 인간은 자극에 반응한다는 미시 경제의 근본 명제가 거시 경제에서도 여전히 유효하다. 낮은 성장률과 높은 실업률이 목격되면 성급하게 유령 정체로 결론 내리지 말고 더 정확하게 살펴봐야 한다. 혹시 어딘가에 통나무가 떨어져 차선을 막고 있진 않은지, 사고가 나지는 않았는지, 잘못된 경제 정책이 실행되진 않았는지 따져 봐야 한다.

정체가 오래 지속된다면 일시적인 정체가 아니라 고속 도로 설계 자체에 문제가 있을 가능성이 크다. 설계를 변경하고 도로를 다시 만들려면 한동안 그 도로를 이용하지 못해서 큰 불편을 겪는다. 경제도 마찬가지다. 불황이 오래 지속된다면 원인 모를 수요 감소가 아니라 구조적 질병일 확률이 크다. 만약 그렇다면 안타깝지만 매우 고통스러운 치료를 받아야만 한다.

[경제학자의 메모]

거시 경제학 macroeconomics 과 미시 경제학 microeconomics

일반적으로 경제학은 거시 경제학과 미시 경제학으로 나뉜다. 거시 경제학은 국민 경제를 총체적 관점에서 분석한다. 주로 GDP, 국민 소득, 인플레이션 및 경기 후퇴, 고용과 실업, 환율, 국제 수지, 경제 성장률 등을 다룬다. 한편, 미시 경제학은 개별 단위에 중점을 두고 개별 경제 주체인 가계와 기업의 의사 결정 분석을 통해 경제 현상을 설명한다. 미시 경제학은 주로 자원의 배분 및 소득의 분배 등을 대상으로 한다. 모든 경제 현상은 가계나 기업, 소비자와 공급자 같은 개별 경제 주체들의 경제 활동 속에서 일어나기 때문에 거시 경제학과 미시 경제학은 유기적으로 연결될 수밖에 없다.

(오류)

우리가 경제학에 대해 오해하고 있는 것들

경제와 관련된 수많은 아이디어가 우리도 모르는 사이에 언어와 사고방식, 대화에 스며들어 있다. 이를테면 미국에 허리케인을 일으키는 남아메리카의 나비라든지, 인구가 모두 사라져 지구가 텅 비어 버린다든지, 중국이 더 발전하면 다른 나라들이 가난해진다든지, 기술 발달로 노동도 사라져 버린다든지 하는 이야기들 말이다.

일반인들뿐만 아니라 정치가나 기업가, 혹은 존경과 신임을 받는 작가나 기자들까지도 괴담에 가까운 경제 이론을 당당하게 입에 올린다. 믿을 만한 사람들이 그럴듯하게 얘기하는 바람에 허무맹랑한 경제 이론들이 어느새 많은 사람에게 진실처럼 받아들여지고 있다. 하지만 그 가운데 상당수는 거짓이다.

경제학의 엄정한 잣대로 이런 이야기들을 평가해 보자. 쓸데없는 걱정의 상당수를 털어 낼 수 있을 것이다.

경제학에서
나비 효과는 없다

29. 카오스 이론

> 시장은 균형 상태를 유지하려는 특성이 있다.
> 특별히 손대지 않아도 수요와 공급은 늘 적절한 선에서 만난다.
> 여러 요인으로 흔들릴 때도 있지만 시간이 지나면 저절로 균형을 되찾는다.
> 그런데 평형 상태가 어떻게 만들어지는지는 아무도 모른다.
>
> —프리드리히 하이에크

'날갯짓 한 번으로 지구 반대편에 허리케인을 일으키는 나비'로 대표되는 카오스 이론은 여러 은유적 의미를 지니고 있어 이런 저런 자리에 자주 등장한다. 이런 학술적이고 악마적이고 예언적인 표현을 사용하는 사람들에게는 이 표현 뒤에 정확히 무엇이 있는지는 중요하지 않은 듯하다. 이런 말을 쓰면 어쩐지 똑똑해 보이고 멋져 보이므로 기꺼이 연설이나 토크쇼, 토론회에서 인용한다. 심지어 더 나은 나라를 만들겠다는 선거 홍보 문구에도 '허리케인 나비 가설'이 등장한다. 역시 뭔가 있는 게 분명하다.

그렇다면 뭐가 있는지 한번 살펴보자. 허리케인 나비는 어디서 왔을까? 이것은 복잡계 현상을 연구하는 '카오스 이론'에서 나왔다. 복잡계란 수많은 변수가 복합적으로 작용해 다양한 결과를 만들어 내는 체계를 말한다. 공기의 움직임, 날씨 현상, 동물의 번식, 자본 시장의 주가 변동 같은 것들이 복잡계에 속한다. 복잡계에서는 종종 특이한 현상이 발견된다. 오랫동안 잠잠하다가 특별한 이유도 없이, 예고도 없이 갑자기 폭발하는 일이 벌어진다. 예측 불가능한 돌발스러운 혼돈이 나타나는 것이다. 급작스러운 주가 변동, 허리케인, 토네이도, 전염병 같은 것들이 그렇다. 그렇기 때문에 이런 혼돈의 원인과 과정을 연구하는 이론을 '카오스 이론'이라고 한다.

이런 복잡계의 현상을 설명하기 위해 다양한 공식과 기나긴 계산으로 된 복합적인 모델을 설계했다. 그리고 이 모델에서 매개 변수가 아주 조금만 변해도 결과가 완전히 달라지고 카오스가 발생한다는 것을 증명했다. 어떤 곳에서 작은 충돌이 생기고 그것이 전체를 흔들어 결국 거대한 효력을 낸다. 즉 체계와 질서가 완전히 붕괴된다.

날씨 변화 같은 고도의 복잡계에서는 모든 매개 변수가 밀접하게 연결되어 있다. 나비의 날갯짓이 이 체계 안으로 들어가면 나머지 매개 변수들이 자동으로 반응하고 결국 허리케인 같은 카오스적인 돌발이 일어난다. 수천 개의 톱니바퀴가 촘촘히 맞물려 있을 때, 아주 작은 톱니바퀴 하나를 돌리면 멀리 떨어져 있는 큰 톱니바퀴가 움직이는 것과 같다.

경제 체계 혹은 자본 시장도 수많은 변수가 맞물려 있는 고도의 복잡계이므로 여기에서도 나비 효과에 대해 얘기할 수 있다. 어느 작은 도시에 사는 누군가의 행동이 지구 반대편에 있는 대도시의 극적인 결과를 불러올 수 있다는 것이다. 이것은 정치인에게는 기쁜 소식이다. 경제 위기에 대한 죄책감을 가질 필요가 없으니 말이다. 카오스 이론 덕분에 경제 위기는 정치인의 책임이 아니라 작은 나비의 날갯짓 때문이다. 경제는 밀접하게 얽혀 있는 복잡계이기 때문에 그런 카오스를 막을 수가 없다. 논리적이고 설득력 있게 들린다. 그렇다고 알록달록한 나비의 날갯짓이 허리케인을 일으키고, 새 차를 구입하지 않기로 한 결정이 경제 위기를 낳는다는 얘기를 믿어야 할까?

경제가 고도의 복잡계고 모든 것이 서로 얽혀 있다는 것은 사실이다. 그러나 경제는 유연한 체계이기 때문에 충격과 손상에 재빨리 반응한다. 새 자동차를 구입하지 않기로 한 결정이 소비 체계에 부정적인 영향을 미칠 수는 있겠으나 자동차가 팔리지 않으면 자동차 생산자들은 가격을 내릴 것이다. 그러면 금세 상황이 완전히 달라진다. 미국에서 전달된 나쁜 소식이 주가를 흔들어 놓을 수는 있지만 그렇다고 늘 카오스가 벌어지는 것은 아니다. 주가가 약간 떨어지면 그 가격이 적당하다고 생각하는 새로운 구매자가 나타나기 마련이다.

경제 체계와 자본 시장은 지진 대비 설계로 지어진 고층 건물과 같다. 이런 건물들은 지진이 발생하면 꼿꼿이 서 있는 것이 아니라 땅의 흔들림에 따라 조금씩 휘청거린다. 바로 이런 휘청거림 덕분에 지진 속에서도 무너지지 않는다. 탄력성이 건물을 지키는 것이다. 경제 체계와 자본 시장도 탄력성이 있기 때문에 나비의 공격을 막을 수 있다. 가끔은 경제의 탄력이 줄어드는 때도 있지만 그렇다고 나비의 날갯짓으로 무너질 만큼 약한 것은 아니다. 거센 바람이 불 때 바람에 따라 움직일 수 있는 정도의 탄력이 남아 있는 한 경제가 난파될 일은 없다.

나비 효과는 변수 A가 B를 거치지 않고 곧장 C로 연결되는 경직된 체계에서나 가능한 것이다. 유연한 체계일수록 A에서 C로 바로 연결될 확률은 크지 않다. 다른 요소들이 체계를 안정시키고 날갯짓의 결과를 방어하기 때문에 나비 효과는 통하지 않는다. 설령 나비의 날갯짓이 고도로 복합적인 체계의 매개 변수 하나를 바꾸더라도, 다른 요소들이 연쇄적으로 반응하며 심각한 결과를 막는다. 그러므로 경제에서는 나비가 허리케인을 일으키는 일은 없다.

경제 체계를 살아 있는 유연한 체계로 이해하고 그렇게 구성하는 한, 우리는 나비의 알록달록한 날개를 계속 느긋하게 지켜볼 수 있다.

[경제학자의 메모]

나비 효과 butterfly effect

초기의 작은 변수 하나가 여러 연쇄 과정을 거쳐 거대한 변화를 일으킬 수 있다는 카오스 이론의 하나. 1961년 에드워드 로렌츠(E. Lorenz)가 기상 예측 프로그램을 돌리다가 발견한 현상이다. 1972년 '브라질에 있는 나비의 작은 날갯짓이 미국 텍사스에 토네이도를 발생시킬 수 있을까'라는 제목으로 발표하면서 유명해졌다. 아주 작은 변화가 나중에는 예측 불가능한 상황을 만들어 낸다는 것으로, 훗날 무질서하게 보이는 복잡성 뒤에 질서가 숨어 있다는 '카오스 이론(chaos theory)'의 토대가 되었다. 오늘날에도 아주 작은 차이에 따라 결과가 확연히 달라질 수 있다는 의미로 다양한 사회 현상을 설명하는 데 활용되고 있다.

일자리를
늘리는 법은
따로 있다

30. 완전 고용

대공황이나 그와 비슷한 대규모 실업 사태는
개인의 잘못이 아니라 정부의 무능 때문에 발생한다.
— 밀턴 프리드먼

달콤한 케이크 한 조각이 입에서 사르르 녹을 때만큼 행복한 순간
은 없다. 생일 파티에 쓰려고 최고급 케이크를 사 왔는데 생각보다
사람이 많이 와서 케이크가 턱없이 부족하다. 이럴 때 종종 분쟁이
생긴다. 누가 가장 큰 조각을 먹을 것인가. 분쟁이 너무 커지면 해결
방법은 하나뿐이다. 케이크를 하나 더 만들어야 한다.

국민 경제를 일종의 제과점으로 착각하는 사람들이 있다. 국민 경
제 제과점에서 가장 인기 있는 것은 일자리 케이크다. 일자리 케이크
는 늘 품절 현상에 시달린다. 일자리가 부족하면 일자리 한 조각을
얻은 사람이 반을 잘라 아직 일자리가 없는 사람에게 나누어 주면 된
다. 국민 경제 안에 있는 전체 일자리가 거대한 케이크라면 능숙하게

배분하여 모든 국민이 한 조각씩 받아 들 수 있게 하면 모두가 행복해질 것이다. 한마디로 일자리를 가진 사람에게서 일을 약간 떼어서 실업자에게 주기만 하면 완전 고용이 실현된다.

그런데 국민 경제의 일자리 케이크는 잘못된 상상이다. 조금만 깊이 생각해 봐도 금세 허점이 드러난다. 일자리를 가진 사람에게서 일을 '약간' 떼어 왔다면, 떼어 준 사람은 당연히 예전보다 적은 보수를 받을 수밖에 없다. 예전보다 일이 줄어들었기 때문이다. 이것만으로도 벌써 문제가 생긴다.

십분 양보해서 노동자에게 적게 일하고 적게 받으라고 강요할 수 있다고 치자. 그러면 또 다른 문제가 바로 생긴다. 일을 나누어 받은 사람이 과연 그 일을 잘 해낼 수 있을까? 독일의 실업자들 대다수는 저학력, 장기 실업자다. 그러므로 이들이 정부의 정책 지원으로 마련된 프로그래머 일자리를 떼어 받는 것은 어려워 보인다.

그러므로 실업자들에게 일거리와 보수를 주기 위해 일자리를 나누려면, 특별한 기술을 요하지 않는 일자리, 즉 보수가 낮은 일자리를 나누어야 한다. 결국 배분을 통해 낮은 보수가 더욱 낮아진다. 이런 배분은 설득력이 없다.

보수를 낮추지 말고 일자리를 나누면 어떨까? 케이크 비유가 곧바로 문제를 설명한다. 보수의 변화 없이 일자리 케이크를 나누면, 결국 케이크의 크기가 작아질 것이다. 적게 일하고 똑같은 보수를 받는다는 것은 생산 비용이 높아진다는 뜻이다. 생산 비용이 높으면 기업은 생산량이나 직원 수를 줄이게 된다. 더 많은 사람이 일을 하는데 생산량은 더 줄어든다. 케이크 하나를 만드는 데 여러 제빵사가 참여하면 결국 케이크는 작아진다는 말이다.

일자리를 나눔과 동시에 인건비, 감가상각비, 구조적 비용이 올라가고 일자리 케이크는 작아지기 시작한다. 그러면 작아진 케이크를 국민들에게 나누어 줄 수밖에 없다. 그리고 이때 발생하는 심각한 문제는 특별한 기술을 요하지 않는 일자리들이 쉽게 외국으로 옮겨지거나 기계로 대체될 수 있다는 점이다. 말하자면 일자리 배분으로 만들어 내려는 바로 그 일자리가 오히려 사라지게 된다. 이제 일자리 케이크는 확실히 건강에 해로워 보인다.

당연히 케이크를 더 많이 만들면 문제는 해결된다. 그러니까 일자리를 더 많이 만들면 된다는 말이다. 케이크의 양보다 케이크를 먹고 싶은 욕구가 큰 이상, 케이크가 많아지는 건 언제나 환영받을 것이다. 이것이 마지막 걸림돌로 연결된다. 사회 복지 케이크를 넉넉히

[경제학자의 메모]

완전 고용 full employment

일하고자 하는 의지와 능력을 가지고 취업을 희망하는 사람은 언제든지 일할 수 있는 상태. 완전 고용 상태에서는 일자리가 부족하여 취업하지 못하는 비자발적 실업이 없다. 노동의 수요 곡선과 공급 곡선이 만나는 상태이다. 케인스의 경제학에서 완전 고용은 시장에서 자동적으로 이루어지는 것이 아니라 공공 사업 등의 국가적 투자를 통해 실현 가능하다고 주장했다. 경제학자들에 따라 2~13퍼센트의 실업률이면 완전 고용으로 본다. 0퍼센트 실업률은 현실에서 불가능하기 때문에 완전 고용으로 간주할 수 있는 실업률의 범위를 더 중요시한다. 경제 협력 개발 기구(OECD)는 4~6.4퍼센트를 완전 고용으로 제시한 바 있다.

제 4 장

만들려면 모든 직원이 달려들어 도와도 부족하다. 사회 복지 케이크
는 아무리 먹어도 좀처럼 배가 부르지 않기 때문이다.

뉴욕 양키스의 전설적인 포수 요기 베라가 피자를 사러 레스토랑
에 갔다. 피자를 주문하자 웨이터가 물었다.

"네 조각으로 잘라 드릴까요, 여덟 조각으로 잘라 드릴까요?"

그러자 베라는 이렇게 말했다.

"네 조각으로 잘라 주세요. 여덟 조각은 배불러서 못 먹어요."

일자리 케이크도 마찬가지다. 네 조각으로 자르든 여덟 조각으로
자르든 전체 양은 변하지 않는다. 그러니 케이크를 나누는 데만 몰두
하지 말고 일자리 케이크를 더 많이 만들 방법을 연구해야 한다.

인구 증가나 인구 감소가
정말 심각한 일일까?

31. 인구 함정

투자처를 고를 때 단 한 가지 정보만 참고할 수 있다면
나는 인구 변화 정보를 택할 것이다.
– 빌 그로스

시한폭탄은 정해 놓은 시간이 되면 터지는 폭발물이다. 폭탄을 안
전하게 터트리려고 개발한 장치인 만큼 잘 사용하면 일반 폭탄보다
사고 위험을 크게 낮출 수 있지만 나쁜 의도로 사용하면 일반 폭탄보
다 더 큰 피해를 낳는다. 위험한 만큼 시한폭탄은 우리가 피해야 하
는 예정된 위협을 상징한다. 비관론자들이 인구 감소에 시한폭탄이
라는 딱지를 붙인 것은 당연해 보인다. 인구가 점점 줄고 있어 머지
않아 경제가 파탄을 맞는다고 말한다. 그러나 이들은 시한폭탄의 특
징을 전혀 모르고 있다.

가장 먼저 눈에 띄는 오류를 지적하면 이렇다. 시한폭탄은 한순간
에 큰 폭발음과 함께 터지고 즉각적인 붕괴로 이어진다. 반면, 인구

감소는 아주 천천히 진행된다. 미래의 어느 날 갑자기 잠에서 깨었더니 인구가 확 줄어 있는 것을 확인하는 일은 없을 것이다. 대재앙이 일어나지 않는 한 인구는 서서히 지속적으로 줄어든다. 시한폭탄이 터질 때처럼 깜짝 놀라는 일도 없을 것이다. 오늘날 이미 인구가 줄고 있다는 것을 모든 사람이 알고 있지 않은가! 알고 있는 것에 그친다면 문제겠지만 우리는 이런 변화에 대비할 수 있는 충분한 시간과 현명한 지혜가 있다. 시간에 쫓기는 가운데 뇌관을 찾아서 제거해야 하는 폭탄 제거반에 비하면 정말 괜찮은 조건이다. 인구 시한폭탄이 한순간에 터지지는 않을 것이다. 그리고 우리에게는 인구 감소 추세를 뒤집을 만한 충분한 시간이 있다.

또한 이미 인구 감소를 막기 위한 작전이 진행되고 있다. 인구 문제에 대한 통찰이라기보다는 위기의식을 느끼고 사회 체제를 개조하기 시작한 것이다. 인구 감소가 사회 보장 보험의 막대한 부실을 일으킬 수 있다는 우려 때문이다. 이대로 가다간 후세대는 사회 보장 보험의 혜택을 전혀 누릴 수 없을지도 모른다. 그래서 출산율을 높이려는 다양한 조치가 시행되고 있다. 아직 아무도 지적하는 사람은 없지만 이런 전략은 좀 기이해 보인다. 사회 보장 보험, 특히 국민 연금 보험의 부실은 인구의 부족 때문에 발생한 것이 아니라 이전 세대가 쌓아 놓은 부채 때문에 발생한 것이다.

인구 시한폭탄을 주장하는 사람들은 인구 감소가 경제적 재앙을 불러올 거라고 주장하지만 그렇지 않을 수도 있다. 한 국가의 부는 인구수가 아니라 1인당 생산성에 달려 있다. 그렇기 때문에 독일 인구는 중국의 20분의 1 정도에 불과하지만 경제력은 크게 차이 나지 않는다. 게다가 후대에 무슨 일이 생길지 아무도 단언할 수 없다. 인구 감소로 인력이 줄어든다면 필연적으로 임금이 오를 수밖에 없다. 그러면 인구가 줄어든 시대를 사는 사람들의 1인당 부가 증가한다. 높아진 임금 덕분에 후대의 부담은 우리가 지금 상상하는 것보다 가벼워질 수 있다. 입으로만 폭탄을 설치하는 사람들의 주장에는 이런 내용이 빠져 있다.

토머스 맬서스Thomas Malthus를 기억하는 사람이라면 우리를 위협하는 인구 시한폭탄이 이번이 처음이 아니라는 사실을 알고 있을 것이다. 200년 전 영국의 경제학자 토머스 맬서스가 인구는 기하급수적으로 증가하는데 식량은 산술급수적으로 증가하기 때문에 인류는 결국 인구 과잉으로 기아에 시달리게 될 거라고 예언한 바 있다. 200년 전에 제작된 인구 시한폭탄은 지금과는 정반대의 방식으로 작동했나 보다. 당시에는 인구 감소가 아니라 인구 과잉을 두려워했

[경제학자의 메모]

맬서스의 재앙 Malthusian catastrophe

식량은 산술급수적으로, 인구는 기하급수적으로 증가하므로 식량과 인구의 불균형이 발생할 수밖에 없다는 이론. 영국의 고전 경제학자 토머스 맬서스의 저서 《인구론》에 따르면 식량이 늘어나는 속도보다 인구가 늘어나는 속도가 빠르기 때문에 기근과 질병, 범죄가 증가한다. 이를 '맬서스의 저주'라고 한다. 예방하려면 인위적으로 출산율을 낮추는 방법밖에 없다고 주장했다. 하지만 맬서스는 기술의 발전을 계산에 넣지 못했다. 산업 혁명 이후의 식량 생산 기술의 급격한 발전으로 생산성이 크게 증가한 덕분에 맬서스가 말한 위기는 오지 않았다.

다. 어쩌면 맬서스는 인구가 감소하고 있다는 사실에 위안을 얻을지도 모르겠다.

토머스 맬서스의 어두운 예언에 비하면 인구 감소 문제는 큰 위협으로 느껴지지 않는다. 게다가 인구 감소 폭탄은 어느 날 느닷없이 터질 가능성이 전혀 없다. 그러니 차분하게 이 문제를 풀어 가도 상관없다. 그러나 입으로 폭탄을 제조하는 사람은 그때까지 계속해서 폭탄이 곧 터질 거라고 외칠 것이다.

모든 것을 기계가 대신해도
우리가 할 일은 남아 있다

32. 생산성

> 노동 생산성은 일정한 시간 동안 얼마나 많이 생산해 내느냐를 의미한다.
> 생산성은 오늘날 자본주의 경제의 엔진이다.
> 경제는 결국 생산량이다. 생산량이 전부고, 시간은 돈이다.
> 모든 기업인이 생산성을 강조하는 것도 그 때문이다.
> ─ 팀 잭슨

독일의 중도 좌파 정당인 사민당(사회민주당SPD, Sozialdemokratische Partei
Deutschlands) 정치가들과 노동조합원들은 기업이 기계를 줄이고 직원
을 늘려야 한다고 말한다. 이런 요구의 이면에는 기계가 일자리를 없
앤다는 생각이 깔려 있다. 아주 단순한 논리로 기계를 없애고 그 자
리를 직원으로 대체하면 노동 시장의 문제가 해결된다고 믿는 것이
다. 언뜻 듣기에 그럴듯하지만 문제가 있다. 기계를 쓸 것이냐, 사람
을 쓸 것이냐를 결정할 때 따져 봐야 할 것이 여러 가지가 있지만 그
중에서 가장 중요한 것이 생산 요소의 가격이다.

기업이 직원을 늘릴지, 기계를 늘릴지를 결정할 때 기준은 무엇일
까? 바로 생산성이다. 생산성은 일정한 단위 시간에 투입한 노동량이

나 비용 대비 생산량을 의미한다. 당연히 돈이 덜 들고 더 많이 생산하는 요소를 쓸 것이다. 이를테면 누군가 시간당 생산량이 압도적으로 많다면 기업은 이런 사람에게 일자리와 높은 급여를 줄 것이다.

그러나 이것만으로는 부족하다. 더 다듬을 필요가 있다. 중요한 것은 생산 요소의 절대 생산성이 아니라 유로당 생산성이다. 생산성을 계산할 때 노동과 기계의 비용을 고려해야 한다. 예를 들어 기계가 시간당 5개를 완성하고 직원이 3개를 완성한다고 했을 때 이것만으로 기계를 선택하지는 않는다. 노동과 기계의 가격, 즉 생산된 상품 하나에 들어간 비용을 따져 봐야 한다. 비싼 생산 요소일수록 그 비용을 정당화하려면 더욱 생산적이어야 한다. 직원이 기계보다 시간당 2개를 덜 만들어도 직원이 기계보다는 저렴하기 때문에 기업은 기계가 아니라 직원을 선택할 것이다.

기업이 기계와 직원을 선택할 때 무엇을 고려하는지 분명해졌다. 기업은 생산성과 두 생산 요소의 가격을 비교하여 균형을 맞춘다. 예를 들어 직원이 더 생산적이고 더 저렴하면 기업은 기계보다 직원을 선호한다. 이때 기업은 이익률을 계산한다. 기계든 직원이든 상관없이 생산 요소를 늘릴 때, 투자 대비 수익이 더 큰 조합으로 직원과 기계의 수를 결정한다.

예를 들어 직원 한 사람을 더 고용하여 상품을 5개 더 생산했다면, 똑같이 5개를 더 생산할 수 있는 기계 한 대를 추가로 구매하는 가격도 1유로여야 한다. 만약 기계가 1유로고 5개 이상을 생산한다면, 기업은 1유로를 직원이 아니라 기계에 투자하고 싶을 것이다.

그런데 생산성은 직원뿐 아니라 기계 투입량에 따라서도 달라진다. 직원이 많이 투입될수록 생산성은 낮아지고 기계를 적게 쓸수록 생산성은 높아진다. 그 까닭은 명확하다. 직원 1명이 기계 열 대를 조작하면 이 직원은 매우 생산적이다. 그러나 직원 10명이 기계 한 대를 조작하면 비생산적이다. 그리고 기계를 중심으로 보면 정확히 그 반대가 적용된다. 이것이 이른바 '한계 수익 체감의 법칙'이다. 생산 요소를 많이 투입할수록 그 생산 요소의 생산성은 낮아진다.

직원이냐 기계냐를 결정하는 톱니바퀴는 4개다. 직원과 기계의 생산성, 비용, 임금, 이자. 노동조합원들과 사민당 정치인들의 뜻에 따라 더 많은 직원을 채용한다고 가정해 보자. 그러면 한계 수익 체감의 법칙 때문에 직원의 생산성은 떨어지고 그에 따라 기계가 기업에게 더 매력적이 된다. 그럼에도 기업에게 더 많은 직원을 채용하라고

[경제학자의 메모]

트리클다운 효과(낙수 효과) trickle-down effect

트리클다운은 물이 넘쳐흘러 바닥을 적시는 것을 뜻한다. 대기업이나 부유층의 성장을 촉진하여 이윤이 커지면 덩달아 중소기업이나 저소득층에게도 혜택이 돌아가기 때문에 경기가 활성화된다는 이론이다. 1980년대 미국과 영국의 보수 정권에서 경제 정책의 핵심 아이디어였다. 반면, 중산층과 저소득층의 세금 감면을 통해 가처분 소득을 늘려 주고 정부의 복지 예산을 늘려 이들의 소비를 통해 경기를 부양해야 한다는 트리클업 효과(trickle-up effect)도 있다.

마케팅 분야에서 트리클다운 효과는 다른 의미로 쓰인다. 사치품이나 럭셔리 브랜드, 고가의 서비스가 처음 등장했을 때는 부유층만 소비하다가 점차 가격이 내려가고 대중화되면서 일반인에게까지 확산되는 현상을 의미한다.

명령한다면, 기업은 낮아진 생산성만큼 임금을 낮출 수밖에 없다. 임금이 낮아지면 직원의 투자 대비 생산성이 다시 올라 직원이 기업에게 매력적이 된다. 요컨대, 경영의 역학은 사회주의적 주장과 정치적 호소를 듣지 않는다. 이것을 무시하면 결국 채용 대신 해고를 할 수밖에 없는 기업으로 전락해 버린다.

그러므로 기계를 직원으로 대체하려면 노동의 생산성을 높이거나 (노동 시장의 가장 큰 문제인 미숙련 노동은 더욱 힘들어질 것이다) 노동 비용을 생산성에 맞춰 낮춰야 한다. 노동조합원도 사민당 정치인도 이런 톱니바퀴 역학을 비켜 갈 수 없다.

먼저 생산성을 높이고 그다음 열매를 분배할 때만 생산성과 사회적 분배가 공존할 수 있다. 반대 순서로는 결코 안 된다.

원숭이 100만 마리에게
타자기를 주면
명문장이 탄생한다

33. 데이터 마이닝

경제를 예측하는 사람들을 보면
'오늘의 별점'이 참 잘 맞는다는 것을 깨닫게 된다.
– 존 케네스 갤브레이스

통계 왕국에서는 이상한 현상들이 일어난다. 예컨대 날씨, 달, 밀물과 썰물, 스포츠 경기 결과 등이 주가 변동을 좌우한다. 그런 현상들은 또 기이한 투자 전략을 만들어 낸다. 날씨가 맑으면 사라, 초승달이 뜨면 팔아라, 바이에른 뮌헨이 우승하지 못하면 부동산에 투자해라 같은 뜬구름 잡는 투자 전략을 믿고 노후를 설계해도 될까?

이 물음에 답하려면 먼저 이런 현상들이 어쩌다 생겼는지를 알아야 한다. 통계에서 두 변수의 관계만 확인하면 쉽게 이런 현상을 만들어 낼 수 있다. 가장 단순한 예를 들면 달의 변화와 주가 변동의 통계 수치를 한냄비에 넣고, 두 수치의 변화에 어떤 연관성이 있나 살피는 것이다. 달이 차오르는 기간에 주가가 떨어지고 달이 기우는 기간에 주가가 오르면, 둘 사이에 연관이 있을 거란 추측이 생긴다. 통계학자들은 이를 '통계적 유의성statistical significance'이 인정된다고 말한다. 이 결과가 우연히 발생할 확률이 얼마인지 계산한다. 우연히 발생할 확률, 즉 유의 수준significance level 값이 5퍼센트 혹은 1퍼센트를 넘지 않으면 이 결과가 우연이 아니라고 보고 발견한 연관성이 통계적으로 의미가 있다고 본다.

그럴듯하지만 실생활에 적용하면 문제가 생긴다. 주가 변동과 달의 변화, 주가 변동과 밀물 썰물, 주가 변동과 사과 수확 등 20개의 투자 연관성을 검증한다고 가정해 보자. 유의 수준 값이 5퍼센트라는 말은 5퍼센트 확률로 우연히 어떤 결과가 나온다는 뜻이다. 우리가 검증하려는 20개의 사례 가운데 적어도 하나는 연관성이 있지만 나머지는 아무 연관 관계가 없이 우연히 발생했다는 말이다.

대략 이렇게 상상할 수 있다. 원숭이 100만 마리에게 타자기를 주면 그들 중 한 마리 정도는 말이 되는 문장을 찍을 수 있다. 그렇다고 그 원숭이를 미래의 작가로 생각하지는 않는다. 이제 원숭이 대신 아무 생각 없이 증권 타자기를 가지고 노는 우연의 신을 상상해 보라. 그것을 투자 조언으로 해석해선 안 된다.

이제 우리는 달의 변화, 밀물 썰물, 별자리, 태양 흑점 등과 주가 변동의 연관성이 어떻게 생겨나는지 알게 되었다. 이런 엉터리 투자법을 만든 사람들은 다양한 가정을 놓고 통계적 연관성이 드러날 때까지 조사를 한다. 우연히 발생했지만 유의 수준은 다른 말을 한다. 우연히 발생할 확률이 5퍼센트밖에 안 되므로 역으로 결론을 내리면 연관성이 있을 확률이 95퍼센트라고 말한다. 전문가들은 이런 전략을 '데이터 마이닝data mining'이라고 부른다. 그러니까 시장에 내다 팔기 좋은 것이 나올 때까지 데이터 광산에서 의미 있는 데이터를 건지기 위해 파고 또 파는 것이다.

나올 때까지 충분히 오래 파다 보면 정말로 어떤 연관성을 발견하게 된다. 통계 기관총을 마구 쏘다 보니 어쩌다 한 발이 들어맞은 것이다. 이제 이 연관성을 그럴듯한 이야기로 만든다. 예를 들어 바이에른 뮌헨의 분데스리가 순위가 어째서 주가 지표 구실을 할 수 있는지 논리를 세운다. 그러면 수치와 자료들이 뒷받침되는 흥미진진한 얘기가 탄생한다. 불행히도 뇌는 패턴 중독자다. 그래서 이런 얘기를 기꺼이 받아들인다. 패턴을 보고 싶은 마음에 세상은 온통 우연의 카오스고 그것이 때때로 허위 패턴을 만든다는 사실을 외면한다.

주가 변동과 주술적 요소 사이에 기괴한 연관성이 있어 보인다고 치자. 그렇다고 그것으로 돈을 벌 수 있을까? 무엇보다 망설임 없이 모험적인 투자를 해도 좋을 만큼 연관성의 효력이 강한가? 대부분의 경우 그렇지 않다. 그리고 만약에 그런 것들이 정말로 주가 변동과 안정적이고 수익성 있는 연관성이 존재한다면 우리만 이용하는 게 아니라 세상 사람 모두 이용할 것이다. 그러면 애초에 중요시했던 연관성의 의미는 사라져 버린다. 모두가 똑같은 방식으로 움직이는데 어떻게 돈을 벌 수 있겠는가.

만에 하나 당신에게 투자 비결이 있다면, 반드시 혼자만 알고 있어야 한다.

왜 실업자가
생기는 걸까?

34. 노동의 유한성

노동은 우리 모두가 짊어져야 하는 짐이다.
자신의 짐을 남의 어깨에 올려놓으려 한다면 결국 큰 재앙을 맞게 될 것이다.
― 에이브러햄 링컨

서점에 진열된 책들을 훑어보다 보면 일자리가 사라질 거라고 위협하는 책이 상당히 많다. 여러 통계 자료, 실업, 자본주의 경제의 자폭 경향을 지적하며 대재앙의 시나리오를 길게 늘어놓고 암울한 미래를 예언하며 끝을 맺는다. '노동이 사라질 것이다!'라는 표지의 선전 글귀를 읽는 순간 벌써 등골이 오싹해진다. 그런데 경제학자들은 이런 위협을 받아도 아무 느낌이 없을 것이다. 경제학자들 입장에선 노동이 사라진 세상보다 더 좋은 건 없을 테니 말이다.

이런 독특한 관점을 이해하려면 우선 노동이 사라진 세상이 어떤 모습일지 생각해 봐야 한다. 그보다 먼저 왜 노동을 하는지를 알아야 한다. 왜 일을 하느냐고 물으면 대부분은 아마도 '일을 해야 먹고살 수 있으니까'라고 대답할 것이다. 그러나 이것만으로는 부족하다. 노동과 관련된 가장 핵심적인 질문은 '왜 누군가 우리의 노동에 대한 대가로 돈을 주는가'이다. 이에 대한 대답은 간단하다. 누군가 우리의 노동으로 자신의 욕구를 채울 수 있기 때문이다. 이것이 바로 우리가 노동을 하는 이유이자, 누군가 그 노동의 대가로 우리에게 돈을 주는 근본적인 목적이다. 우리는 거의 무제한인 욕구를 채우기 위해 노동을 한다. 그리고 우리의 노동이 누군가의 결핍을 줄이는 데 도움이 되었기 때문에 돈을 받는다. 노동은 목적이 아니라 목적을 위한 수단이다. 결핍을 줄이기 위한 수단!

　노동이 욕구를 채우기 위한 수단이라면, 노동이 사라진다는 것은 무엇을 뜻하겠는가? 우리의 모든 욕구와 소망이 채워져서 아무도 노동을 할 필요가 없게 되었다는 뜻이다. 기독교에서는 이런 상태를 천국이라 부른다. 천국에서는 옷도 필요 없고 집도 필요 없다. 젖과 꿀이 흐르고 어떠한 결핍도 없다. 만약 천국에서 치킨을 먹는다면 손 하나 까딱하지 않아도 어디에선가 튀겨진 치킨이 저절로 입안으로 날아들 것이다. 한마디로 모든 욕구가 채워진 상태다. 이런 상태라면 아무도 일을 할 필요가 없다. 노동으로 채워야 할 욕구가 없기 때문이다. 그런 세상을 두려워할 까닭이 뭐란 말인가.

　경제가 포화 상태에 이를 수 있다는 이의 제기가 충분히 있을 수 있다. 이를테면 특정 상품에 대한 욕구가 충족되어 더는 수요가 늘지 않는다. 텔레비전을 몇 백 대씩 가지려는 사람은 없을 테니까. 그러나 이것은 하나만 알고 둘은 모르는 주장이다. 사람들은 텔레비전을 이미 충분히 가지고 있으면 그 대신 다른 상품을 산다. 언제나 욕구를 충족시킬 수단보다 욕구가 더 많다. 그래서 경제는 포화 상태에 이를 수가 없다. 욕구가 있는 한 노동은 늘 존재한다. 모든 욕구가 채워져 노동이 사라지면 우리는 천국에 있는 것이다.

그런데 문제는 실업이다. 최근에 실업이 크게 증가했다. 이것이 언젠가 노동이 사라질 거라는 징후가 아닐까? 그렇게 믿고 싶다면 믿어도 좋다. 단, 중요한 조건이 있다. 사라지는 노동은, 그 노동이 충족시킬 수 있는 가치보다 노동에 지불해야 하는 비용이 더 비싼 것이다. 최근 노동 시장의 움직임을 보면 우리에게 노동이 얼마나 필수적인지 알 수 있다. 사라지는 노동은 완전히 사라지는 것이 아니라 불법 노동으로 바뀌고 있다. 불법 노동이 존재한다는 것은 노동에 지불해야 할 비용이 높은 세금과 규제 때문에 비싸졌다는 것을 의미한다. 그러므로 이런 사태의 책임은 노동을 비싸게 만드는 국가의 과도한 정책에 있다.

또한 우리가 할 노동을 중국이 모두 가져갈 거라는 주장도 맞지 않다. 중국은 왜 우리에게 그들의 상품을 제공할까? 당연히 그에 대한 대가로 우리의 상품을 받기 위해서다. 그러므로 우리는 상품 생산을 위해 노동을 해야만 한다. 중국이 우리에게 바라는 것은 우리의 상품이 아니라 돈이라고 생각하는가? 앞서도 언급했지만 이것 역시 하나만 알고 둘은 모르는 소리다. 돈은 화려하게 인쇄된 종이에 불과하다. 이것을 발행한 국가에서 상품과 교환할 수 있을 때 비로소 가치가 생긴다.

노동이 사라질까 두려우면 왜 그런 일이 생길 것 같은지 캐물어야 한다. 노동은 사라질 수가 없다. 노동은 결핍을 극복하기 위해 들이는 수고다. 그리고 우리가 냉혹한 결핍의 행성에 사는 한 노동은 영원히 존재한다. 어찌 보면 가슴 아픈 일이다.

베스트셀러는
어떻게 탄생하는가?

35. 불확정성 원리

시장은 끊임없이 변화하며 유동적이다.
그래서 뻔한 것을 무시하고 예상 밖의 것에 베팅 할 때 돈을 벌 수 있다.
– 조지 소로스

    독일 물리학자 베르너 하이젠베르크는 이른바 '하이젠베르크의 불확정성 원리'를 탄생시킨 사람이다. 불확정성 원리란 두 가지 측정 단위로 한 입자를 동시에 정확히 측정할 수 없음을 뜻한다. 두 가지 측정 단위로 가장 잘 알려진 예가 입자의 위치와 운동량이다. 다시 말해 입자의 운동량을 측정하거나 아니면 입자의 위치를 측정할 수는 있지만, 운동량과 위치를 동시에 측정할 수는 없다. 그 까닭은 이렇다. 측정자가 입자를 측정하는 바로 그 순간에 측정자 스스로 입자의 운동량이나 위치를 변화시킨다. 말하자면 측정 자체가 측정 결과를 일그러뜨린다.

    이런 불확정성 원리가 경제에서도 통한다. 경제적 변수를 측정하는 순간 측정 결과가 일그러진다. 베스트셀러 목록이 좋은 예다. 베스트셀러 목록은 어떤 책이 독자들에게 가장 인기가 있는지를 알려준다. 판매량을 비교해 가장 많이 팔린 책이 1위에 오른다.

그러나 판매량의 측정이 측정 결과를 일그러트릴 수 있다. 판매량의 공개가 판매량에 영향을 준다면 그렇다. 당연히 이런 일이 빈번히 발생한다. 언론과 소비자들은 베스트셀러 목록에 큰 관심을 보인다. 서점은 베스트셀러를 가장 잘 보이는 곳에 진열한다. 높은 순위에 있는 책들을 본 잠재적 독자들은 은연중에 이런 책들이 틀림없이 멋진 책일 거라고 생각한다. 그렇게 많은 사람이 읽었다고 하니 좋은 책이 분명하지 않을까?

그런데 여기에서 경제적 불확정성 원리가 작동한다. 이미 베스트셀러 목록에 올라 있는 책들은 진열이 더 많이 되어 있고 사람들이 많이 읽는 책이라는 인상을 주기 때문에 판매 경쟁에서 목록에 없는 책보다 훨씬 유리한 조건을 차지하고 있다. 그러다 보니 베스트셀러가 되기에 손색없는 다른 책들이 순위에 들기란 여간 어려운 게 아니다. 말하자면 판매량 공개, 즉 측정을 통해서 어떤 책이 가장 인기 있는지 알려 주려는 시도가 책들의 인기도에 영향을 미친다. 이것이 하이젠베르크의 불확정성 원리다.

증권 시장에서도 경제적 불확정성 원리가 작동한다. 사람들은 주가 지수를 통해 증권 시장의 생존성을 측정하려 한다. 지수가 오르면 좋고 떨어지면 나쁘다. 여기서도 불확정성 원리가 적용될 수 있다. 주식 투자자들이 주가 지수를 관측한다. 그들은 지수가 떨어지면 불황을 예견하고 주식을 판다. 그리하여 하락세가 더욱 강화된다. 주가 지수의 측정이 투자자들로 하여금 측정 결과에 따라 행동하게 만들고 이런 행동이 다시 측정 결과를 일그러트린다. 괴상한 일이다. 우리는 증권 시장의 생존성을 측정하고자 하는데, 그 측정 때문에 증권 시장의 생존성을 변화시킨다.

이런 메커니즘이 다른 생활 분야에도 존재한다. 패턴은 항상 똑같다. 먼저 뭔가를 측정한다. 이 측정 결과가 태도를 변화시키고, 그 태도 변화 때문에 다시 측정 결과가 변화한다. 바로 이런 상호 작용 때문에 경제학자나 전문가들이 경제적 사건과 데이터에 대한 전망을 내놓기가 어려워진다. 어느 누구도 이 모든 연관성과 상호 작용을 염두에 두고 전망치를 내놓을 능력은 없기 때문이다. 배우면 배울수록 생각해야 할 것이 많아져서 어려워진다. 경제학자나 물리학자나 마찬가지다.

[경제학자의 메모]

불확정성 원리 uncertainty principle와 굿하트의 법칙 Goodhart's law

물리학에 불확정성의 원리가 있다면 경제학에는 '굿하트의 법칙'이 있다. 어떤 경제지표를 관찰하고 정책 목표로 삼는 순간 그것은 본래의 의미를 상실한다는 법칙이다. 1944년 제2차 세계 대전 이후 국제 경제 체제가 바뀌면서 영국중앙은행은 통화 정책에 대한 새로운 기준이 필요했다. 1960년대 중앙은행 최고 경제 자문관이었던 찰스 굿하트(Charles Goodhart)는 정부가 특정 경제 지표를 정책적 목적에 의해 관리하면 경제 지표가 지표로서의 의미를 상실한다고 생각했다. 예를 들면 경제 당국이 물가를 정책적으로 규제하면 기존에 관측되었던 통계치의 규칙성이 달라지는 것이다. 굿하트의 법칙은 경제 정책 자체를 부인한다기보다는 통계치에 의존한 정책의 위험성을 보여 준다.

제 5 장

(경제와 정치)

경제학자의 눈으로 세상을 읽는 법

텔레비전 토론회에서 의견을 달리하는 사람들이 죽기 살기로 싸우는 장면을 본 적이 있는가? 대체로 모든 주장이 그럴듯하게 들릴 때가 많다. 도대체 누구 말이 맞는 걸까? 토론회, 선거 유세, 정치인 연설의 목적은 지식의 전달이 아니라 승리를 위한 전투다. 이런 전투에서는 차분한 설교가 아니라 칼로 찌르는 듯한 공격적인 언어를 쓰는 쪽이 승리한다. 나라 돌아가는 사정을 세세하게 챙기기 어려운 우리 같은 일반인들은 정치인의 번지르르한 말솜씨에 그대로 넘어가기도 한다.

그런데 그렇게 어물쩍 넘어가기에는 미래가 걸린 중요한 결정이 너무 많다. 지금 당장은 나와 상관없는 일 같지만 그런 결정들이 우리의 일자리와 가족과 노후를 위협한다. 정치는 결코 남의 일이 아니다. 뭔가 확실한 대책이 필요하다. 경제학자의 이성이라는 소박한 도구라면 최소한의 보호막은 칠 수 있다. 경제학을 이용해 정치인들이 내리는 교육, 복지, 기업, 임금 같은 중요한 문제에 대한 결정이 옳은지 아닌지를 판단해 보자.

모든 정치가의 전투 모토는 '대중들이 이해한 것 같으면 더욱 모호하게 표현해야 한다.'이다. 하지만 우리에겐 투표라는 결정적 무기가 있다. 그들을 제대로 평가하고 공정하게 투표할 수 있다면 나를 충분히 보호할 수 있을 것이다. 이제 마지막 여정만이 남아 있다. 어찌 보면 우리 삶에 가장 큰 영향을 미치는 영역일지도 모른다.

세계적으로
슈퍼 리치들이
점점 늘어나는 이유

36. 인플레이션 제거

> 인플레이션은 대놓고 세금을 인상하지 않아도
> 사람들의 부를 앗아 가는 방법이다.
> 인플레이션은 가장 보편적인 세금이다.
> —토머스 소웰

솔직히 말해 보자. 슈퍼 리치들을 보면 부러운 게 사실이다. 럭셔리한 요트, 대저택, 화려한 패션……. 그렇게 살고 싶지 않은 사람이 어디 있겠는가. 전체 인구에 비해 극소수인 슈퍼 리치들이 언론의 주목을 받는 것은 당연한 일이다. 미국의 한 잡지는 매년 슈퍼 리치들을 선정하여 그들만의 새로운 계급을 형성한다.

"1982년에 13명뿐이었던 억만장자가 2008년 371명으로 늘었다. 《포브스Forbes》가 선정한 미국 최고 갑부 400명의 평균 재산은 같은 기간에 14억 달러(1조 5400억 원)에서 약 30억 달러(3조 3000억 원)로 상승했다. 전 세계적으로 슈퍼 리치의 수가 몇 년째 지속적으로 늘어나고 있다."

세상이 이렇게 불공평해도 괜찮은 걸까? 억만장자가 26년 만에 358명이나 늘었다. 매년 13퍼센트 이상씩 증가했다는 말이다. 이 정도면 정말 대단한 수치다. 보도된 것처럼 억만장자가 지속적으로 증가한다면 어떻게 되는 걸까? 아직은 3억 명 미국 인구의 0.001퍼센트에 불과하지만 매년 점점 늘어나고 있다.

그런데 결정적인 한 가지 요소를 계산에 추가하면 놀라움이 조금은 진정된다. 과거의 억만장자와 오늘날의 억만장자는 질적으로 다르다. 억만장자에게는 미안한 말이지만 이런 질적인 차이가 생기는 이유는 인플레이션의 장난 때문이다. 1982년에 10억 달러(약 1조 원)가 갖는 구매력과 2008년에 10억 달러가 갖는 구매력이 확연히 다르다.

통계를 잠시 살펴보면 구매력이 얼마나 달라졌는지를 계산할 수 있다. 미국의 인플레이션 자료를 바탕으로 계산해 본 결과 미국의 소비자 물가 지수는 1980년에 47.5였고 2004년에 109.7이었다. 이 말은 곧 1980년에 택시비가 47달러(5만 1500원)였다면 2004년에는 같은 거리를 가기 위해 109달러(11만 9500원)를 내야 한다는 뜻이다.

이것을 슈퍼 리치들에게 적용해 보자. 1982년에 지갑에 10억 달러(1조 1000억 원)를 가지고 택시를 탔다면, 그 돈으로 대륙을 네 바퀴쯤 돌 수 있었다. 하지만 2008년에는 그 돈으로 대륙을 두 바퀴도 돌지 못한다. 경제학자들은 이런 식의 계산을 '인플레이션 제거'라고 한다. 이 계산의 도움으로 돈의 가치를 왜곡하는 인플레이션의 거품을 걷어 낼 수 있다. 인플레이션을 제거함으로써 명목 가격(10억 달러)을 실질 가격(10억 달러의 구매력)으로 바꾼다. 억만장자의 실질 재산은 그 돈으로 탈 수 있는 택시 운행 거리다.

물가가 2배로 올랐기 때문에 2008년에 10억 달러(1조 1000억 원)를 항아리에 넣어 둔 사람은 26년 전에 10억 달러를 모았던 사람보다 구매력 면에서 절반 정도에 불과하다. 이제 미국의 억만장자 수가 왜 이렇게 늘었는지 짐작하겠는가? 인플레이션 덕분에 1982년보다 2008년에 억만장자 되기가 훨씬 쉽다. 10억 달러의 가치가 절반 넘게 떨어졌기 때문이다.

1920년대 독일의 초인플레이션을 생각하면 더욱 입체적으로 이해가 된다. 제1차 세계 대전 직후 전쟁 배상금을 물어야 했던 독일 정부는 화폐를 마구 찍어 댔다. 그 결과 1달러당 환율이 4조 마르크에 이르는 극악의 인플레이션에 시달렸다. 하루, 이틀 만에 물가가 몇 천배, 몇 만 배씩 올랐다. 당시 모든 독일인은 억만장자였다. 비록 1억 마르크로 감자 한 알도 살 수 없었지만 말이다. 그런 점에서 슈퍼 리치들의 평균 자산이 같은 기간에 2배로 증가했다는 대목은 인플레이션을 고려하면 오히려 침체로 읽힌다. 인플레이션을 제거하면 미국 갑부의 평균 자산은 거의 변한 것이 없다.

그런데 우리 같은 사람들이 걱정할 필요 없는 억만장자가 문제가 아니라 진짜 심각한 문제는 따로 있다. 인플레이션을 제거하면 억만장자뿐 아니라 보통 사람들도 가난해졌다는 사실이다. 인플레이션은 보통 사람들에게는 심각한 문제다. 억만장자는 부동산을 구매함으로써 통화 가치 하락의 파괴력에서 어느 정도 벗어날 수 있지만 돈이 많지 않은 보통 사람은 병든 화폐를 쥐고 있는 것 외에는 할 수 있는 것이 없다.

두 가지가 명확해졌다. 첫째, 인플레이션의 힘은 우리가 생각하는 것보다 더 파괴적이다. 둘째, 억만장자라도 인플레이션의 재앙은 피할 수 없다. 인플레이션이 대놓고 세금을 인상하지 않아도 사람들의 부를 앗아 간다는 토머스 소웰의 말에 고개를 끄덕이게 되는 대목이다.

빈곤층 문제를 풀기 위해
먼저 알아야 할 사실

37. 빈곤 척도

부자가 되고 싶다는 말의 정확한 의미는
다른 사람보다 부자가 되길 바란다는 것이다.
– 존 스튜어트 밀

독일에서는 소득 양극화 문제에 관한 토론이 자주 벌어진다. 독일에는 오로지 부자와 가난한 사람만 사는 걸까? 문서에 기록된 수치와 내용이 다 맞는 건 아니다. 약간의 눈속임으로 거의 모든 명제를 맞는 말인 것처럼 꾸밀 수 있다. 그 유명한 '빈익빈 부익부'라는 말도 마찬가지다.

독일 국민은 가난한가? 정답이 없는 질문이다. 빈곤을 어떻게 정의하느냐에 따라서 답이 달라진다. 독일의 빈곤층과 관련한 토론에서 주로 쓰이는 기준은 '평균 소득'이다. 평균 소득의 절반보다 소득이 낮으면 가난한 사람으로 분류한다. 타당해 보이는가? 하지만 여기에 허점이 숨어 있다.

독일에 휴이, 듀이, 루이 셋만 산다고 해 보자. 휴이는 1유로(1200원)를 벌고 듀이는 2유로(2400원)를, 루이는 3유로(3600원)를 번다. 그러므로 셋의 평균 소득은 2유로다.

$$(1+2+3) \div 3 = 2$$

1유로를 버는 휴이는 평균 소득의 50퍼센트에 불과하므로 가난한 사람으로 분류된다. 빈곤층이라는 사실에 실망한 휴이는 독일의 빈곤에 대해 연구를 해서 책을 펴낸다. 이 책으로 매년 16유로(1만 9200원)나 되는 거액을 벌게 된다. 휴이 덕분에 독일 평균 소득은 7유로(8500원)로 상승했다.

$$(16+2+3) \div 3 = 7$$

그런데 희한한 일이 벌어졌다. 가난했던 휴이가 부자가 되자 (통상적인 빈곤에 대한 정의에 따르면) 빈곤층이 줄기는커녕 오히려 더 늘어난 것이다. 이제 듀이와 루이가 빈곤층으로 분류되었다. 그들의 소득이 2유로와 3유로로 평균 소득 7유로의 절반보다 적기 때문이다. 국민 경제가 전체적으로 더 부유해졌고 나머지 구성원에게 달라진 것이 전혀 없는데도 갑자기 빈곤층이 되어 버렸다. 책이 더 이상 팔리지 않으면서 휴이는 다시 1유로를 벌게 되었다. 부자 한 사람이 가난해지자 빈곤층이 다시 감소한다! 정말 괴상하지 않은가?

당연히 이것은 극단적인 사례지만 여기에서 알 수 있는 분명한 사실이 하나 있다. 평균 소득을 기반으로 빈곤을 정의하면 빈곤층은 영원히 존재하고, 본인의 소득에 아무런 변화가 없더라도 총소득이 오르면 곧장 빈곤의 위협을 받는다. 사례의 첫 상황을 다시 한 번 살펴보자. 휴이는 1유로, 듀이는 2유로, 루이는 3유로를 번다. 통상적인 정의에 따르면 휴이가 빈곤층이다. 이때 기적이 발생한다. 만약에 산타클로스 할아버지가 이들 3명의 소득을 10배로 올려 주었다. 이제 휴이는 10유로, 듀이는 20유로, 루이는 30유로를 번다. 보다시피 소득이 10배나 올랐지만 휴이는 여전히 빈곤층이다.

　이런 얘기를 하는 이유는 독일에 빈곤층이 없다는 것을 말하려는 게 아니라 현재 통용되는 빈곤이라는 개념에 문제가 있음을 보여 주려는 것이다. 아프리카의 척도에서는 독일의 빈곤도 부유함으로 계산된다. 그렇기 때문에 아프리카에 사는 많은 사람이 목숨을 걸고 유럽으로 넘어온다.

　서구 산업 선진국에서 사용하는 빈곤 개념은 빈곤의 크기가 아니라 분포의 크기다. 이것은 소득의 차이를 보여 준다. 그리고 약간의 통계적 조작에도 극단적으로 예민하게 변한다. 그렇기 때문에 전문가들은 거대 신문사들이 발표하는 빈곤층 비율이 언론사마다 거의 10퍼센트씩 차이가 나도 놀라지 않는다.

　인생 전체를 보면 더 심각해진다. 연봉이 높은 컨설턴트나 변호사, 의사가 되기 위해 공부를 하는 대학생들을 어느 부류에 넣어야 할까? 대학 시절의 빈곤은 훗날 높은 소득을 위한 투자다. 이들은 가난한가, 아니면 단지 부유함을 잠시 뒤로 미룬 것인가?

　어떤 대학생이 부자 부모로부터 남들 월급만큼의 용돈을 계속 받는다면 어떻게 봐야 할까? 가족의 도움을 받는 백수는 가난한가, 아닌가? 1인당 빈곤이 아니라 가족 빈곤을 봐야 하는 게 아닐까?

　재산과 소득을 구별하면 토론은 더욱 복잡해진다. 이것에 대해서는 책꽂이 하나를 다 채울 만큼 써야 할 것이다. 빈곤을 완화하려는 국가 정책에 관한 토론은 이 때문에 쉽게 결론을 내릴 수가 없다. 비판적인 사람들의 주장에 따르면, 독일의 소득 재분배 정책은 조직화되지 않은 중간 계급에서 조직화된 중간 계급으로의 재분배에 불과하다. 언젠가는 이 문제에 대한 명확한 답을 찾아야 할 것이다.

대학교 등록금 지원 vs 유치원·초등학교 지원, 무엇이 더 나은 선택인가?

38. 인적 자본

문명의 진정한 기준은 가난한 사람들을 위해
충분한 식량이 준비되어 있는가 하는 것이다.
– 새뮤얼 존슨

    지금 이 순간에도 독일 어딘가에서는 누군가 사람들을 모아 놓고 연설을 하고 있다. 얼마 전 학교 건물 근처에서 국가가 교육에 더 과감하게 투자해야 하고, 특히 대학교를 지원해야 한다는 내용의 연설을 하는 사람을 봤다. 관중들은 고개를 끄덕이며 동감을 표했고 연설자는 확신에 찬 표정으로 관중들의 박수를 유도했다. 그의 주장은 상투적이라는 점만 제외하면 경제학적 관점에서 봐도 크게 문제 될 내용은 없었다. 그런데 그에게 한 가지 묻고 싶은 게 있었다. 교육 지원을 얘기할 때마다 어째서 늘 대학교에만 초점을 맞추어야 할까?

    경제적으로 볼 때 대학생에게 학사 학위는 일종의 투자다. 대학교 졸업은 좋은 보수의 직장을 기대할 수 있게 한다. 그것이 대학교를 다니는 이유 중 하나일 것이다. 안 그런가? 내가 좋은 직장을 얻기 위해 대학교를 다니는데 국가가 학비를 지원해 줘야 하는 이유는 뭘까? 좋은 직장을 얻기 위해 정장을 사는 데도 지원을 요구할 수 있는 걸까?

대학생들에게는 공부 자체에 이미 중요한 의미가 포함되어 있다. 이에 대해 대학교 졸업이 꼭 높은 보수의 직장과 직결된 건 아니라고 주장하고 싶은 사람도 있겠지만 그것은 잘못된 반론이다. 대학교뿐만 아니라 다른 모든 교육도 취업이 보장되지 않기는 마찬가지다. 돈을 내고 기술을 배운 목수도 나중에 일자리를 얻을 수 있을지 확신할 수 없다.

국가가 등록금을 지원해 줘야 한다는 주장에 들어 있는 더 심각한 문제가 있다. 바로 그런 방식으로 교육 기회의 평등을 이룰 수 있다고 믿는 것이다. 대학 등록금 무료라는 상투어를 쏟아 냈던 그 연설자는 그렇게 함으로써 저소득층 자녀들도 마음 놓고 대학교를 다닐 수 있고, 그것이 바로 분배 정책의 혜택이라고 주장했다. 정치인들은 이런 말을 하면서 큰일이라도 한 것처럼 으스댄다.

하지만 의도가 좋다고 결과도 좋은 건 아니다. 대학교 무상 교육 제도의 문제는 빈부의 선별이 대학교에서 이뤄지는 게 아니라 이미 유치원이나 초등학교 때 결정 난다는 데 있다. 대학교에 입학할 '최상품'은 입학 시험 훨씬 전에 정해져 있는 것이다. 독일 대학교는 학비가 무료임에도 불구하고 독일 대학생 중에서 노동자 계급의 자녀는 20퍼센트를 채 넘지 않는다.

이상하게 들리겠지만 이런 사태는 대학 등록금이 무료이기 때문에 벌어지는 것일 수도 있다. 대학교에 지원할 돈을 유치원이나 초등학교에 지원하여 언어 및 특별 교육 과정을 둔다면 의사 아들과 변호사 딸이 대학을 무료로 다닐 수 있게 지원하는 것보다 기회의 평등에 더 공헌할 수 있을 것이다. 물론 거리 연설에서 박수를 쳤던 관중들은 자신의 사회적 계급에 기초하여 대학교 무상 교육에 찬성하겠지만 말이다. 가난은 대물림된다. 그리고 대물림은 입시를 준비하는 십대 후반이 아니라 유아기 혹은 아동기에 정해진다.

교육 정치가로서 기회의 평등을 주장하려면 전공 과목이 아니라 '구구단'에 지원하자고 호소해야 한다. 현재는 미래의 빈곤과 맞서 싸우는 전쟁터다. 대학 입시를 준비하는 중산층 자녀들은 국가의 지원이 필요하지 않다. 국가의 지원은 가난한 집에서 태어나 유치원 때부터 또래들보다 뒤처진 어린이들에게 필요하다. 왜 아무도 이런 점을 언급하지 않는 걸까?

유치원 지원이 마음에 들지 않는다면 또 다른 대안이 있다. 효율 면에서는 기술 교육을 지원하는 편이 대학교 지원보다 더 낫다. 경제학자 헬무트 비네르트의 계산에 따르면 아무 기술도 없는 사람보다 기술 교육을 받은 사람이 최고 50퍼센트까지 수입이 더 많다. 3년 정도 기술 교육을 받은 사람은 바로 산업 전선에 뛰어든 사람보다 연봉이 약 50퍼센트 더 많았다. 장기적인 관점에서 기술 교육이 주식 펀드보다 더 많은 수익을 올린다는 뜻이다.

그 까닭은 아주 간단하다. 대학교에 비해 기간도 짧고 수업료도 저렴한 기술 교육을 한번 받으면 그 후의 삶은 꽤 안정적으로 이어진다. 수익 면에서 볼 때 기술 교육을 능가하는 투자는 없다. 반면 대학교를 졸업한 사람은 기술 교육을 받지 않은 기술직 종사자보다 9~12퍼센트 많은 소득을 올릴 뿐이다. 그러므로 효율성을 따지고 재분배 의식이 있는 사람이라면 대학생이 아니라 기술 교육조차 받지 못한 사람들을 지원해야 한다고 주장해야 한다. 아무 기술도 없는 노동자를 기술자로 도약시키는 것이 최고의 투자이고 최고의 분배 정책이다.

[경제학자의 메모]

인적 자본 human capital

노동자의 기술이나 능력을 경제적인 가치와 생산력을 향상시킬 수 있는 자본으로 보는 개념. 1950년대 말 미국의 경제학자 게리 베커(Gary S. Becker)는 저서 《인적 자본》에서 '교육이나 훈련에 대한 개인의 투자는 기계나 공장 등에 대한 기업의 투자와 동일하다'라고 말하며 인적 자본의 개념을 처음으로 제시했다. 인적 자본에 대한 개념은 오늘날에도 여전히 유효하다. 세계적인 경영학 석학 마이클 포터 교수는 '21세기는 지식 정보의 시대이며 지식 정보 시대의 최대 패러다임은 사람의 가치'라고 말하며 인적 자본의 중요성을 강조한 바 있다.

국가의 지원이
독이 되는 경우

가장 적게 약속하는 사람에게 투표하라.
그게 실망을 줄이는 가장 확실한 방법이다.
–버나드 바루크

혹시 경제학 유머에 관심이 있는가? 어느 날 경제학자 두 사람이 길을 걷다가 길에서 동전 하나를 발견했다. 한 사람이 동전을 주우려고 하자 다른 사람이 말리면서 말했다.

"그냥 둡시다. 줍는 것이 이로웠다면 벌써 다른 사람이 주워 갔지 여태 거기 있을 리가 없잖아요!"

웃음이 터지지는 않지만 경제학의 핵심 원칙을 담고 있는 유머다. 가게를 내기 위해 상가를 돌아보고 있다면 머릿속에 떠올려야 할 이야기다. 만약에 가게를 소개하는 부동산 중개인이 '대박 상권'이 하나 남았다며 이렇게 설명한다고 하자. 유동 인구가 많고, 지하철역이 가까우며 근처에 사무실들과 극장이 있어서 늘 사람이 바글바글

한 곳이라고. 지난번 가게도 대박을 내고 크게 성공해서 다른 곳에 건물을 사서 갔다고. 그럴 때 이렇게 생각해야 한다.

'그렇게 상권이 좋은데 왜 아직까지 남아 있을까?'

이것은 길에 떨어진 동전과 같은 경우다. 결국 주울 가치가 없었기 때문은 아니었을까? 이런 리트머스 시험지를 통해 '대박 상권'은 '쪽박 상권'으로 밝혀진다. 그렇게 좋은 상권이라면 왜 다른 사람들은 그 기회를 먼저 잡지 않았을까? 그렇게 가치가 있다면 중개업자가 직접 기회를 잡아도 좋았을 텐데 말이다.

물론 내가 최초로 이 기회를 잡은 행운아일 수 있다. 내가 처음으로 동전을 발견한 사람인 것이다. 그러면 당연히 허리를 숙여 동전을 주워야 한다. 그러나 '대박 상권'의 경우 내가 최초일 가능성은 희박하다. 대박 상권은 굳이 광고할 필요가 없다. 만약 어떤 대박 상권이 광고를 했다면 이미 여러 사람이 이곳을 알아보고 갔다는 증거다. 커다란 포스터로 홍보된 상품이라면 이미 많은 사람이 그것을 알고 있다는 뜻이다. 이런 좋은 기회를 보고도 잡지 않은 사람들은 모두 바보란 말인가?

이런 생각을 통해 많은 경제적 판단 오류를 일찍 발견할 수 있다. 새로운 발명으로 크게 성공을 원하는 사람이 문득 세상에 없는 새로운 상품을 떠올렸다. 그것은 바로 빵에 발라 먹는 짭쪼름한 멸치 잼! 그런데 멸치 잼이 왜 아직까지 없는지 스스로에게 묻는다면 금방 답이 나온다. 멸치 잼을 원하는 사람이 너무 적어 만들어도 팔리지 않을 게 뻔하다. 만약 멸치 잼에 대한 미련이 남거든 주위 사람들에게 물어보면 금방 답을 찾을 것이다. 멸치 잼에 대한 수요가 있었다면 이미 누군가 만들어 출시했을 것이다. 이런 테스트를 하면 당연히 멸치 잼을 개발할 생각은 절대로 하지 않는다. 이렇게 불필요한 지출을 아낄 수 있다.

이런 관점에서 보면 여태 시장에 남아 있는 것이 놀라운 상품들이 있다. 특히 국가 보조를 받는 모든 상품이 그렇다. 보조금 옹호자는 국가가 개입하지 않으면 그 상품들은 모두 사라지고 말 거라 주장한다. 맞는 말이다. 그런데 여기에 진짜 심각한 문제가 있다. 가치가 없기 때문에 아무도 동전을 줍지 않는데 왜 국가가 그 동전을 주워야만 할까?

보조금을 옹호하는 여러 주장이 사실은 무의미하다. 고용 안정화를 위한 보조금? 이것은 장기적으로 제 기능을 발휘하지 못한다. 아무도 생산하지 않으려는 상품을 생산한 사람들에게 국가가 돈을 지급하다 보면, 언젠가는 국가 재정이 바닥날 것이다. 지폐를 쥐여 주며 가치 없는 동전을 줍게 하는 대신 수익을 올리는 데 도움이 되는 기술 교육에 보조금을 지원하는 편이 훨씬 낫다.

중요한 문화 상품? 무엇이 문화적으로 중요한지 그 가치를 어째서 국가가 감히 결정하려 하는가? 논란의 여지가 있지만 충분히 생각해 볼 만한 가치가 있다. 어쨌든 소비자들은 그 상품이 별로 중요하지 않다고 결정했다. 그럼에도 불구하고 문화 보조금 옹호자들의 괴상한 논리를 따르면, 수요가 아주 낮은, 그러니까 돈을 내고 누릴 사람이 없는 문화 상품이 결국 중요한 문화 상품으로 인정받아 보조금을 받는다.

　성공적인 문화 상품은 국가 보조금이 필요 없다. 국가의 지원을 받는 대상은 충분한 수요가 없는 음악이나 문학이다. 국가 지원이 없으면 이 문화가 사라질 거라는 주장과 함께. 고색창연한 오페라 극장을 사랑하는 사람이라면 이런 상황을 적어도 한 번은 생각해 봐야 한다. 국가라고 해서 길에 떨어진 모든 것을 줍기 위해 허리를 숙일 필요는 없다.

소수의 이익을 위해
다수를 희생시키는
정치인의 속사정

40. 지대 추구

이기적인 사람은 자신의 이익을 추구하는 사람이 아니라
이웃의 이익을 무시하는 사람이다.
– 리처드 와틀리

　강가 근처에 사는 사람들은 강 가장자리에 있는 강터의 역할을 잘
알 것이다. 강터는 홍수로 범람한 강물을 머금고 있는 넓은 공터다.
강터는 홍수 피해를 줄이는 데 도움을 준다. 당연히 강터를 조성해
서 홍수를 대비해야겠지만 반대 의견을 가진 사람들이 있어 일을 진
행하기가 쉽지 않다. 사유지를 강터 조성에 내놓아야 할 강가 주민들
이 바로 그들이다. 그들은 자신의 밭이나 토지가 홍수 때 물에 잠기
는 강터로 지정될까 봐 강터 조성에 반대한다. 강터 조성 찬반 토론
이 진행될 때 적극적으로 주장을 펴는 사람들은 강터 반대파들뿐이
다. 강터 조성에 찬성하는 사람들은 입을 다물고 구경만 한다.
　경제학자들은 이런 현상을 '지대 추구rent seeking'라는 개념으로 정

리했다. 원래 지대는 토지의 임대료를 의미하는 말이지만 경제학에서는 공급이 제한되어 있는 상황에서 공급자가 얻는 이익을 뜻한다. 따라서 지대 추구란 이익을 위해 관련자들이 공급을 인위적으로 조절하는 행위다. 지대 추구는 민주주의 국가가 어떤 문제를 안고 있는지 잘 보여 준다. 가령 일부 시민들에게는 불편하지만 전체의 이익을 위해서 반드시 필요한 정책을 도입할 때 정치가 왜 소수를 위해 다수를 희생시키는지 알게 된다.

강터 조성을 보조금 축소나 수입 제한 완화 조치라고 생각해 보자. 언뜻 보기에 불편해 보이는 정책이지만 뚜렷한 목적이 있는 정책들이다. 보조금을 축소하면 국가 지출이 줄어든다. 그러면 세금을 내릴 수도 있고 다른 정책을 위한 예산이 넉넉해진다. 수입 제한이 완화되면 국내 소비자들은 상품을 더 저렴하게 구입할 수 있다.

그러므로 보조금 축소나 수입 제한 완화는 많은 사람에게 이로운 일일 테지만 직접적으로 관계가 있는 사람들에게는 달갑지 않은 일이다. 국가 보조금 수도꼭지를 잠근다면 좋아할 보조금 수령자가 어디 있겠는가. 외국 상품과 경쟁해야 하는 생산자들이 수입 제한 완화 조치를 반길 리가 없다. 그래서 직접적인 피해를 입는 당사자들이 집단적으로 가두 행진이나 시위 같은 행동을 시작한다. 이런 현상을 모두 지대 추구라고 볼 수 있다. 정책이 시행되는 것을 막아 일종의 지대를 자신의 이익을 위해 쓰고자 하는 것이다. 보조금 축소 반대 시위가 한창일 때 보조금 축소로 이익을 얻을 대다수는 집에서 나오지 않는다. 강터 조성 지지자들이 입 다물고 있는 것과 같다. 왜 이런 일이 벌어질까?

　보조금 축소나 수입 제한 완화 조치가 관련자들에게 주는 피해는 매우 크다. 강가의 밭과 토지를 가진 주민들은 강터가 조성되면 밭과 토지가 물에 잠겨 버린다. 그러니 비명 소리를 낼 수밖에 없다. 반면 이런 정책은 전체적으로는 이익이지만 개개인에게 돌아가는 혜택은 그렇게 크지 않고, 이익을 보는 사람들이 이런 정책에 직접적으로 관여하는 일도 드물다. 수입 제한 완화 조치로 혜택을 입는 사람들이 티셔츠를 저렴하게 사겠다고 수입 제한 조치를 완화하라며 가두 행진을 하지도 않는다.

　직접적인 피해가 있느냐 없느냐 못지않게 중요한 것은 조직 가능성이다. 강가 주민들은 모두가 똑같이 강터 조성으로 위협을 받고 게다가 한동네 사람들이라 서로 잘 알고 있어서 즉시 뜻을 모으고 집단적으로 행동할 수 있다. 반면, 강터 조성으로 이익을 얻을 강 건너 멀리 사는 주민들이 뜻을 모으고 조직을 만들려면 더 많은 노력이 필요하다. 보조금 축소에서도 같은 원리가 적용된다. 보조금 수령자들은 시키지 않아도 금세 조직을 형성하겠지만 세금 인하로 이익을 보는 독일 남부의 뮌헨 주민들과 보조금 축소를 지지하는 독일 북부의 함부르크 주민들은 좀처럼 하나로 모이지 않는다.

　강터 조성 문제는 정치가들이 잘못된 자극에 노출되어 있음을 보여 준다. 예산을 낭비하는 보조금을 축소함으로써 부가 가치세를 올리지 않아도 된다고 홍보하는 정치인은 거의 없다. 대신 죽기 살기로 보조금 축소에 반대하는 이들을 만나 모든 문제를 해결해 주겠다고 허풍을 떠는 정치인은 많다. 보조금을 축소하려는 정치가들은 보조금 수령자들로부터 공공연히 뭇매를 맞는다. 이때 결국 보조금을 자신이 내고 있다는 사실을 모른 채 보조금 수령자들에게 박수를 보내는 사람들도 종종 있다. 반대로 새로운 보조금 정책을 도입하면 로비스트와 해당 연맹들은 아주 기뻐할 것이다. 정작 그 돈을 부담해야 할 세금 납부자들은 흩어져 있어 이것에 저항하지 않는다. 상황이 이러하니 국가 재정이 오래전부터 바닥을 보이는 것도 놀라운 일이 아니다.

[경제학자의 메모]

지대 추구 rent seeking

지대 추구란 이익 집단이 로비, 소송 등의 비생산적인 활동을 통해 자본을 늘리는 행위를 의미한다. 즉 특정 집단이나 경제 주체가 독점권이나 특권을 얻기 위해 정부를 이용하고 이를 통해 이익을 취하는 행위가 포함된다. 여기에서 지대는 토지를 빌려주고 받는 돈이라기보다는 이자, 임대료, 배당금 등의 불로 소득을 의미한다. 1967년 고든 털럭(Gordon Tullock)이 처음 제시한 개념으로 10여 년 후 미국 경제학자 앤 크루거가 지금의 이름을 붙였다. 노벨 경제학상 수상자인 스티글리츠(Joseph E. Stiglitz)는 그의 저서에서 "상위 1퍼센트가 누리는 엄청난 부는 그들이 생산에 기여한 것 때문이 아니라, 자신의 특권과 지위를 이용하여 사회적 생산으로부터 터무니없는 양을 빼앗아 가기 때문이다"라고 주장했다.

아직도 좌우 이념 논쟁이
사라지지 않는 이유

정치는 완전한 게임이다.
영원한 적도 없고, 영원한 친구도 없다.
단지 영원한 이익이 있을 뿐이다.
— 윌리엄 클레이

어렸을 때는 오른쪽과 왼쪽을 구별하기가 쉽지 않았다. 오른손을 올리라고 하면 늘 머릿속으로 밥 먹는 모습을 그려 보고 오른쪽이 어느 쪽인지 확인했다. 시간이 흐르면서 굳이 머릿속에 그려 보지 않아도 오른쪽과 왼쪽을 구별할 수 있게 되었다. 길을 건너기 전에는 좌우를 살펴야 한다는 것을 알았고, 운전을 배우면서는 우회전 차량이 좌회전 차량보다 우선이라는 것도 알게 되었다.

정치에서 좌우는 완전히 다른 의미를 갖는다. 그것은 선과 악으로 나뉜다. 무엇이 선이고 무엇이 악이냐는 것은 정해지지 않았다. 각자의 관점에 따라 다르다. 정치에서 오른쪽은 보수주의, 전통 가치, 경제 우대를 대표하고 왼쪽은 사회적 양심, 진보, 평등, 보수 권력에 맞선 투쟁을 대표한다. 이것은 해당 진영이 자신을 소개하는 내용이고 상대방을 묘사할 때는 전혀 다른 언어가 등장한다. 좌파가 설명하는 우파는 구태의연한 낡은 구조, 연대 부족, 성과 위주, 사회 보장 제도 무시로 대표되고, 우파가 설명하는 좌파는 경제 혼란, 획일주의, 자유 약탈로 대표된다.

그런데 놀라운 사실은 좌우파 정당의 공약집이나 실제 정책을 살펴보면 양극단에 서 있는 정당임에도 차이가 거의 없다는 점이다. 심지어 각 당의 핵심 가치와 정면으로 부딪치는 정책을 펼치기도 한다. 좌파 정당이 복지 예산을 삭감하고, 우파 정당이 사회 정의를 부르짖으며 분배 정책을 추진하는 것이다.

그렇다면 대체 좌우는 왜 편을 갈라 싸우는 걸까? 어쩌면 정치적인 이념과 상관없이 순전히 경제적인 계산에서 비롯된 것일 수도 있다. 유권자의 입장에서 보면 이해가 쉽다. 유권자에게는 두 가지 문제가 있다. 첫째, 모든 정당의 공약집을 읽고 그것이 자신과 국민들에게 미칠 결과를 판단하려면 너무 오래 걸린다. 그럴 시간도 여력도 없다. 게다가 이런 수고에 비해 얻게 될 보상도 보잘것없다. 자신의 한 표는 수백만 다른 유권자의 표 속에서 그 효력이 너무나 미미하다. 모든 정당의 정책을 살펴 근본적이고 타당한 의견을 세우고 소중한 한 표를 행사하기 위해 며칠씩 밤을 지새웠는데 돌아오는 대가는 사실 보잘것없다. 자신의 목소리가 전체 유권자들의 소리에 묻혀 들리지도 않는다.

경제적으로 계산하면 정치적 의견을 형성하기 위해 들이는 수고는 무의미하다. 그럼 어떻게 해야 할까? 이때 좌우 이념이 한몫을 한다. 어떤 정당이 연대 혹은 자유, 경제 우대 혹은 사회 보장 제도 같은 명확한 이미지를 갖는 즉시, 잠재 유권자들은 정당 공약집을 정독할 필요가 없다고 생각한다. 말하자면 온종일 공약을 연구하는 대신 간단히 좌우로 판단해 버리면 그만이다. 좌파든 우파든 바라는 대로 모든 정책을 펼치리라 기대하면서. 경제학자들이 쓰는 표현으로 바꾸면 '좌우 이념이 합리적 선택의 거래 비용을 대체한다'.

수고스럽게 정치적 의견을 형성하는 대신 이념적으로 자신과 가장 잘 맞을 것 같은 쪽으로 입장을 정리한다. 그러나 정당 내의 지속적인 분파 싸움을 보면 이런 이념의 약속이 얼마나 덧없는 것인지 알 수 있다. 조금씩 다른 의견들이 한집안에 머물 수 있을 만큼 이념의 경계가 모호하다.

명확한 구별이 이념의 가장 기본적인 조건이다. 반대 진영과 확실한 경계가 있어야 하고 그래야 확고한 정체성을 인정받을 것이다. 그러나 메시지가 너무 분명해서도 안 된다. 적당히 모호해야 한다. 그래야 가능한 한 많은 지지자를 모을 수 있다. 모호한 이념이 실제 정책으로 바뀌는 순간 기대가 무너지면서 당내 분파 싸움이 야기되고 불만을 품은 사람들은 각자에게 맞는 새로운 이념에 따라 분열한다.

너무 효율만 따지는 유권자들의 태도가 불행을 낳는다. 유권자들의 그런 태도가 정치적 의견 형성의 가치를 과소평가하게 만든다. 이때 유권자들이 스스로 내용 없는 이념의 노예가 되는 것이 안타까울 따름이다. 하루라도 빨리 스스로 생각하기를 시작하자.

가장 합리적으로
연봉을 책정하는 방법

42. 생산성에 맞춘 임금 체계

> 월급을 주는 건 사장이 아니다. 사장은 단지 돈을 관리할 뿐이다.
> 월급은 제품에서 나온다.
> 생산을 조정하는 것은 경영진이다. 결국 제품이 월급을 지불한다.
> — 헨리 포드

경제에서 임금만큼 첨예한 대립을 낳는 주제도 없을 것이다. 적정 수준의 임금을 정하는 기준은 무엇일까? 학문적으로 보면 복잡하고 부분적으로 보면 간단한 많은 대답이 있지만 어느 것 하나 가리지 않고 논란에 휩싸여 몸살을 앓고 있는 중이다.

차라리 임금을 정하는 기준으로 부적절한 게 무엇인지를 먼저 살펴보는 게 나을지도 모른다. 상상으로 간단한 실험을 해 보자. 국가가 이제부터 직원의 키를 기준으로 임금을 정하는 기업에게 법인세 전액을 감면해 주는 정책을 시행한다고 해 보자. 직원의 키가 클수록 많은 임금을 주는 정책은 경영자와 노동자 양측 모두에게 비판을 받을 것이다. 비록 서로 다른 이유에서이겠지만 말이다. 그런데 실제로

'키 높이 임금제'가 시행되면 무슨 일이 벌어질까?

경영자 측은 키에 따라 월급을 줄 수 없다고 즉시 격렬하게 항의할 것이다. 직원이 이윤에 공헌한 정도에 따라 임금을 정해야 한다고 주장하면서. 이익에 공헌을 많이 한 직원이 높은 보수를 받는 게 당연하다. 그러나 추측건대 경영자 연합이 키에 따른 임금 책정에 반대하는 첫 기자 회견을 하는 동안 벌써 발 빠른 기업들은 신입 사원 채용단을 지방 소인국 혹은 난쟁이 클럽으로 파견할 것이고 인사부장을 줄자로 대체할 것이다. 확실히 문제가 있어 보인다. 특히 전국에서 가장 키가 큰 사람들만 모여 있는 농구 협회는 식은땀이 흐를 것이다. 노동자 측도 마찬가지로 격렬히 저항할 것이다. 노력으로 어떻게 할 수 없는 타고난 키에 따라 월급을 받는 일이 어떻게 가능하단 말인가! 확실히 타당한 지적이다.

그렇다면 무엇을 기준으로 월급을 정해야 할까? 어느 정도 타당성을 인정받을 수 있는 유일한 기준은 노동자들의 성과다. 이것은 경영자 측의 생각과 매우 인접해 있다. 경영자 측은 직원의 성과에 따라 보수를 지급한다. 말하자면 기업의 성공에 기여한 바에 따라 월급을 준다. 경제학자들은 이것을 '생산성에 맞춘 임금 체계'라고 부른다.

그러나 노동조합은 이 체계에 반대한다. 노동자의 월급은 적어도 그 돈으로 살아갈 수 있는 수준으로 정해져야 마땅하다는 것이다. 그러나 이런 요구는 노력으로 어찌할 수 없는 것을 기준으로(키) 보수를 지급해선 안 된다던 노동자들 자신의 주장과 모순된다. 미숙련 노동자가 적은 월급을 받고 그것으로 살아가는 게 빠듯하다면 그걸 누가 책임질 수 있겠는가? 그러므로 노동자들의 요구에 따라 능력에 관계없이 많은 월급을 주는 경영자들은 노력으로 어찌할 수 없는 기준으로 보수를 지급하는 셈이 된다. 결국 키에 따라 월급을 주는 것과 다를 것이 없다. 그러므로 월급을 받는 사람의 필요에 맞춰 급여를 정해야 한다는 주장은 결코 공정하지 않다. 업무 능력이 낮은 직원의 월급을 올려 주는 것은, 키가 크다는 이유로 월급을 올려 주는 것과 다를 바가 없다. 역으로 생각하면 이런 방식은 성과가 매우 좋은 직원들과 키 작은 노동자들을 억울하게 만든다.

　게으르고 능력 없는 직원이 꼼수를 써서 넉넉한 월급을 받는다면 상황은 더욱 심각해진다. 이것은 마치 키에 따라 월급을 책정할 때 키 높이 신발을 신은 사람에게 더 많은 월급을 주는 것과 같다. 그렇다고 오해는 하지 말길 바란다. 소득이 낮은 사람을 지원하지 말자는 얘기가 아니다. 그들을 지원하는 가장 좋은 방법을 찾자는 것이다. 키에 따른 월급 책정은 극단적인 예를 들고자 한 것일 뿐 결코 타당한 방법이 아니다. 기술이 없는 미숙련 노동자는 당연히 사회적 지원을 받아야 한다. 그러나 그 지원이 꼭 월급일 필요는 없다. 오히려 세금 감면이나 기술 지원 등의 대체 방식이 더 효과적이다.

　그러므로 키가 크거나 작은 사람을 도울 때 첫째, 직접적인 방법을 써야 하고, 둘째 세금 납부자로서 모두가 동참해야 한다. 모두가 기꺼이 참여할 때 이런 정책들은 비로소 진가를 발휘한다.

축음기와 영사기를
발명하고도 대박을 놓친
에디슨의 실수

전구가 발명되었을 때 사람들은
이전에 쓰던 기름 램프를 내다 버렸다.
더 나은 것을 보여 주면 사람들은 이전의 것을 과감히 버린다.
– 호레이스 W. B. 도너건

토머스 에디슨은 역사상 가장 위대한 발명가로 알려져 있다. 전기, 전구, 축음기, 영사기 등 당시로서는 상상도 못할 혁신적인 발명품들을 수천 개나 발표했다. 그런데 그는 훨씬 더 위대해질 수 있는 기회를 몇 번 놓쳤다.

1877년 에디슨은 축음기라는 혁신적인 발명품을 최초로 개발했다. 당시 사람들에게는 마법과도 같은 발명품이었다. 자신의 목소리를 저장했다가 몇 번이고 다시 들을 수 있는 기계라니. 대성공을 거두었을 것 같지만 별 재미를 못 봤다. 어떤 일이 있었던 걸까?

에디슨은 축음기를 사무용 녹음기로 시장에 내놓았다. 하지만 당시 사람들에게는 어떻게 써야 할지 모를 물건이었다. 시대를 너무 앞서 나간 것이다. 결국 1879년 생산을 중단하고 말았다. 에디슨은 그 발명품이 음악을 녹음하고 재생하는 데도 적합하다는 걸 알고 있었다. 하지만 자신의 작품이 한가한 놀잇감으로 사용되는 것이 싫었다. 오늘날 우리가 알고 있듯이 에디슨이 잘못 생각했음을 역사가 증명했다. 그렇게 똑똑한 사람이 어떻게 이런 실수를 했을까?

이런 종류의 사례는 무수히 많다. 휴대폰 문자 메시지 서비스도 그렇다. 1985년 이 서비스를 개발한 독일의 어느 엔지니어 역시 문자 메시지 서비스가 이렇게까지 크게 성공할 줄은 꿈에도 몰랐다. 말 그대로 자고 일어나니 갑자기 유명해졌고, 지금까지도 휴대폰의 핵심 기능으로 자리하고 있다.

이런 사례들은 시장 경제가 어떻게 돌아가는지에 대해 많은 것을 알려 준다. 아무도 예상하거나 의식적으로 기획하지 않았더라도, 단지 원하던 것이 눈앞에 나타났기 때문에 사람들은 레코드 플레이어와 문자 메시지 서비스로 행복해진다. 소비자의 욕구를 발견하여 그것을 채워 준 기업은 시장으로부터 그에 합당한 보상을 받았다. 소비자들이 이런 욕구를 자각하지 못했을 때조차 몇몇 발명가와 기업이 용기와 창의성으로 보상을 받기도 한다. 모방하는 사람들은 이런 혁신 프리미엄을 누릴 수가 없다.

그러나 성공적인 혁신의 그림자에 가린 실패한 혁신은 훨씬 더 많다. 용기와 창의성으로 발명한 상품들은 사실 거의 대부분 소비자들의 외면을 받는다. 그래서 혁신에는 실패도 포함된다.

시장 경제의 방식과 에디슨의 불행은 국가 차원의 혁신 정책이 주의해야 할 점을 가르쳐 준다. 자신의 돈과 발명품으로 혁신 결투장에 오른 에디슨마저도 어이없는 오판을 저질렀는데, 이윤과 손해에 크게 신경 쓸 필요가 없는 국가가 어떤 발명과 혁신이 성공할지 어떻게 알고 지원을 한단 말인가. 관료주의자들과 미래 연구자들은 미래에 크게 성공할 상품을 무슨 수로 알아내겠다고 하는 걸까? 지원 요청서, 서류, 거절 원칙, 지원 규정의 틈바구니에서 어떻게 창의성, 기업정신, 아이디어가 성장하고 열매를 맺겠는가.

기초 학문에 대한 연구 지원은 그렇다 치더라도 특정 상품이나 서비스에 대한 연구 지원은 그들이 얼마나 오만하고 무관심한지를 증명하는 것이다. 천재 발명가조차 알 수 없었던 미래를 관료주의자들이 어떻게 판단한단 말인가. 게다가 국가는 여느 발명가들처럼 혁신 경쟁에 나설 필요가 없다. 그렇기 때문에 국가 지원은 더욱 문제가 된다. 만에 하나 국가가 지원한 연구가 실패하더라도 정부 부처 어느 누구도 금전적 손해를 보지 않는다. 모든 부담은 납세자들이 감당해야 한다. 그러므로 우리는 혁신 연구를 지원하려는 모든 국가적 시도를 회의적인 눈으로 바라봐야 한다.

국가가 연구에 관여할수록 문제는 더욱 심각해질 것이다. 그러면 연구는 오로지 한 방향으로만 진행되고 혁신을 통해 인류가 도달할수 있는 다른 모든 얽히고설킨 길은 이용되지 않은 채 버려지고 말 것이다. 결국 인류의 수많은 업적이 멀리 사라져 버린다.

다시 에디슨으로 돌아가 보자. 그는 작은 창을 통해 영화를 볼 수 있는 '키네토스코프'라는 영사기 개발에 성공하여 대성공을 기대하며 시장에 선을 보였다. 자신의 축음기가 실패한 이후 등장한 축음기들이 뮤직 박스로 대성공을 거두는 모습을 보면서 많은 것을 깨달았다. 다시는 그런 실수를 반복하지 않겠다고 다짐했다. 그래서 에디슨은 영화를 대형 스크린에 띄워 많이 사람이 보게 하자는 키네토스코프 운영자들의 요구를 받아들이지 않았다. 그런 식으로 영사기를 운영하면 영사기를 많이 팔 수가 없었기 때문이다. 영사기를 개인용으로 만들어야 훨씬 많이 생산할 수 있고 돈도 많이 벌 수 있을 거라고 생각했던 것이다. 이 천재 발명가는 그렇게 영화관마저 놓쳐버렸다.

파괴적 혁신disruptive innovation과
존속적 혁신sustaining innovation

파괴적 혁신이란 성능은 좀 떨어져도 기능이 단순하고 저렴한 제품으로 기존 시장을 파괴하고 새로운 시장을 창출하는 것을 의미한다. 하버드 대학교의 클레이턴 크리스텐슨 교수가 처음 제시한 개념이다. 저렴한 공산품으로 미국 시장을 공략했던 과거의 일본과 한국, 현재의 중국 등이 대표적인 파괴적 혁신 국가다. 기업 중에는 온라인 스트리밍 업체 '넷플릭스'가 파괴적 혁신을 대표하는 기업으로 손꼽힌다. DVD 대여 사업의 후발 주자였던 넷플릭스는 연체료 폐지, 온라인 주문 방식 채택으로 시장을 장악하고 있던 부동의 1위 업체 블록버스터를 무너뜨렸다. 인터넷이 보급되면서 스트리밍 서비스를 선점해 미국 최고의 미디어 기업 중 하나로 올라섰다. 반면, 존속적 혁신은 과거보다 더 나은 성능의 고급품을 선호하는 고객들을 목표로 기존 제품을 지속적으로 개선해 보다 높은 가격에 제공하는 전략이다. 스마트폰 업계나 자동차 업계 등 기존 시장의 강자들이 일반적으로 쓰는 혁신 전략이다.

남의 돈을 가져다
남을 위해 쓰는 사람들

44. 정부 예산

도덕과 권력의 관계는 매우 미묘하다.
결과적으로 도덕이 없는 권력은 더 이상 권력이 아니기 때문이다.
— 제임스 볼드윈

세상에는 돈 쓰는 재미로 사는 사람이 아주 많다. 자본주의 사회에서 자기가 번 돈을 자기가 쓰겠다는데 뭐라고 할 일은 아니다. 돈 쓰는 일은 인생에서 가장 즐거운 일 중 하나다. 건전한 소비는 경제가 활력을 유지하는 데 도움이 되기도 한다. 그런데 돈 쓰는 재미에도 다양한 레벨이 있다는 것을 아는가. 누구의 돈을 누구를 위해 쓰느냐에 따라 레벨이 달라진다. 체계적으로 한번 따져 보자.

먼저 쓸 수 있는 돈은 두 종류다. 내 돈과 남의 돈. 그리고 이 돈을 두 가지 목적으로 쓸 수 있다. 나를 위해 그리고 남을 위해. 이것을 조합하면 총 네 가지의 경우가 나온다. 내 돈을 나를 위해 쓰기, 내 돈을 남을 위해 쓰기, 남의 돈을 나를 위해 쓰기, 남의 돈을 남을 위해 쓰기. 이 네 가지 경우를 구체적으로 살펴보자.

Case 1 | 내 돈을 나를 위해 쓰기

당신은 돈을 신중하게 쓸 것이다. 힘들게 번 돈이고 당신을 위해 쓰게 될 돈이니까. 설령 물 쓰듯이 쓰더라도 크게 심각할 게 없다. 아무에게도 피해를 주지 않으니까. 유일한 피해자는 돈을 번 당신이다. 흥청망청 써 버린 것이 화가 나긴 하겠지만 그게 전부다.

Case 2 | 내 돈을 남을 위해 쓰기

이 경우는 약간 다르다. 눈앞에 자비를 구하는 허름한 노숙자가 있다고 해 보자. 주머니에 있는 동전을 주는 사람도 있고, 별 생각 없이 무시하는 사람도 있을 것이다. 몇몇 사람은 그들에게 돈을 줘 봐야 어차피 싸구려 술값으로 쓰일 거라며 돈이 있어도 주지 않는다. 이것은 돈에 관한 일에는 사람들이 예민하게 반응한다는 것을 보여 준다. 사람들은 힘들게 돈을 벌었고 그러므로 그 돈이 어떻게 쓰이는지 어느 정도는 통제를 하고 싶어 한다.

Case 3 | 남의 돈을 나를 위해 쓰기

아마 이때도 돈을 목적에 맞게 쓰는 데 주의를 기울일 것이다. 결국 가장 이익을 보는 사람은 자기 자신일 테니까. 아무래도 내 돈보다는 흥청망청 쓰게 된다. 어차피 직접 번 돈이 아니라는 생각에 너그러워진다. 우리는 남의 돈과 직접 번 돈을 마음속으로 다른 회계 장부에 기록한다.

Case 4 | 남의 돈을 남을 위해 쓰기

이때는 돈을 아껴 쓸 이유가 없기 때문에 자유롭게 쓴다. 직접 번 돈도 아니고 거기서 얻는 것도 없다. 굳이 세심하게 주의를 기울일 필요가 없다. 그러므로 효율성 관점에서 보자면 이 경우가 가장 심각하다. 그리고 다른 경우와는 달리 다툼의 소지도 있다. 돈이 방만하게 쓰인다면 가장 먼저 그 돈의 원래 소유자들이 화를 낼 것이다. 그들은 자신들이 힘들게 번 돈이 헛되이 쓰이는 것에 괴로움을 느끼기 때문이다.

남의 돈을 남을 위해 쓰는 경우가 얼마나 있겠나 하는 의문이 드는가? 그것은 큰 착각이다. 남의 돈을 남을 위해 매일 수백만 유로(수십억 원)씩 쓰는 사람들이 있다. 그리고 이런 행위에는 '정치'라는 이름표가 붙어 있다. 정치인들은 세금을 어디에 쓸지 결정한다. 세금이 바로 남을 위해 쓸 남의 돈이다. 그리고 이런 조합에 유혹을 느끼는 사람은 감사원의 두꺼운 보고서에 놀라지 않는다. 매년 작성되는 감사원 보고서 안에는 정부의 기이한 지출 내역이 가득하다. 다리가 갑자기 중간에서 끝나는가 하면 비싸게 마련한 설비들이 어딘가에 방치되어 녹이 슬고 있다. 예를 들어 라인헤센 주 정부는 기차역에 자전거 보관소를 새로 짓는 데만 100만 유로(12억 원)를 썼다. 정말 막대한 설비다!

가장 심각한 문제는 이것을 감독하고 바로잡을 최후의 교정 수단이 없다는 사실이다. 세금을 낭비한 사람에게 개인적인 책임을 물으면 어떨까? 그러면 어느 수준까지는 남의 돈이라도 내 돈처럼 생각하게 될 테고, 지출의 경제성을 크게 높일 것이다.

그렇게 하지 않으면 매일 많은 사람이 계속해서 남의 돈을 낭비할 것이다. 그 돈은 바로 우리 돈이다.

[경제학자의 메모]

부패 인식 지수 corruption perceptions index(CPI)

국제 사회의 부패 방지를 목적으로 설립된 민간 단체인 국제 투명성 기구(TI: Transparency International)가 1995년부터 매년 발표하는 각 나라의 부패 정도를 나타내는 수치. 세계은행, 세계 경제 포럼 등 다수의 공신력 있는 기관이 발표한 관련 자료와 해당 국가의 전문가 의견 등을 종합해 평가한다. 주로 권력을 사적인 이익을 위해 쓰는 정도가 주요 평가 기준이다. 100점을 만점으로 하여 점수가 높을수록 부패 정도가 낮은 것으로 간주한다. 2014년도 부패 인식 지수 조사에 따르면 92점을 얻은 덴마크가 가장 청렴한 국가로 선정됐고, 8점을 얻은 소말리아, 북한, 아프가니스탄이 가장 부패한 나라로 꼽혔다.

정부 발표에서
허점을 발견하는 법

45. 가치 평가

> 투자를 결정할 때는 최소한 새 냉장고를
> 고를 때만큼의 시간과 노력을 기울여야 한다.
> – 피터 린치

얼마 전 청소기를 구입할 때 애를 먹었다. 다양한 상표, 다양한 기능의 수많은 청소기 중에 뭘 골라야 할지 판단이 서지 않았다. 그래서 단순하게 청소를 가장 깨끗이 하는 청소기를 사기로 했다. 청소기는 진공으로 먼지나 쓰레기를 빨아들이니 흡입력이 가장 좋은 것을 사면 되지 않겠는가. 그런데 흡입력을 제대로 표시한 청소기가 거의 없었다. 그때 묘안이 떠올랐다. 흡입력이 세다는 것은 전기를 많이 먹는다는 의미일 테니 출력이 가장 큰 청소기를 찾으면 되는 것이다. 그런데 현명한 방법이 아니었다.

자동차와 비교해 보면 쉽게 알 수 있다. 주로 고속 도로를 달릴 자동차를 산다고 해 보자. 최고 마력을 자랑하는 자동차를 사고 싶다.

그런데 마침 매장에 카탈로그가 떨어졌고, 전시된 자동차에도 마력 표시가 붙어 있지 않았다. 그러나 마력이 높은 자동차는 대체로 기름 먹는 하마라는 것을 아는 당신은 마력을 짐작할 수 있는 다른 방법을 찾아낸다. 연료 소비량이 큰, 다시 말해 연비가 나쁜 자동차를 찾는 것이다. 연료 소비가 높다는 것은 그만큼 마력이 높다는 뜻일 거라 생각하면서. 그런데 집에 와서 인터넷을 검색해 보니 페라리 대신 유조선을 계약했다는 걸 확인하게 된다. 계약한 자동차가 연료를 많이 먹는 이유는 엔진 출력이 좋아서가 아니라 너무 무거웠기 때문이었다. 기름을 길에 뿌리는 수준으로 기름을 먹으면서도 속도는 나지 않는 그런 차였던 것이다. 물론 자동차를 구매하면서 이런 실수를 저지르는 사람은 없을 것이다. 계약하기 전에 마력이 원하는 수준인지 확인할 것이기 때문이다. 마력은 자동차의 성능을 알려 주는 중요한 지표이기 때문에 별 노력을 들이지 않아도 쉽게 알 수 있다.

그런데 진공청소기는 상황이 조금 다르다. 청소기의 흡입력을 알려 주는 공식적인 수치가 없다. 청소기에 적혀 있는 와트는 흡입력 수치가 아니라 사용 전력이다. 심지어 흡입력이 세다는 인상을 주기 위해서 생산자가 일부러 전력을 높여 놓은 모델도 있다.

이런 착각은 생각보다 자주 발생한다. 가령 정부 성과를 평가할 때도 그렇다. 교육, 경제, 안보, 복지에 예산을 많이 썼다고 자랑스럽게 말하는 정치인들은 기본적으로 진공청소기 판매원이다. 그들은 전력 소모량을 성능인 것처럼 포장한다. 독일에서 정부 성과는 시장 가격이 아니라 정부가 지출한 비용으로만 평가된다. 이것이 문제를 낳는다. 예를 들어 교수나 교사들의 월급이 오르면 교육 지출이 늘어난다. 학생을 위해 한 일은 아무것도 없다. 강의나 수업의 질에도 변화가 없다. 그런데 그것을 마치 교육에 투자한 것처럼 포장한다.

예를 들어 정부에서 학생 한 사람에게 무상으로 제공한 수업 시간을 발표한 적이 있다. 이런 발표는 학생이나 학부모, 유권자들에게 중요한 성과로 받아들여진다. 그런데 아무도 수업의 질에 대해서는 의문을 품는 사람이 없다. 적은 돈을 들여 정년 퇴직자나 무자격자를 임시 교사로 채용하고 포장만 그럴듯하게 하는 것이다. 그러면서 자신이 추진한 정책으로 휴강 비율이 크게 낮아졌다고 자랑스럽게 발표한다. 그런 정치인은 믿을 사람이 못 된다.

교육부 장관이 기자들 앞에서 교육비 지출이 늘었고 휴강이 줄었다고 발표하면서 이것이야말로 현 정부가 교육 개혁에 앞장서고 있다는 증거가 아니겠냐고 말한다. 그런데 그 말은 교육을 위해 돈을 많이 썼다는 것 이상의 의미는 없다. 교육의 질이 높아졌는지는 알 길이 없다. 예산이 쓰이는 다른 수많은 영역도 별반 다르지 않다. 단순히 지출 내역일 뿐 성과의 증거가 아니다. 경제학자들은 이런 식의 자화자찬을 '인풋 기준 가치 평가'라고 한다. 그럴듯하게 들리지만 그 뒤편에는 많은 것이 감춰져 있다.

청소기의 성능은 직접 청소를 해 봐야 알 수 있다. 청소가 잘 되는지 안 되는지를 확인하는 방법은 찬찬히 살펴보는 것뿐이다.

어쩌면 손해가
될 수도 있는
최저 임금 인상의 비밀

46. 최저 임금제

공정한 하루의 노동을 위한 공정한 하루의 임금은
인간의 영원한 권리다.
– 토머스 칼라일

《삐삐 롱스타킹》은 스웨덴의 동화 작가 아스트리드 린드그렌이 1945년에 발표한 작품으로 전 세계적으로 큰 인기를 끌었다. 주인공 삐삐는 알록달록한 긴 스타킹을 신고 길게 땋은 빨간 머리가 돋보이는 아홉 살짜리 말괄량이다. 낙천적이고 특이한 성격에 말을 번쩍 들어 올릴 수 있는 괴력을 소유하고 있다. 삐삐는 공부를 좋아하지 않아서 구구단을 외우지 못한다. 어른들의 닦달로 구구단표를 들여다보지만 삐삐에게 구구단이란 두 수의 조합에 따라 커지기도 하고 작아지기도 하는 표에 불과하다. 두 수 중 하나가 커지면 결과도 커지고, 하나가 커지는데 하나가 작아지면 결과는 그대로다.

구구단을 가르칠 때 삐삐에게 이런 단순한 메커니즘을 설명해 주었다면 삐삐도 구구단을 외우지 않았을까? 새로운 무엇인가를 시작할 때 이런 기본적이고 단순한 메커니즘을 빠트리고 넘어가는 경우가 의외로 많다. 최저 임금제 역시 그중 하나다.

최저 임금제는 인류가 노동을 시작할 때부터 있었다. 노동자가 노동의 대가로 최소한 먹고살 수는 있어야 하지 않겠는가. 이런 주장과 함께 노동자의 최저 임금제가 계속해서 논란이 되고 있다. 최저 임금제는 노동자들의 소득을 높여 줄 것이다. 그런데 최저 임금제가 오히려 경제에 독이 되는 경우도 있다.

최저 임금제는 장기적으로 노동에 대한 수요를 낮출 가능성이 있다. 노동에 대한 수요는 언제나 노동의 가격에 좌우된다. 인건비가 싸면 사람을 많이 쓸 수 있고, 인건비가 비싸면 사람을 쓰는 데 망설이게 된다. 이는 최저 임금제가 야기한 구조적인 수요 감소다. 그래서 노동조합도 노동자를 지켜 줄 방법이 없다.

여기서 최저 임금제와 관련된 첫 번째 불편한 결과가 생긴다. 모든 노동자가 최저 임금제의 혜택을 받는 건 아니다. 몇몇은 최저 임금제 때문에 오히려 일자리를 얻지 못한다. 더 심하면 일자리를 잃는 사람도 생긴다. 경영자들은 비용보다 높은 수익을 올리는 사람만 채용하려고 한다. 수익보다 최저 임금이 더 높으면 경영자는 채용을 포기한다.

노동자들은 최저 임금이 오르기만을 바란다. 월급을 높이면 적어도 노동자들의 소득은 오르지 않을까? 정말 그런지 한번 확인해 보자. 구구단의 도움으로 월급 총액을 계산해야 한다. 월급 총액은 모든 최저 임금 수령자들의 월급을 합한 것이다. 노동자 수에 월급을 곱한다. 그래서 최저 임금 금액과 최저 임금을 받는 노동자 수에 따라 달라진다. 최저 임금 노동자 수는 최저 임금 금액과 밀접한 관계가 있다. 최저 임금이 오르면 노동자 수가 줄어든다. 월급 총액은 대체로 변하지 않기 때문이다.

최저 임금제 도입 전에 1000명이 100유로(12만 원)를 받고 일을 했다면, 그들의 월급 총액은 10만 유로(1억 2000만 원)다. 월급이 200유로(24만 원)로 오르면 어떻게 될까? 200유로를 받고 일하는 노동자가 정확히 500명이라면, 월급 총액은 10만 유로로 이전과 변함이 없다. 만약 최저 임금 수혜자가 500명 이하면, 월급 총액은 전체적으로 줄어든다. 많은 노동자가 최저 임금제 때문에 돈을 벌지 못한다. 이것이 바로 일자리 구구단의 고약한 특징이다. 곱셈 결과가 수령액뿐 아니라 이 월급을 수령하는 노동자의 수에도 좌우되는 것이다.

그러므로 월급이 높아지는 것보다 노동 수요가 더 많이 줄면 당연히 월급 총액은 감소한다. 비록 월급이 인상되더라도 그 혜택을 누리는 노동자가 줄어드는 것이다. 애석하게도 미숙련 노동이 바로 이런 경우다. 미숙련 노동자의 월급이 매우 낮기 때문에 최저 임금제가 특히 중요하다. 경제학자들이 말하는 것처럼 미숙련 노동은 매우 탄력적이다. 경력이나 교육이 필요 없기 때문에 누구든지 할 수 있다. 월급이 상승하면 미숙련 노동의 수요가 급격히 감소할 수밖에 없다. 결국 월급 총액이 감소할 것이다. 경영자들이 월급 인상에 민감하고 미숙련 노동에 대해 탄력적인 반응을 보이는 이유는 미숙련 노동은 인건비가 저렴한 외국으로 옮기거나 기계로 대체하기가 비교적 쉽기 때문이다.

이것이 최저 임금제의 불편한 최종 결과다. 최저 임금을 인상함으로써 최저 임금 수령자들의 월급 총액이 줄어드는 결과를 낳을 수 있다. 월급이 늘어나는 것보다 일자리가 더 많이 줄어들기 때문이다. 개별 월급은 늘었지만 월급을 받는 노동자는 소수에 불과하다. 최저 임금제 아래에서 새로 일자리를 얻은 사람은 실제로 더 많은 돈을 주머니에 담는다. 그 대신 전에 일자리를 가졌던 다른 사람들이 소외당한다.

여기에 최저 임금제의 분배 문제가 있다. 우리는 이쪽 빈 주머니에서 저쪽 빈 주머니로 재분배한다. 우리는 이쪽 저소득층의 소득을 약간 높여 주기 위해 저쪽 저소득층의 일자리를 뺏는다. 그러나 월급 총액은 전보다 더 낮다. 복지 정책 정치가들조차 구구단의 책략 때문에 쉽게 오류에 빠질 수 있다. 최저 임금제가 본래의 취지를 유지할 수 있도록 잘 살펴야 한다. 그렇지 않으면 최저 임금제 때문에 피해를 보는 사람들이 생길 수도 있다.

우리 동네에
혐오 시설이 들어설 때
따져 봐야 할 것들

47. 외부 효과

정부가 우리의 땅을 담당하고, 문을 열도록 강요하고 있다.
일단 그들이 침입하고 나면 손에 닿는 대로
재산과 생산물들을 강탈해 갈 것이다.
– 토머스 제퍼슨

삼손은 아주 얌전한 개다. 삼손은 아이들을 좋아하고 주인 아저씨 마르쿠스를 잘 따르고 훈련도 잘 되어 있다. 하지만 삼손에게는 고약한 버릇이 하나 있다. 비행기만 보면 짖는 것이다. 다른 개들은 우체부, 지나가는 자전거 혹은 낯선 사람을 향해 짖지만 삼손의 적수는 그보다 훨씬 거대하다. 삼손은 커다란 비행기가 하늘에 나타날 때마다 자기 영역을 방어하기 위해 미친 듯이 짖어 댄다. 마르쿠스 아저씨는 물론이고 이웃에게도 짜증 나는 일이다. 근처 공항이 항로를 늘리면서 더 많은 비행기가 삼손의 영공을 거침없이 오갔다. 그럴 때마다 삼손은 큰 소리로 짖었다. 비행기 소음도 견디기 어려운데 삼손까지 짖어 대는 바람에 이웃 주민들은 견디다 못해 마르쿠스 아저씨에게 항의했고, 마르쿠스 가족은 결국 삼손을 다른 곳으로 보내야만 했다.

그런데 공항 관계자들은 삼손의 운명에 관심이 없다. 그들은 비행기가 늘어날수록 일자리가 늘어 지역 발전에 도움이 된다고 선전한다. 그들의 계산에는 마르쿠스 아저씨를 떠나야 하는 삼손의 불행은 포함되지 않는다. 이것이 바로 경제학자들이 말하는 '외부 효과'다. 공항 운영자의 손익 계산에는 공항 운영비만 포함되고 삼손과 마르쿠스 가족의 비용은 빠져 있다.

국민 경제 면에서 보면 공항 운영자는 전체 경제에 미치는 공항의 효용성을 잘못 계산하고 있는 것이다. 공항의 국민 경제적 비용에는 공항 운영비뿐만 아니라 소음, 배기가스, 삼손 그리고 땅값 하락 때문에 발생하는 주민들 비용도 포함돼야 한다. 그러나 공항 운영자는 손익을 계산할 때 공항 건물 밖에서 주민들이 치러야 하는 비용(소음, 배기가스, 삼손과의 이별)은 배제하고 오로지 공항에서 발생한 비용만 고려한다. 그래서 계산에 포함되지 않은 외부 비용 때문에 경제 주체의 일부 비용이 국민 경제에 반영되지 않는 일이 생긴다.

이런 외부 효과야말로 국가 개입이 필요한 대표적 사례다. 국가는 공항의 외부 효과, 즉 삼손, 소음, 집값 하락 등을 공항 운영의 손익 계산에 넣도록 해야 한다. 삼손을 다른 곳으로 보낸 마르쿠스에게 얼마를 배상해야 할지 구체적으로 계산하여 공항 운영자로 하여금 그 금액을 마르쿠스에게 지불하도록 해야 한다. 그래야 비로소 공항 운영의 진짜 총비용을 구할 수 있다. 가령 착륙장을 증축한다고 할 때,

공항 운영자와 인근 주민들 사이의 다툼이 이것 때문에 생긴다. 주민들은 소음이나 배기가스 같은 불이익을 지적하고 공항 운영자는 자신과 잠재 노동자의 이익을 지적한다. 안타깝게도 이익을 챙기는 사람 따로, 외부 비용을 부담하는 사람 따로인 경우가 비일비재하다.

그러므로 고속 도로, 공항, 쓰레기 하치장 혹은 원자력 발전소를 둘러싼 분쟁에서는 시설의 경제적 의미뿐 아니라 그로 인해 발생하는 부담과 짐을 어떻게 부담할 것인가에 대해서도 다루어야 한다. 하지만 그런 시설로 손해를 입을 사람(기본적으로 인근 주민들)에게 돌아갈 보상이 어느 정도가 적절한지를 정하기란 쉽지 않다. 삼손을 잃은 마르쿠스 아저씨에게 얼마를 지불해야 할까?

도로를 내기 위해 토지를 매입할 때 바로 이런 문제가 터진다. 순식간에 평균 수준이었던 땅값이 천문학적으로 올라간다. 토지의 소유주가 이런 상황을 악용할 경우 가격 흥정은 대단히 어렵다. 그러나 분명한 것은 그런 프로젝트로 일자리를 창출한다는 주장으로는 주민들의 부담을 완전히 없앨 수는 없다는 사실이다. 그것은 인근 주민들의 희생을 발판으로 다른 사람들에게 이익을 만들어 주겠다는 것과 다를 바 없다.

일자리 창출과 외부 효과 논쟁은 불쌍한 삼손에게는 전혀 도움이 되지 않는다. 다행히 삼손은 공항에서 멀리 떨어진 멋진 새 보금자리를 얻었지만 말이다.

경제학이 세상을 설명하는 방법

이제 경제에 대한 기본적인 지식은 충분히 수집했다. 마지막으로 한 가지 질문이 남았다. 사람들이 경제학을 낯설게 느끼는 이유는 뭘까? 아마도 경제학 책들이 인기를 얻지 못하는 이유와 같을 것이다.

경제 전문 기자, 투자자, 경제학과 교수로 활동했던 경험을 바탕으로 돌이켜 보면 경제학자들이 말을 너무 냉정하게 하기 때문이 아닐까 하는 생각이 든다. 경제학자는 노동자들을 위한 임금 인상에 반대하고, 동네 구멍가게의 생존에 관심이 없으며, 치열한 경쟁에서 뒤처진 기업에는 눈길도 주지 않는다. 사람들이 이런 냉정한 분석과 발언을 좋아할 리가 없다. 앙겔라 메르켈 독일 총리가 자주 쓰는 말처럼 멀리 가려면 함께 가야 경제도 더 건강하게 발전할 텐데 경제학자들은 왜 일반적인 사람들과 다르게 생각하는 걸까?

경제학자의 관점이 세상과 많이 다르다는 인상을 주는 것은 아마도 그들의 독특한 사고 과정 때문일 것이다. 경제학자는 연역적으로 사고하도록 훈련을 받았다. 다시 말해 보편적인 법칙과 이론을 먼저 세우고 그것이 현실에서 타당한지를 검증한다.

무역을 예로 들어 보자. 무역은 각 나라가 가장 잘할 수 있는 것을 선택해 그것을 교환하는 것이다. 이런 교환이 자발적으로 이루어지는 한 무역은 모두에게 이익이다. 이런 단순한 아이디어가 지난 200년간 경제학자들에 의해 다듬어지고 경험적으로 검증되었다. '무역은 모두에게 좋은 일이다'라는 핵심은 그때나 지금이나 그대로다.

이론은 그렇다 치자. 그런데 어째서 그렇게 많은 사람이 그런 단순한 아이디어와 친해질 수 없는 걸까? 아마도 다른 접근 방식을 가졌기 때문일 것이다. 그들은 귀납적으로 접근한다. 귀납법에서는 이론보다 현실에서 목격된 현상이 먼저다. 먼저 여러 현상을 관찰하고 거기에서 보편적으로 적용되는 귀납적 결과를 찾아낸다. 이것은 잘못된 방법이 아니지만 위험한 면도 있다.

다시 무역을 예로 들어 보자. 무역을 하면 할수록 제3국가들이 빈곤에 빠지고, 무역 때문에 환경이 파괴되고, 가난한 나라의 노동자들이 착취를 당하는 모습이 자주 목격된다. 그것을 보고 '무역은 나쁘다'라는 결론을 내린다. 그런데 이 결론이 타당한 걸까?

예를 들어 아프리카는 가난한 나라가 많은 대륙이다. 다른 대륙과 비교하면 세계 무역에서 소외되어 있는 땅이다. 경제학자들은 아프리카가 가난한 이유는 무역을 했기 때문이 아니라 무역이 부족하기 때문이라고 분석한다. 사실은 아프리카의 가난과 무역은 크게 관련이 없다. 아프리카가 가난한 가장 큰 이유는 내전과 독재, 즉 정치적인 문제 때문이다. 이것을 귀납적으로 추론하면 가난의 원인을 무역으로 돌리는 오류를 범하기 쉽다.

이런 접근 방식의 차이 때문에 많은 사람이 경제학자의 관점을 쉽게 받아들이지 못한다. 사람들은 목격한 현실 속에서 보편적 법칙을 찾아내는 반면, 경제학자는 보편적 법칙을 먼저 세우고 그것을 현실에 적용한다.

물론 경제학자의 연역적 방법에도 약점이 있다. 연역적으로 세워진 법칙은 책상에서 설계된 것이다. 현실에는 이론과 맞지 않는 수많은 변수가 있기 때문에 완벽한 이론 또는 법칙이란 있을 수 없다. 그래서 현실에 맞게 끊임없이 수정하고 보완해야 한다. 다시 한 번 무역을 예로 들어 볼까? 경제학자들은 먼저 '무역은 모두에게 좋다'라는 가정을 세운다. 그런데 거대 기업 때문에 착취당하는 저개발국 노동자들이 생긴다. 정치적인 논리를 들어 제대로 값을 치르지 않는 강탈에 가까운 무역도 있다. 그것은 무역은 모두에게 좋다는 원래 가정과 맞지 않는다. 그래서 다음과 같은 단서가 붙는다.

'무역은 모두에게 좋다. 단, 동등한 자격의 이성적인 파트너 사이에 자발적인 교환일 경우에만, 그리고 제3자의 희생을 요구하지 않을 때에만 좋다.'

경제학자와 세계화 반대파 사이의 모순도 이런 식으로 해명될 수 있다. 세계화 반대파들은 무역이 환경을 파괴하고 양극화 현상을 심화시켜 인류에게 피해를 끼친다고 비판한다. 이에 대해 경제학자들은 이렇게 답한다.

'무역이 환경을 파괴하고 때에 따라 제3자의 희생을 요구하므로 인류의 행복에 해가 되는 것은 인정한다. 그러나 그 해결책은 무역 금지가 아니라 제3국 노동자들의 임금 인상과 환경 보호 정책이다.'

무역은 기본적으로 인류 행복에 이바지한다. 예외적인 일이 발생할 때는 그에 합당한 조건을 만들어야 한다. 그러므로 무역 지지파와 반대파는 전혀 다른 이야기를 하는 게 아니다. 경제학자는 문제를 두 영역, 즉 기본적으로 인류의 행복에 이바지하는 무역과 인류에게 피해를 주는 무역으로 나눈 다음 문제가 되는 부분을 처리하려 한다.

무역 불균형이 야기하는 빈곤 문제도 그렇다. 예를 들어 산업 선진국이 국가 보조를 받은 농산물을 덤핑 가격으로 세계 시장에 내놓으면, 저개발국 농업 종사자들이 큰 피해를 입는다. 이것은 동등한 자격의 이성적인 파트너 사이에 이루어지는 자발적인 교환이 아니다. 그리고 각자가 가장 잘할 수 있는 것을 교환하는 무역도 아니다. 이론에 맞지 않는 특수한 상황이 또 생긴 것이다. 여기서 문제가 되는 건 뭘까? 무역 자체가 문제였을까? 그렇지 않다. 덤핑 가격이 문제였고, 덤핑 가격의 원인은 국가 보조금이다. 국가 보조금을 받은 농산물에 대해서 특별 관세를 매겨 자국 농민들을 보호할 수 있다. 이처럼 경제학자의 사고방식은 문제가 발견되면 좋은 부분은 살리고 정말 고쳐야 할 부분만 고치자는 것이다. 매년 교통사고가 끊이지 않고 일어난다고 해서 자동차를 없애 버릴 수는 없지 않은가.

그런데 문제를 해결하는 과정에서 경제학자에 대한 또 다른 오해가 발생한다. 아무리 훌륭한 해결책이라고 해도 모든 사람이 쉽게 받아들일 수는 없기 때문이다. 예를 들어 어떤 경제학자가 최저 임금제를 폐지하고 임금 소득 보조제를 도입해야 한다고 주장한다고 하자. 그는 최저 임금제가 소득 재분배 효과가 미약하고, 실업율을 더 높이며, 결과적으로는 먹고살기에 충분한 돈을 벌지 못한다고 말한다. 반면 소득 보조제는 저소득층을 돕자는 목표와도 맞고 일을 할 수 없는 사람들까지 포함하며 그 비용을 기업이나 사업장이 아니라 모든 세금 납부자가 동시에 내기 때문에 더 합리적이라고 주장한다. 다분히 논쟁적인 사안이다. 하지만 논쟁의 주제는 저임금 노동자들을 도울 것이냐 말 것이냐가 아니라 어떻게 도울 것이냐이다.

그런데 논쟁 과정에서 오해가 발생한다. 일반적으로 생각하면 최저 임금 제도라는 것이 최소한의 생계를 보장하기 위한 것인데 최저 임금으로 먹고사는 게 어렵다는 것은 여전히 최저 임금이 낮다는 의미다. 최저 임금 인상이 경제 전체에 미치는 파장을 파악하는 동안 또 여러 가지 쟁점이 생겨난다.

한 번의 오해가 연쇄 반응을 일으켜 경제 문제가 정치 문제로 비화된다. 그러면 애초의 주제와는 동떨어진 이념 싸움, 세력 싸움이 벌어진다. 그런 상황에서는 여러 가능성을 조사하고, 분석하고, 예측하고, 설명하는 진짜 경제학이 힘을 발휘하지 못한다. 객관적인 데이터를 가지고 이야기해도 그 의견에 반대하는 진영에 의해 진실이 왜곡되고 사기꾼으로 전락된다.

애석하게도 경제는 그렇게 단순하지가 않다. 코브라 효과cobra effect라는 게 있다. 인도가 영국의 식민지였을 때 맹독을 지닌 코브라 개체 수가 늘어나 피해가 커지자 영국 정부는 코브라를 잡아 오는 사람에게 보상금을 주는 정책을 실시했다. 단순하지만 효율적인 아이디어였다. 코브라를 잡아 온 사람에게 상을 주면 코브라의 수도 줄고 전염병도 사라지고 빈곤 문제도 어느 정도 해결되니 이보다 더 좋을 수는 없었다. 그러나 현실은 그렇지 않았다. 코브라잡이로 돈을 번 사람들 이야기가 퍼지자 사람들은 코브라를 집에서 기르기 시작했다. 나중에는 보상금을 받기 위해 가져온 코브라가 대부분 집에서 몰래 기른 코브라였다. 포상 제도의 취지가 무색해지자 정부는 보상금 제도를 취소했다. 그랬더니 오히려 코브라가 더 늘어났다. 집에서 기르던 코브라가 쓸모없어지자 모두 풀어 주었기 때문이다.

프랑스의 지배를 받던 베트남에서도 비슷한 일이 있었다. 전염병을 예방하려는 목적으로 쥐를 잡아 오면 보상금을 주기로 했다. 쥐를 잡았다는 증거로 쥐 꼬리만 제시하면 됐다. 얼마 후 하노이 시내에는 꼬리가 잘린 쥐들이 눈에 띄기 시작했다. 쥐를 잡은 사람들이 꼬리만 잘라 내고 쥐를 풀어주었기 때문이다. 살아 돌아간 쥐가 번식하여 개체 수가 늘기를 바랐던 것이다. 이것이 바로 정책의 연쇄 반응이다. 경제학자는 이런 변수를 찾아내고, 분석하고, 예측해야 한다. 그게 진짜 경제학이다.

경제학은 직관과 경험이 어우러진 매우 논리적인 학문이다. 나라에서 중요한 결정을 할 때 경제학의 시험을 통과해야 하듯이 우리 역시 그런 식으로 경제학을 사용해 볼 수 있다. 중요한 선택일수록 많은 변수를 고려하여 결과를 예측해 보는 것은 생각보다 매우 효과가 크다. 세상이 100퍼센트 완벽하게 굴러가지는 않지만 경제학이 존재하기 전보다 풍요로워진 것은 사실이다. 우리의 인생 역시 경제학으로 인해 점점 더 풍요로워질 것이다.

〔 하노 벡 인터뷰 〕

주식 시장에서 돈 버는 다섯 가지 방법

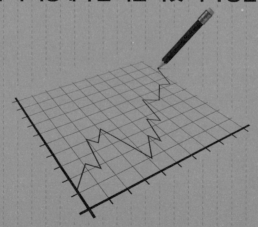

주식으로 돈 벌려면 차트 믿지 마라……
그럴듯한 패턴? 그건 다 우연

화제의 경제 · 경영서 《부자들의 생각법》 쓴 하노 벡 교수

시장과 거리를 둬야—버핏, 왜 월가에 살지 않을까…… 많은 정보가 판단 어렵게 해

본전 생각 버려라—주가 하락으로 인한 손실…… 추가 매수로 물타기 말아야

경제 전문가들 믿지 말 것—그들에게 딱 하나 물어봐라 "그래서 얼마나 버셨어요?"

통계의 트릭 잘 살펴야—최근 3년간 수익률 1위? 누적 말고 매년 수익 따져야

1998년 독일 대표 일간지 '프랑크푸르터 알게마이네 차이퉁'의 편집국.

경제학 박사 출신의 하노 벡Hanno Beck 씨가 금융 전문 기자로 첫발을 내디딘 날이었다. 첫날 업무는 증권 시장 동향을 전하는 기사를 쓰는 것이었다.

첫날부터 모든 게 착착 진행되는 듯했다. 이날 주가가 하락했기 때문에 전문가와 통화해 의견을 구했다. 그는 주가가 하락한 이유가 '유로화 강세 때문'이라고 했다. 대학에서 배운 환율 이론에 맞는 설명이었다. 코멘트를 받아 적고 몇몇 주식 시세를 덧붙여 새내기 금융 기자의 따끈따끈한 첫 기사가 완성됐다. 그런데 다음 날 정신이 번쩍

▲ 하노 벡 교수는 "부자들은 자신의 약점을 다스리고 다른 이의 약점을 거울삼아 돈 벌 기회를 찾는 사람들"이라면서 "돈을 벌지 못하는 '우리들'의 약점이 무엇인지 책을 통해 파헤쳐 보려고 했다"고 말했다. / 마인츠(독일)=최원석 기자

드는 일이 벌어졌다. 주가가 큰 폭으로 상승했는데, 다른 전문가에게 전화를 걸어 이유를 묻자 '유로화 강세 때문'이라고 하는 게 아닌가. 어제는 유로화 강세 때문에 주가가 내려갔는데, 오늘은 그것 때문에 주가가 올랐다고?

그 뒤에도 그는 비슷한 경험을 수없이 겪었다. 전문가들이 저마다 설득력 있는 이야기를 들려주는데, 서로 모순되는 경우가 많았지만 그럼에도 하나같이 그럴듯하게 들렸다. 이론과 현실의 차이가 만든 소용돌이에서 허우적거리던 그는 행동 경제학에서 해답의 실마리를 찾았다. 전통 경제학은 인간을 합리적인 존재로 가정한다. 하지만 경제학에 심리학을 접목한 행동 경제학은 경제에 영향을 미치는 인간의 심리를 파헤친다.

8년 동안 금융 전문 기자로 일한 그는 2006년 포르츠하임 대학교 경제학과 교수로 자리를 옮긴다. 그러고 나서 기자 생활을 하며 겪은 모순적인 경험을 바탕으로 돈을 버는 법과 지키는 법에 대한 책을 쓰기 시작했다. 시티그룹 독일 본부 선정 '2013년 경제 경영 최우수 도서'에 오른《돈은 생각하지 않는다Geld denkt nicht》가 가장 최근에 쓴 책이다. 이 책은 지난 11월 한국에도《부자들의 생각법》이라는 이름으로 출간, 예스24 주간 경제·경영서 순위에서 세 차례 1위를 차지했다. 최근 독일 마인츠Mainz 중앙역 3층의 스타벅스 커피숍에서 하노 벡 교수를 만났다. 다음은 그가 제시하는 투자 전략을 다섯 가지로 요약한 것이다.

1. 시장과 거리 두기

그가 올바른 투자를 위해 가장 강조한 것은 '시장과 거리를 둬야 한다'는 것이다. '채권왕' 빌 그로스가 창립한 세계 최대 채권 펀드 회사 핌코Pimco의 본사 뉴포트비치는 캘리포니아의 작은 해변 도시이고, 워런 버핏의 투자 회사 버크셔 해서웨이도 월스트리트에서 멀리 떨어진 네브래스카 주 오마하에 있다. 왜 그럴까?

"시장 가운데에 있다고 해서 정보력이 더 뛰어나다고 말할 수 없습니다. 오히려 너무 많은 정보는 무엇이 진짜 중요한 정보인지 판단을 어렵게 만들 수 있습니다."

시장과 거리를 둬야 하는 다른 이유는 집단이 반드시 올바른 판단을 하는 것은 아니기 때문이다.

"펀드 매니저를 볼까요? 그들은 손실에 대한 책임을 회피하는 것이 중요합니다. 그런데 책임을 회피하는 가장 좋은 방법은 다른 사람들이 하는 대로 하는 겁니다. 잘되면 본인이 잘한 것이고, 잘 안 되면 다른 사람들도 똑같이 잘 안 됐다고 말하면 되기 때문입니다."

집단에 휩쓸리지 않기 위한 쉽고 간단한 방법이 있을까? 그는 뜻밖에도 역사책을 많이 읽으라고 조언했다.

"전설적인 투자자들의 책장에는 역사책이 많습니다. 1929년 대공황을 겪었던 사람들의 쓰라린 경험이 후대에 제대로 전해지지 않았기 때문에 같은 역사가 반복되는지도 모릅니다. 불에 실제로 닿아 덴 아픔과 그 아픔을 전해 들은 것은 명백히 강도가 다르니까요."

2. 기술적 분석 멀리하기

차트 분석은 매력적이다. 금융 시장의 변화가 미리 결정된 것처럼 보이게 함으로써 우리를 안심시킨다. 하노 벡 교수는 그러나 기술적인 분석을 통해 주가를 예측하는 것은 불가능하다고 단언했다.

"우연은 말 그대로 예상 불가능한 영역이지만, 생각보다 자주 발생하고 매우 그럴듯한 모습으로 다가옵니다. 마음만 먹으면 과거의 주식 시세 차트에서 수천 또는 수만 가지 규칙을 찾아낼 수 있습니다. 기술적 분석을 믿는 사람들은 이런 패턴에 큰 의미가 있다고 말할 겁니다. 하지만 그런 패턴이 우연한 것이라면 분석 자체도 의미 없는 일입니다."

이를테면 미국 월가엔 '슈퍼볼 지표'라는 게 있다. 슈퍼볼에서 내셔널풋볼콘퍼런스NFC 소속 팀이 우승하면 다우 지수가 오르고, 아메리칸풋볼콘퍼런스AFC 팀이 우승하면 떨어진다는 것이다. 실제로 과거 통계를 보면 신기하게도 밀접한 관련이 있어 보인다. 하지만 슈퍼볼 결과와 다우 지수는 논리적으로 아무 관계가 없으며 전적으로 우연의 산물이다.

3. 본전 생각 버리기

하노 벡 교수는 돈을 벌기 위해서는 우선 돈을 크게 잃을 확률을 줄여야 하는데, 이때 본전을 찾겠다는 생각을 버리는 것이 중요하다고 말했다. 본전 찾기의 대표적 사례가 '물타기(추가 매수)'이다. A사의 전망이 밝다는 이야기를 듣고 A사 주식을 100유로에 샀는데, 주가가 며칠 오르다 곤두박질을 치기 시작한다. 어느새 80퍼센트가 폭락해 20유로가 됐다. 이럴 경우 두 가지 선택이 있다. 첫째는 80유로 손실을 인정하고 앞으로 이런 주식에 손대지 않는 것이다. 둘째가 바로 물타기다. 이 선택을 하는 사람들의 계산법은, 주가가 20유로에서 60유로까지 오르더라도 여전히 본전과 비교하면 40유로 손실을 보게 되지만, 20유로에 주식을 더 산다면 추가 매수한 주식으로 40유로를 더 벌게 돼 본전 100유로를 모두 찾을 수 있다는 논리다.

"이럴 때 당신이 해야 할 질문은 딱 하나입니다. '지금 A사를 처음 알게 됐다면 주식을 사겠습니까?' 추가 매수의 유혹을 느낄 때 반드시 이 질문을 하세요. '아니요'라는 답이 나오면 추가 매수를 포기해야 할 뿐 아니라 이미 갖고 있는 주식도 팔아야 합니다."

사람은 이미 투자한 곳에 계속 투자하려는 성향이 있다. 경제학 용어로 '매몰 비용'의 오류이다. 그러나 투자를 계속할 것이냐, 그만둘 것이냐를 결정하는 데 지금까지 투자한 금액이 영향을 미쳐서는 안 된다.

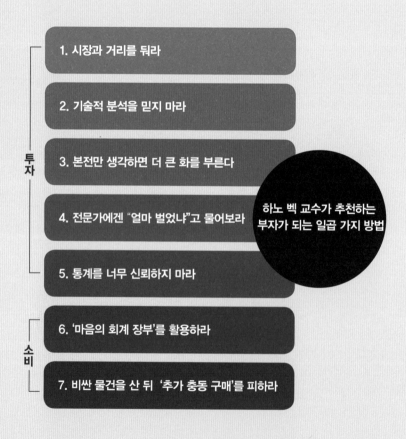

투자

1. 시장과 거리를 둬라

2. 기술적 분석을 믿지 마라

3. 본전만 생각하면 더 큰 화를 부른다

4. 전문가에겐 "얼마 벌었냐"고 물어보라

5. 통계를 너무 신뢰하지 마라

소비

6. '마음의 회계 장부'를 활용하라

7. 비싼 물건을 산 뒤 '추가 충동 구매'를 피하라

하노 벡 교수가 추천하는
부자가 되는 일곱 가지 방법

4. "얼마 벌었느냐"고 물어보기

하노 벡 교수는 글로벌 금융 위기를 예측했다고 하는 경제 전문가들에게는 딱 하나만 질문해 보라고 했다.

"그래서 얼마나 버셨어요?"

많은 경제 전문가가 어떤 사건이 일어난 뒤에 자신이 그 사건을 예측했다고 착각하는 경우가 많은데, 그는 이를 '사후 확신 편향'이라는 용어로 정리했다. 사건이 일어나기 전에는 예측하지 못했던 전문가도 그 일이 일어나고 난 뒤엔 마치 자신이 예측했다는 식으로 생각이 바뀐다는 것.

하노 벡 교수는 "지금도 수많은 전문가가 먹고살기 위해 언론에 나와 전망을 밝히고 책을 내는 것을 볼 때 아마 리먼 쇼크 때 크게 벌지 못한 사람이 많은 것 같다"고 꼬집었다.

5. 통계 믿지 않기

그동안 실적이 가장 좋은 투자 회사 상품을 골라 돈을 맡기는 것은 어떨까? 하노 벡 교수는 통계의 트릭을 잘 살펴봐야 한다고 했다.

"어떤 펀드가 3년 연속 상위권에 머무르고 있으면 우연일 리 없다고 생각하겠지요. 하지만 우연히 3년 연속 상위권에 있을 확률이 12.5퍼센트나 됩니다. 통계에서 3년은 현실을 반영하기에 너무 짧습니다. 과거 기록을 보는 것도 필요하지만, 최근 3년이 아니라 20~30년을 보는 게 좋습니다."

또 첫해에 한 펀드 매니저가 우연히 월등한 성적을 냈다면, 그다음

2년간 평균 수준의 실적을 냈더라도 첫해의 성공 덕분에 3년 내내 누적 수익률 1위 자리에 머무를 수 있다. 이를 이용해 '최근 3년간 펀드 수익률 1위'라고 광고할 수 있지만, 이 펀드의 실력이 진짜 뛰어난 것은 아니다. 이런 함정을 피하려면 누적 수익률이 아니라 매년 수익률을 살펴봐야 한다. ©조선일보

옮긴이 **배명자**

서강대학교 영문학과를 졸업하고, 출판사에서 8년간 편집자로 근무하였다. 그러던 중 대안 교육에 관심을 가지게 되어 독일로 유학을 갔다. 그곳에서 뉘른베르그 발도르프 사범 학교를 졸업하였다. 현재 가족과 함께 독일에 거주하며 2008년부터 바른번역에서 전문 번역가로 활동 중이다. 번역한 책으로는 《부자들의 생각법》, 《위키리크스》, 《나는 가끔 속물일 때가 있다》, 《슈퍼차일드》, 《독일인의 사랑》, 《구원 확률 높이기 프로젝트》 등 다수가 있다.

경제학자의 생각법

초판 1쇄 발행 2015년 6월 4일
초판 15쇄 발행 2023년 12월 26일

지은이 하노 벡 **옮긴이** 배명자

발행인 이재진 **단행본사업본부장** 신동해
교정교열 신윤덕 **디자인** design co*kkiri **본문 일러스트** 이익선
마케팅 최혜진 백미숙 **홍보** 반여진 허지호 정지연 송임선
국제업무 김은정 김지민 **제작** 정석훈

브랜드 알프레드
주소 경기도 파주시 회동길 20
문의전화 031-956-7350 (편집) 031-956-7129(마케팅)
홈페이지 www.wjbooks.co.kr
인스타그램 www.instagram.com/woongjin_readers
페이스북 www.facebook.com/woongjinreaders
블로그 blog.naver.com/wj_booking

발행처 ㈜웅진씽크빅
출판신고 1980년 3월 29일 제406-2007-000046호

한국어 출판권 ⓒ 웅진씽크빅, 2015(저작권자와 맺은 특약에 따라 검인을 생략합니다.)
ISBN 978-89-01-20421-5 (03320)

알프레드는 ㈜웅진씽크빅 단행본사업본부의 브랜드입니다.
이 책의 한국어판 저작권은 BC에이전시를 통한 저작권자와의 독점 계약으로 '웅진씽크빅'에 있습니다.
저작권법에 의해 한국 내에서 보호받는 저작물이므로 무단 전재와 무단 복제를 금합니다.

• 잘못된 책은 바꾸어 드립니다.
• 책값은 뒤표지에 있습니다.